böhlau

Otto Ulbricht

MISSBRAUCH

und andere Doku-Stories aus dem

17. und 18. Jahrhundert

BÖHLAU VERLAG WIEN KÖLN WEIMAR

Ich möchte dieses Buch allen widmen,
die es ganz oder teilweise vor dem Erscheinen gelesen haben.
Ihnen sei nochmals gedankt.

Bibliografische Information der Deutschen Nationalbibliothek:
Die Deutsche Nationalbibliothek verzeichnet diese Publikation in der Deutschen Nationalbibliografie; detaillierte bibliografische Daten sind im Internet über http://dnb.de abrufbar.

Cover: Anonymus, Girl with a Dead Bird (Ausschnitt), ca. 1520
(Quelle: Wikimedia Commons)

Umschlaggestaltung: Michael Haderer, Wien
Satz und Layout: Bettina Waringer, Wien
Druck und Bindung: Hubert & Co., Göttingen
Printed in the EU

Vandenhoeck & Ruprecht Verlage | www.vandenhoeck-ruprecht-verlage.com

ISBN 978-3-412-51367-2

INHALT

11 Verfilmt mit Gerard Depardieu als „Die Wiederkehr des Martin Guerre". Kinogängern dürfte die moderne Adaption unter dem Titel „Sommersby" bekannt sein.

12 David Bodanis schreibt einer Stelle in seinem Buch über Voltaire und Emilie du Châtelet, dass Voltaire sich mit Ratschlägen für die am Spieltisch sitzende Emilie du Châtelet lange zurückhielt, auch dass sie in einer gefährlichen Situation schwer atmet – beides trotz hervorragender Quellenlage nicht nachweisbar –, und schreibt dann: „Possibly he gave a final quick glance around the room before whispering to her ..." Nachdem er so viel dazusetzt, erscheint das „Possibly" unnötig und störend. David Bodanis, Passionate Minds. Emilie du Châtelet, Voltaire and the Great Love Affair of the Enlightenment, New York 2007, 214, auch 5. Die Problematik erörtert auch Carlo Ginzburg anhand von Eileen Powers „Medieval People", in: The Judge and the Historian, in: Critical Inquiry 18 (1991), 88.

13 Jonathan D. Spence, The Death of Woman Wang, Harmondsworth 1979; die deutsche Übersetzung unter dem Titel: Die Geschichte der Frau Wang. Leben in einer chinesischen Provinz im 17. Jahrhundert, Berlin 1987.

14 Simon Schama, Dead Certainties, New York 1991.

15 Ebd., 327.

16 Vgl. Stephan Jaeger, Erzählen im historiographischen Diskurs, in: Christian Klein/Matías Martínez, Wirklichkeitserzählungen, Stuttgart - Weimar 2009, 113 f.

17 Vgl. Dieter Kühn, Den Musil spreng ich in die Luft. Gefälschte Geschichten? Frankfurt am Main 2011.

18 Vgl. auch Otto Ulbricht, Die verweigerte Ehe, in: ders., Mikrogeschichte, Frankfurt am Main 2009, 105–159, wo die Geschichte der Margaretha Dalhusen dargestellt wird.

EINLEITUNG: DOKU-STORIES AUS DEM 17./18. JAHRHUNDERT

All this happened, more or less.
Kurt Vonnegut, Slaughterhouse Five

„Das ist eine schöne Geschichte, die Sie sich da ausgedacht haben“, sagte eine Leserin. Sie sprach von einer der Doku-Stories dieses Buches. Ich war schockiert: „Nichts ist erdichtet, das ist alles wahr!“ Das stimmte nicht, nimmt man es ganz genau, aber darauf kam es in dem Moment nicht an. „Alles beruht auf den Quellen. Sie geben den Inhalt und Verlauf der Handlung vor!“ Die Leserin wollte sich daraufhin das historische Material ansehen. Als ich sie wieder traf, meinte sie: „Sie haben recht. Aber das war in Wirklichkeit noch viel schlimmer!“ „Ja, das ist richtig, aber ich glaube nicht alles, was da steht.“ An der Existenz „schöner“ Geschichten kann es also keinen Zweifel geben: Die Vergangenheit liefert sie in der Tat. Man muss sich ihrer nur annehmen. Das wird in diesem Band getan.

Die Geschichten dieses Bandes werden hier nicht umsonst Doku-Stories genannt: Dokumente, d. h. Quellen bilden ihre Grundlage. In der Regel sind es neu erschlossene. Nach der Entdeckung eines interessanten Stoffes im Archiv bildete normale historische Forschungsarbeit den nächsten Schritt. Um jedoch den Anforderungen einer Geschichte zu genügen, mussten zusätzliche Recherchen angestellt werden, die ein Historiker für einen wissenschaftlichen Aufsatz nicht zu leisten braucht. „Doku" heißt weiterhin: Die Geschichten bleiben an die Quellen gebunden; sie dienen nicht als bloße Anregung für einen Flug der Phantasie. Der Gang der Handlung bleibt ebenso durch die Quellen vorgegeben wie die Personen. Der Historiker, der kurze Geschichten schreibt, ist nicht Herr des Verfahrens, ganz im Gegensatz zu den Verfassern von Kurzgeschichten, die ihre Inhalte frei gestalten und so verändern können, wie es ihren Wünschen und Zielen entspricht. Der Gestaltungsspielraum eines Autors von Doku-Stories ist dagegen eng begrenzt. Er kann weder einen spannenden Plot noch eine andere Figurenkonstellation erfinden. Manchmal stellen ihn Quellenlücken vor zusätzliche Probleme, so der abrupte Abbruch der Dokumentation, oder die gezielte Aussortierung von Quellenstücken, so bei den Doku-Stories „Missbrauch" und „Korruption". Auch durch die Wirklichkeitsreferenzen unterscheiden sich die Doku-Stories von Fiktionen. Jeder kann überprüfen, worauf sie beruhen. Die Quellen sind hier am Ende angegeben. Im Archiv lassen sich die Doku-Stories also wiederfinden, und das nicht unbedingt nur in rudimentärer Form. Die Bezeichnung *Doku-Story* dient also dazu, diesen Gegensatz zu fiktionalem Schreiben hervorzuheben.

Manchem Leser werden die Geschichten trotzdem fiktional erscheinen – in erster Linie wegen der Dialoge. Sicher sind Dialoge ein typisches Merkmal von literarischen Texten (und der antiken Geschichtsschreibung). Und doch: Es gibt manchmal auch Dialoge in historischen Quellen, z. B. als Teil von Täter- oder Zeugenaussagen, aber auch in Berichten, z. B. von wichtigen Verhandlungen. Eine Reihe von Dialogen ist hier denn auch direkt den Quellen entnommen. So folgt ein zentraler Dialog in der Geschichte „Erbschleicherei" wortwörtlich der Quelle. Andere sind Umsetzungen von indirekter Rede oder von Texten, die eine dialogische Struktur aufweisen. Im letzteren Fall ist die Form – der Dialog – fiktiv, sein Inhalt jedoch nicht. Auf diese Weise wurde z. B. versucht, die in einer Quelle vorfindliche Erörterung über die Wirkungsmacht des Teufels[1] oder die einzelnen Bestimmungen eines Vertrags lebendig zu gestalten. In anderen Fällen ist nur die Tatsache des Gesprächs bekannt oder es ist mit Sicherheit davon auszugehen, dass eine Diskussion geführt wurde. Hier wurde eingefügt, was normalerweise aufgrund von Quellen und Literatur und der Kenntnis über allgemein-menschliche Reaktionen auf bestimmte Situationen gesagt worden wäre. Ginge es um eine Argumentation, würde der Historiker sagen, das ist plausibel. In wenigen Fällen hat das Gespräch zwar nicht stattgefunden, der Inhalt ist jedoch den Quellen entnommen. Diese Dialoge dienen dann dazu, wichtige Informationen zu transportieren. Eine relativ kleine Reihe von Dialogen oder Diskussionen ist rein fiktional; sie dienen dazu, eine bestimme Atmosphäre wiederzugeben oder die Beziehungen zwischen Personen anzudeuten.

Die Fälle werden als Doku-Stories präsentiert. Das heißt, sie werden bewusst erzählt. Das ist in der Geschichtswissenschaft seit einiger Zeit wieder häufig zu finden,[2] nachdem lange die strenge, systematische Analyse das Alleinvertretungsrecht für sich beansprucht hatte. Aber im Gegensatz zu geschichtswissenschaftlichen Erzählungen mit ihrem Problem, Erzählung und Analyse zu vereinbaren, wurde hier auf die Klärung des Warum und Wie verzichtet. Dem Leser wird also Freiraum zum Nachdenken über die Bedeutung des Erzählten gegeben. Interpretationen sind die Texte nichtsdestotrotz. Der Grund für ein solches Vorgehen liegt in der berechtigten Forderung, das gewonnene historische Wissen so zu formen, dass es in der historischen Kultur seiner Zeit rezeptionsfähig wird.[3] Zwar ist Geschichte selbst eigentlich unterhaltsam, zumindest für die Liebhaber dieser Art von Zerstreuung (und die Historiker natürlich).[4] Sie kann es aber für viel mehr Menschen sein, wenn sie entsprechend präsentiert wird. Schon in den neunziger Jahren hat man über neue Formen der Präsentation von historischen Forschungen nachgedacht, und nun hat „das Bedürfnis nach einer bewusst erzählerischen, von einem wissenschaftlichen Apparat entlasteten Präsentation von Vergangenheit“ erneut „zugenommen“ und tut es immer noch.[5] Die kurze Geschichte erscheint eigentlich als zeitgemäß, wird doch die kurze Form heutzutage in vieler Hinsicht geschätzt.[6] Mit der genannten Tendenz geht die nun häufiger anzutreffende Haltung einher, die eigentlich sowieso verschwommenen Grenzlinien zwischen Literatur und Geschichte[7] nicht mehr so scharf zu ziehen wie zuvor.[8] Mit den Geschichten dieses Bandes sollen auf angenehme, leichte Art – eben unterhaltend – Wissen und Einsichten über die Vergangenheit vermittelt werden. Der Verzicht auf eine explizite Interpretation gibt neben der Möglichkeit eigener Deutung der Geschichten auch die Gelegenheit zum Nachdenken über das Verhältnis von Vergangenheit und Gegenwart. Literatur zu schreiben war nicht das Ziel.

Diesen Verzicht auf eine Deutung haben die Doku-Stories mit vielen Ausformungen der literarischen Gattung der Kurzgeschichte gemein. Sie weisen zudem noch weitere Merkmale dieses Genres auf: eine kleine Figurenzahl, die nur kurze oder sogar vollständig fehlende Charakterisierung der Akteure, meist nur einen einzigen Schauplatz, die Konzentration auf ein einzelnes Ereignis und eine Handlung, die sich nur über eine kurze Zeitspanne erstreckt – wobei es sich hier schon einmal um einige Jahre handeln kann. Dazu kommt eine einfache Sprache. Rhetorisches Gepränge oder überbordende Bildlichkeit wie in manchen historischen Gesamtinterpretationen wird man hier also vergeblich suchen.

Ein Punkt allerdings unterscheidet Doku-Stories von vielen heutigen Kurzgeschichten. Während in letzteren die Psychologisierung dominiert, ist das bei den Doku-Stories nicht der Fall. Jedoch kommt auch der Schreiber von solchen Geschichten nicht ganz umhin, den Personen zumindest psychologisch begründete Reaktionen und einige Gedanken zuzuschreiben. Sie geben allgemein menschliche Reaktionsweisen wieder. Gedanken der Charaktere wurden gelegentlich auch dazu genutzt, Fakten zu vermitteln, sei es nun über die allgemeine Situation der Zeit oder spezielle Gegenstände, z. B. den besonderen Namen einer Kirche. Innere Monologe dagegen wurden vermieden, auch wenn das Beispiel von Arthur Schnitzlers „Fräulein

Else" ein solches Vorgehen für die Geschichte „Zwangsheirat" vielleicht nahelegt. Bei einem solchen Verfahren bestünde jedoch die Gefahr, die Psyche des frühneuzeitlichen Menschen mit der des heutigen gleichzusetzen, ein Verfahren, das viele historische Romane prägt, welche die Geschichte als bunten, fremden Hintergrund nutzen, vor dem Menschen mit einer modernen Gedanken- und Gefühlswelt agieren. Aus ähnlichen Gründen wurde auch auf die Ich-Perspektive verzichtet.

Andere Beispiele von kurzen Geschichten auf der Basis von historischen Ereignissen lassen weitere Unterschiede hervortreten. Doku-Stories sind kein Beispiel für dokumentarisches Erzählen, das – da der Schwerpunkt hierbei auf dem Erzählen liegt – überwiegend fiktional ist. Die Doku-Stories dieses Bandes unterscheiden sich auch von den menschlichen Tragödien und Komödien aus dem päpstlichen Rom, die Volker Reinhardt und Arne Karsten geschrieben haben. Diese von prallem Leben gefüllten Geschichten beruhen auf der Forschungsliteratur, zeichnen sich aber durch die typische auktoriale Erzähl- und Erklärhaltung des Historikers aus[9], auf die hier verzichtet wurde. Während dort also direkt gesagt wird, wie die Dinge zu verstehen sind, überlassen die Geschichten dieses Bandes die Ausdeutung weitgehend dem Leser. „Show, don't tell" lautet die altbekannte Devise. Dass historische Geschichten jedoch mehr Informationen zum Verständnis bereitstellen müssen als moderne, bedarf keiner weiteren Erläuterung.

Die Doku-Stories unterscheiden sich aber auch von Klassikern wie Natalie Zemon Davis' „The Return of Martin Guerre".[10] Das Geschehen mit seinem perfekten Plot – ein anderer nimmt die Stelle des verschwundenen Ehemannes ein; dieser taucht genau in dem Moment wieder auf, als die Sache vor Gericht behandelt wird – war schon im 16. Jahrhundert im Druck erschienen.[11] Davis' Präsentation ist als eine Geschichte der Möglichkeiten bezeichnet worden, denn als möglich hatte die Verfasserin eine Reihe ihrer Aussagen gekennzeichnet. In den Doku-Stories wurde dem Erzählfluss der Vorrang gegeben und auf eine Anzeige dessen, was nur wahrscheinlich ist und was gar nur eine Möglichkeit darstellt, verzichtet. Der Historiker weiß es sowieso und den Leser dürfte es nicht interessieren, ganz abgesehen davon, dass solche Kennzeichnungen ihn stören, wenn erzählt wird.[12] Jonathan Spence, Experte für chinesische Geschichte mit großem literarischen Talent, bettet drei Geschichten, von denen eine das Schicksal einer Frau mit dem Namen Wang erzählt, in seine tiefe Kenntnis einer abgelegenen chinesischen Provinz ein;[13] hier dagegen wird der Hintergrund, der aufgrund der unterschiedlichen Orte des Geschehens kein einheitlicher ist, mal explizit dargestellt, mal durch die Gedanken einer Person lediglich angedeutet.

Doku-Stories stellen auch keine historischen Novellen dar, wie sie der bekannte Historiker Simon Schama in „Dead Certainties" vor dem Hintergrund der Debatte um die postmoderne Geschichtswissenschaft präsentiert hat.[14] Schama hat in diesem Werk zwei Todesfälle – den eines Generals und den Mord eines Professors an einem Gläubiger – passagenweise geradezu entfesselt erzählt; er hat sein auf Quellen beruhendes Werk dann auch als eines der Vorstellungskraft beschrieben.[15] Schamas Geschichten sind narratologisch als Grenzfall charakterisiert worden.[16] Übernimmt man diese Charakterisierung, dann sind die Doku-Stories meilenweit von dieser Grenze entfernt; Fiktionalem wurde im Vergleich dazu sehr wenig Raum gegeben.

Doku-Stories spielen auch nicht mit den Grenzen zwischen Fiktion und Geschichte wie die Geschichten des bekannten Schriftstellers Dieter Kühn, die ihren Ausgangspunkt von historischen Personen nehmen.[17] Ziel von Kühns bewusster Vermischung von Faktizität und Imagination oder theoretisch gesprochen seiner postmodernen Aufhebung der Grenzen zwischen Literatur und Geschichtsschreibung (Untertitel: „Gefälschte Geschichten?"), scheint die Rätsel aufgebende Sprach- und Erzählkunst zu sein, nicht die Vorstellung fremder Welten (so viel davon auch zur Sprache kommen mag).

*

Die kurzen Geschichten dieses Bandes führen in die Zeit vom Ende des 17. Jahrhunderts bis zum Ende des darauf folgenden. In traditionellen Kategorien bedeutet das die Zeit vom „Absolutismus“ bis zur Französischen Revolution und den Napoleonischen Kriegen, vom sich abzeichnenden Ende des religiös-magischen Weltbildes bis zur Grundlegung der modernen Welt durch die Aufklärung, von der überkommenen Landwirtschaft bis zu den großen Agrarreformen und der Industriellen Revolution in England, von der ständischen Welt in die bürgerliche. Dabei liegt ein Schwerpunkt allerdings auf der Zeit um 1700.

Die Doku-Stories zeigen, wie unterschiedlich sich das Verhältnis von Vergangenheit und Gegenwart gestalten kann: Die Spannweite reicht von frühen Vorläufern heute zu beobachtender Phänomene wie in „Altersreichtum“ bis zu solchen, die in eine uns fremdgewordene Welt führen, wie in der Geschichte „Satanswerk“. Hauptsächlich handelt es sich jedoch um Themen, die historische Erscheinungen einer auch heute bekannten Problematik thematisieren. Heute stehen, denkt man an Korruption, Wirtschaft oder Politik im Blickpunkt; die Doku-Story „Korruption“ zeigt jedoch, dass es in der Vergangenheit anders war. Erbstreitigkeiten sind wiederum auch heute noch ein bekanntes Phänomen; eine so massive Veränderung der Erbfolge wie in der Geschichte „Erbschleicherei“ würde auch in der Gegenwart kaum unwidersprochen hingenommen werden. Einige Titel rufen sofort spezifische Erscheinungen der Gegenwart in Erinnerung, so die Doku-Stories „Zwangsheirat“ und „Ehrenmord“. Ein Blick zurück zeigt, dass heute als eher fremd und strafbar Empfundenes in einer anderen, aber nicht unbedingt völlig unterschiedlichen Ausprägung auch in der eigenen kulturellen Vergangenheit vorhanden war. Wie mit Missbrauch in einem besonderen Teil der ständischen Gesellschaft umgegangen wurde, wird in der Geschichte mit dem gleichnamigen Titel klar. Die Doku-Story „Liebe“ lässt auf den ersten Blick an etwas denken, was dem heutigen Phänomen völlig gleich erscheint. In einem anderen kulturellen Kontext jedoch, in dem Liebe eine fundamental andere Bewertung erfuhr, kann sie nicht als ganz identisch empfunden worden sein. Wie mit dem Bruch sozialer Konventionen umgegangen wurde, wird auch in der Doku-Story „Erbschleicherei“ deutlich.

Gleichzeitig zeigen die Geschichten die erstaunliche Vielfalt menschlicher Schicksale zu ein und derselben Zeit, die bei synthetisierender Betrachtung notwendigerweise verlorengeht. In den Konflikten setzen sich Einzelne mit Hilfe von Beziehungsnetzen durch, oder können sich trotz einer existentiellen Niederlage (oder aus einer misslichen Situation) aufgrund der politischen Verhältnisse retten oder profitieren sogar von einem plötzlichen Wandel der Machtverhältnisse. Einige hingegen sinken in die Kriminalität ab und wieder andere verschwinden nach ihrem Scheitern aus den Augen des Historikers, vielleicht auch aus denen ihrer alten Nachbarn.

Die Doku-Stories lassen nebenbei auch unterschiedliche Lebenswelten vergangener Zeiten aufscheinen. Da ist zum einen das Handwerk. Windmüller sind inzwischen verschwunden; heute restauriert man Windmühlen und erforscht ihre Geschichte. Was ein Weißgerber ist, weiß heute kaum noch jemand. Der Beruf des Zimmermanns dagegen hat sich gehalten und die wandernden Gesellen haben inzwischen ihre typische Tracht entwickelt, wann, ist nicht klar. Da ist zum anderen die Welt der Studierten, die den Mächtigen zuarbeiteten, als Kammerräte bei der Finanzverwaltung, als Justizräte, als regierungsnahe Advokaten – Bürgerliche im Dienst der Fürsten, wie man sie vor allem seit dem 16. Jahrhundert kennt. Durch die anschließende Entwicklung mit dem starken Ausbau der Bürokratie und dem Bedeutungsanstieg des Rechtswesens sind sie uns weniger fremd. Beide Gruppen waren aber noch eingebettet in eine agrarische Welt, wie sie sich im Kreditwesen ebenso zeigt wie in der Gabe von Vieh zur Bestechung.

Sie lassen auch in die Welt von Frauen und Männern blicken, deren Verhältnis zur Zeit des „Ehe-Herrn“ und seiner „Haus-Treue“ so anders war – gleichgültig, ob es um eine junge, noch unverheiratete

Frau, eine verheiratete oder eine verwitwete handelte. Junge, ledige Frauen konnten leicht in eine Ehe gezwungen werden, wie die schon angesprochene Geschichte zeigt[18], arrangierte Ehen konnten unglücklich verlaufen, aber nur schwer beendet werden („Missbrauch"), und verwitwete Frauen waren keineswegs befreit und frei, sondern verarmten oft. Auch wenn sie reich und alt waren, konnten sie unglücklich werden („Altersreichtum") oder zu einem langen, entbehrungsreichen Kampf gezwungen werden, um ihren Willen durchzusetzen („Erbschleicherei").

Schauplatz der Geschichten ist weder die Glanz- und Glitzerwelt der großen Höfe, noch sind es die pulsierenden großen Städte der Zeit: Amsterdam, Rom, Paris oder London, sondern vielmehr sind die Herzogtümer Schleswig und Holstein mit ihren kleinen, mit dem Land eng verwobenen Städten (oder auch nur Flecken) und den Dörfern von Ämtern oder Gütern der Ort der Handlung. Dort, gleichsam im Schatten, lebte die Mehrheit der Menschen. In den Herzogtümern regierten anfangs zwei Fürsten von Bedeutung, der dänische König und der Herzog von Gottorf. Beide hatten Anteil an Holstein (das Reichsgebiet war) und Schleswig. So gehörte z. B. Süderdithmarschen mit Meldorf als Hauptort, wo die Geschichte „Altersreichtum" spielt, zum königlichen Herrschaftsgebiet, Norderdithmarschen dagegen war in herzoglichem Besitz. Auch Eiderstedt, das als Landschaft eine eigene Finanzverwaltung und Rechtsverfassung besaß, war Teil des gottorfischen Herzogtums. Die Residenz dieses Kleinstaats, das Schloss Gottorf, lag lange in fußläufiger Entfernung vor der Stadt Schleswig. Residenz und Stadt spielen in vier Geschichten eine Rolle. Dänemark versuchte von der zweiten Hälfte des 17. Jahrhunderts an, die herzoglichen Anteile in Schleswig in seinen Besitz zu bringen. Die daraus resultierenden Spannungen und schließlich die Besetzung des Herzogtums bilden den Hintergrund mehrerer Geschichten. Als sich das Drama um die „Zwangsheirat" abspielte, lag die Residenz der Gottorfer allerdings schon in Kiel, denn das Herzogtum hatte seine schleswigschen Teile verloren. In der Geschichte „Ehrenmord" musste nach

Kopenhagen geschrieben werden, das Herzogtum Holstein-Gottorf existierte nicht mehr.

ANMERKUNGEN

1 In diesem Fall musste ein Dialogpartner ergänzt werden. Es gibt aber in den Texten sonst keine erfundene Figur wie bei Wilhelm Treue, Eine Frau, drei Männer und eine Kunstfigur, München 1992.

2 Vgl. Lawrence Stone, The Revival of the Narrative: Reflections on a New Old History, in: Past and Present 85 (1979), 3–24; Peter Burke, History of Events and the Revival of Narrative, in: ders. (ed.), New Perspectives on Historcal Writing, Cambridge 1991, 233–248; Dirk van Laak, Erzählen, Erklären oder Erbsenzählen? in: Geschichte in Wissensschaft und Unterricht 66 (2015), 375 f; allgemein zum *narrative turn* Johannes Süßmann. Geschichtsschreibung oder Roman? Zur Konstitution von Geschichtserzählungen zwischen Schiller und Ranke, Stuttgart 2000, 23–31. Neuerdings sind noch hybride Formen dazugekommen, vgl. Per Leo, Flut und Boden, 4. Aufl. Stuttgart 2014.

3 Vgl. Jörn Rüsen, Topik und Methode – Narrative Struktur und rationale Methode in der Geschichtswissenschaft, in: iasl 36 (2011), 127.

4 Vgl. Marc Bloch, Apologie der Geschichte oder der Beruf des Historikers, München 1985, 11 f.

5 Wolfgang Hardtwig, Geschichte für Leser. Populäre Geschichtsschreibung in Deutschland im 20. Jahrhundert, in: Wolfgang Hardtwig/Erhard Schütz (Hrsg.), Geschichte für Leser. Populäre Geschichtsschreibung in Deutschland im 20. Jahrhundert, Stuttgart 2005, 30.

6 Vgl. Anne-Rose Meyer, Die deutschsprachige Kurzgeschichte. Eine Einführung, Berlin 2014, 10 f. – Aber allgemein nicht von Verlegern, die ganz und gar auf den historischen Roman setzen. Vgl. z. B. Jonathan Franzen, Introduction, in: Alice Munro, Runaway, London 2006, Punkt 6 (keine Paginierung).

7 Vgl. Ann Curthoys and John Docker, The Boundaries of History and Fiction, in: The Sage Handbook of Historical Theory, ed. by Nancy Partner and Sarah Foot, Los Angeles u.a. 2013, 203.

8 Vgl. Süßmann, 265; als Feststellung über die Entwicklung van Laak, 377.

9 Arne Karsten/Volker Reinhardt, Kardinale, Künstler, Kurtisanen. Wahre Geschichten aus dem päpstlichen Rom, Darmstadt 2004.

10 Natalie Zemon Davis, The Return of Martin Guerre, Cambridge/Ma.1983.

SATANSWERK

Die Wirtin lief bestürzt in ihrem Gasthof herum. Sie jammerte und seufzte immer wieder, ging von einer Kammer in die andere, in die restlichen Räume des Hohendorfer Kruges, um das Haus herum – und dann wiederholte sich dasselbe in umgekehrter Reihenfolge. Die Kärrner, früh aufgestanden und nun bei ihrem kargen Frühstück, schüttelten verwundert den Kopf.

Dann sagte einer von ihnen zu ihr: „Frau Wirtin, wollt Ihr wohl einmal den Menschen aufwecken, der mit uns reisen will?“

Am Abend zuvor hatte der vornehme Herr sie gefragt, wohin sie wollten, und gesagt, er sei in dieselbe Richtung unterwegs. Sie sollten ihn wecken; er würde auch ein Trinkgeld geben.

„Er ist weg!“, rief die Wirtin fast schreiend. „Einfach verschwunden; ohne zu bezahlen!“

Ihrem Ausruf folgte eine allgemeine Suche; der eine ging in den Stall zu den Pferden und den zweirädrigen Wagen der Kärrner, ein anderer warf einen Blick in die separate Kammer des Herrn, ein dritter lief in den Garten, ein weiterer zur öffentlichen Landstraße.

Letzterer begegnete einem Mann, der ihm aufgeregt zurief: „Da liegt ein Toter auf der Straße!“

Auf diese Nachricht hin entstand ein Tumult im Gasthaus, alles stürzte heraus, auch die Kärrner. Ihre Münder blieben offen stehen, als sie vor der Leiche standen. So etwas hatten sie noch nie gesehen.

Als sie das Gesicht näher besahen, meinte einer zu dem andern: „Der Mensch sieht recht so aus, als der diese Nacht auf dem Kruge nebst uns geherberget hat.“

Eine Reihe von Leuten hatte sich an dem kalten Märzmorgen des Jahres 1707 schon auf der vielbefahrenen Quedlinburger Heerstraße bei der Leiche versammelt. Sie lag nahe dem kleinen Dorf Badeborn im Vorland des Harzes, dem Gebirgszug mit dem Brocken, dem Versammlungsplatz der Hexen, wohin Mephisto Faust in der Walpurgisnacht geführt hatte, mit der Teufelsmauer und dem Zaubersaal. Die Menschen standen in gehörigem Abstand von dem toten Körper und sprachen leise miteinander, kleine Wölkchen erkaltender Luft vor ihren Mündern. Sie wichen noch weiter zurück, als einer der Ratsherren aus der Stadt Hoym samt Begleitung eintraf. Zuvor war bereits der Dorfrichter von Badeborn angekommen und hatte ihnen befohlen zurückzutreten und nicht herumzulaufen. Dann hatte er sich mit seinen Leuten in einiger Entfernung von der Leiche aufgebaut. Ein alter Mann hatte ihn gefragt, ob er sich erinnere, dass im Wolfsholz in unmittelbarer Nähe schon einmal jemand umgebracht worden sei.

„Nein“, war die Antwort gewesen.

Der alte Mann hatte den Kopf geschüttelt: „Es war doch einer aus einer angesehenen Familie!“

Die gemeinsame Aufgabe der beiden Delegationen war es, den Körper aufzuheben und nach Hoym zu bringen, um die Todesursache feststellen zu lassen. So lautete der Befehl des Amtmanns, der in dem Städtchen zwischen Halberstadt und Aschersleben seinen Sitz hatte. Es lag eine Viertelstunde vom Fundort.

„Die Leiche ist nackt“, sagte der Vorsteher des Dorfes als erstes zu dem ältesten der Ratsherrn.

Der sah ihn ungläubig an. Die Mienen der anderen Städter erstarrten für einen Augenblick. Dann gingen sie alle zur Leiche. Sie sahen ein wenig verschämt auf den völlig entblößten, mit Erde über und über besudelten männlichen Körper: Er lag auf dem Rücken, die

Geschlechtsteile frei. Ganz nackte tote Körper sah sonst nur die Leichenfrau, die sie vor der Beerdigung wusch.

„Typisch für Soldaten", sagte einer aus der Stadt. „Die haben keine Religion, die haben ihren Spaß daran, ihre Opfer zu entehren."

Er dachte an die Männer im Lager des Schwedenkönigs Karl XII. im benachbarten Kurfürstentum Sachsen. Im Krieg mit den Schweden hatte sich August der Starke als der Schwächere erwiesen; erst hatte er die polnische Krone verloren und dann hatte Karl XII. auch noch Kursachsen, sein Territorium, besetzt. Dessen Truppen lagerten in Altranstädt nahe Leipzig. Er verstärkte gerade seine Regimenter; Soldaten ritten auch durch das Fürstentum Anhalt-Bernburg, in dem Hoym lag. Doch nicht nur sie waren in Bewegung: Delegationen von Diplomaten kamen aus allen Himmelsrichtungen in das schwedische Lager; alle wollten wissen, was der schwedische König als Nächstes plante. Französische Minister waren incognito da; der Herzog von Marlborough hatte sich angekündigt. Spione folgten ihnen, um Nachrichten abzufangen. Um sich der schwedischen Hilfe zu versichern, kam auch ein Geheimer Rat aus dem kleinen Herzogtum Schleswig-Holstein-Gottorf, denn nur die Schweden boten Schutz gegen dessen mächtigen Nachbarn Dänemark – meinten einige.

„Soldaten! Hat Er keinen Verstand?", erwiderte ein anderer. „Soldaten gebrauchen ihre Waffen; sie schießen, stechen oder schlagen. Mache Er die Augen auf! Sieht Er irgendeine Wunde?"

Kopf, Rumpf, Arme und Beine waren unversehrt. Merkwürdig.

Sie warfen noch einen Blick auf die Leiche, bevor sie den angefrorenen Körper kurz umdrehen ließen. Der Mann war von zartem Körperbau, klein, hager, vielleicht um die Dreißig. An der linken Hand trug er einen Fingerring, möglicherweise ein Ehering; in der Hand hielt er ein Büschel Haare. Auch auf dem Rücken sahen sie keinerlei Zeichen einer äußerlichen Verletzung.

„So tötet nur der Leibhaftige", flüsterte schaudernd einer der Männer aus dem Dorf seinem Nachbarn zu.

„Es wird untersucht werden", antwortete der nur.

„Vielleicht ist er gestürzt", sagte ein anderer, „und dann hat ihn jemand anders ..." Er brach ab; keiner schien diesen Gedanken ernst zu nehmen. „Kann doch sein", murmelte er verärgert.

Sie machten sich daran, die nähere Umgebung abzusuchen. Die Menschengruppe folgte ihnen. Zweihundert Schritte entfernt fanden sie den Obermantel, die gefütterte Winterbekleidung, und die Hose mit umgekehrten Taschen, das Hemd und die Stiefel des Toten. Drei Paar wollene Strümpfe lagen verstreut herum: einige auf der Straße, einige daneben.

Sie blickten um sich und sahen in etwa derselben Entfernung ein Halstuch aus feinem Musselin, eine schwarze Litze, zu einem Hut gehörig, und ein Schnupftuch.

„Warum liegt nicht alles an einer Stelle? Warum nur diese Anordnung der Kleider?"

Ihre Verwunderung stieg, als sie nach weiteren hundert Schritten eine mit Pelz gefütterte Weste fanden, dazu ein altes und ein neues Brusttuch.

„Was hat das zu bedeuten?", fragte einer verstört, „ist das vielleicht ein Brauch der Anhänger des Satans?"

„Vielleicht ist es nur eine falsche Fährte", erwiderte nüchtern sein Nachbar.

Wiederum weitere hundert Schritt entfernt fanden sie den Degen des Mannes, in der Erde steckend, daneben lag seine Perücke. Gleichsam ein Denkmal, das das Ende eines Hochgestellten markierte, nur dass die lockige Haarpracht nicht mehr auf dem Degen steckte.

Nochmal hundert Schritte weiter entdeckte man den Hut. Der Kreis war geschlossen. Auf dem angrenzenden Acker zwei Pistolen, die eine hierhin geworfen, die andere dorthin.

„Warum hat er sich nicht gewehrt? Nicht den Degen gezogen, nicht die Pistolen abgefeuert?"

Zögerlich meinte einer: „Vielleicht hat es gar keinen Kampf gegeben? Vielleicht war er melancholisch und hat sich gegen Gott und die Welt versündigt?"

„Ja“, sagte ein anderer mit spöttischem Lächeln, „um das zu tun, hat er sich dann an verschiedenen Orten ausgezogen.“

„Aber“, meinte ein Dritter, „all diese wertvollen Kleidungsstücke hätte der Mörder doch verkaufen können. Allein für sie hätte er viel bekommen. Und für die Waffen erst recht!“

Da rief einer: „Was ist das Weiße da auf dem Feld?“

Es waren Fetzen von zerrissenen Briefen, die auf dem Acker lagen, durch den nächtlichen Frost mit kleinen Eiskristallen übersät. Sie ließen sie liegen. Aber vier Blätter, die ganz geblieben waren, hoben sie neugierig auf.

Gespannt warfen sie einen Blick darauf. Eines empfahl den Träger an eine Person in Leipzig, und das zweite wies ihn an den gottorfischen Geheimen Rat und Hofmarschall Görtz im nahegelegenen Altranstädt. Beim dritten handelte es sich um den Brief eines Geheimen Rats aus Frankfurt. Alle enthielten den Namen des Licentiaten von Saldern.

Auch diejenigen, die ganz nüchtern an ihre Aufgabe herangegangen waren, beschlich ein ungutes Gefühl, als einer die Überschrift des vierten Blattes laut vorlas: „Eigentlicher Entwurff und Abbildung des Gottlosen und verführten Zauber Fests“. Einige erschauderten, andere schüttelten verständnislos den Kopf: wozu das? Ein paar Neugierige, die sich näher herangeschoben hatten, hörten nur das Wort „Zauberfest“. Dann ging es schnell von Mund zu Mund, von Ohr zu Ohr: „Es ist nicht mit rechten Dingen zugegangen, es war Satanswerk!“

Die Vertreter des Dorfes und der Stadt hörten, wie einer der umstehenden Leute laut sagte: „Hier hat der böse Geist seinen ungehorsamen Diener bestraft!“

„Gott sei bei uns“, brach es aus der Wirtin heraus, worauf der Ratsherr aus der Stadt, zu seinen Kollegen gewandt, murmelte: „Der Pöbel räsoniert.“

Er las den Text unter dem Bild mit leiser Stimme vor:

Böcke reiten, Gabellfahren, Unzucht-Täntze, Adlers Klauen,
Bähren Tatzen, Löwen Mähn, Teuffels Larven sind zu schauen,

Sehet, wie die Königin gelben Giffte zum Fest muß kochen,
Und das alte Hexen Volck zeiget kleine Kinder Knochen!
Schrecket nicht den BauersMann, Paucken brummen, Mordgetümmel
Eulen Augen, Kröthen Zucht, Schlangen zischen, Wurmgewimmel.
Phuy, ihr tollen Sterblichen, Laßet euch nicht so Bethören
Wer einmahl kompt in die Hölle, der kann nimmer wieder kehren.

Ein Gedicht auf den Hexensabbat, ganz eindeutig, auf diese schreckliche Versammlung des Teufels mit seinen Untergebenen, auf der sie ihm huldigten: Das war allen sofort klar. Der Brocken, nur sieben Meilen entfernt, war, wie viele glaubten, ein solcher zentraler Versammlungsplatz. Die Ratsherren tuschelten unter sich: „Wozu hat er das mit sich geführt? Ist es von ihm? War der Tote ein Dichter? Hatte er Angst vor der Wiederkehr von jemandem? Oder war die Warnung am Ende das Wichtige für ihn?"

Während sie mit der Leiche auf einem Wagen zurück in das kleine Ackerbürgerstädtchen ritten, meinte einer der Ratsleute: „Irgendwie kommt es mir bekannt vor, das Gedicht. Es gehört zu einer Abbildung, das sagt die Überschrift. Der Text ist auch danach. Es ist nicht vom ihm. Ich werde mal einen Freund fragen, der hat eine Flugblattsammlung."

„Es ist doch egal, woher es kommt", versetzte ein anderer, „wichtig zu wissen ist nur, warum er es bei sich hatte."

In Hoym wurde die Leiche gesäubert und in einen neuen Sarg gelegt. Am 24. März kam der Arzt Dr. Kaulitz aus Quedlinburg an, um auf dem alten, schmucklosen Rathaus die Obduktion vorzunehmen. Die Gegenwart eines studierten Arztes war rechtlich erforderlich. Michael Kaulitz wies nicht nur die notwendige Qualifikation auf, er war dazu noch königlich-preußischer Leibarzt. Zwei Chirurgen waren auch anwesend, Handwerker der Medizin ohne Universitätsausbildung. Einer von ihnen öffnete den Körper nach den Anweisungen

Abb. 1 Kupferstich von Michael Herr, Eigentlicher Entwurf und Abbildung deß Gottlosen und verfluchten Zauber Festes (um 1650)

des Arztes. Vertreter der Obrigkeit waren ebenfalls bei der Obduktion zugegen, wie es das Recht verlangte: der fürstliche Amtmann Martin Gerlach und sein Stellvertreter, aber auch der Vorsteher des Dorfes Badeborn und Ratsleute der Stadt. Nicht allen war die geforderte Teilnahme angenehm.

Die äußere Besichtigung des Körpers ergab, was schon bekannt war: Die Leiche wies keine Wunden auf. Desto sorgfältiger ließ Dr. Kaulitz bei der Öffnung des Körpers arbeiten. Im Magen- und Darmtrakt fanden sich nur wenig Trank und Speise. Das Gehirn wurde besonders genau untersucht, da der Verdacht des Selbstmords im Raum stand. Kaulitz fand das Großhirn in natürlicher Lage und gesundem Zustand. Auch wies es weder Verfärbungen noch Verknöcherungen auf. So genau man es, ebenso wie das Kleinhirn, auch untersuchte, so fand sich doch nichts, was auf eine Gemütsverwirrung hinwies. Auch im Unterbauch, wo ebenfalls Ursachen dafür liegen konnten, war alles gesund. Der Tote war kein Melancholicus, kein Selbstmörder.

Der Kopf jedoch hatte sich schon bei der äußeren Besichtigung als auffällig leicht drehbar erwiesen. Daher richtete sich die Aufmerksamkeit nun auf die Halswirbel. Als die Halsmuskeln durchtrennt waren, stellten der Doktor und seine Chirurgen fest, dass etwas mit dem ersten Halswirbel nicht in Ordnung war. Der Atlas, so genannt, weil er den Kopf trägt, war völlig abgestoßen, so dass man den Kopf drehen konnte, wohin man wollte. Damit war für Dr. Kaulitz klar, dass der Tote durch einen Stoß, ausgeführt durch Menschenhand, ums Leben gekommen war. Nicht durch einen Sturz, darüber konnte es für ihn keinen Zweifel geben. Durch den Bruch werde der Fluss der Lebensgeister unterbunden, was unweigerlich zum Tod führe, teilte er den anwesenden Laien noch mit.

Amtmann Gerlach hatte dem Wirken des Arztes nicht ohne kritischen Abstand zugesehen. Der Herr Doktor aus Quedlinburg erschien ihm zu sehr von sich eingenommen – kein Wunder, war er doch nicht nur preußischer Hofarzt, sondern auch Leibarzt in Anhalt-Harzgerode und Stolberg-Wernigerode und dazu noch im Besitz einer Apotheke in Ballenstedt. Gerlachs Einschätzung bestätigte sich, als Kaulitz beim Abschied sagte: „Nun ist die Sache ja so gut wie geklärt. Es kommen nur die in Frage, die im Gasthof gewesen sind."

In dem Gutachten, das der Amtmann vier Tage später in den Händen hielt, fühlte Kaulitz sich bemüßigt, noch zusätzliche Gründe für seine Ansicht anzuführen, dass es zweifellos ein Mensch gewesen sei, der den Mann umgebracht habe. Mit einem Stoß habe ein Mensch das leicht bewerkstelligen können, zum einen weil dieser Wirbel besonders beweglich, zum anderen weil der Tote von so zartem Körperbau sei. In einem Begleitschreiben setzte er hinzu, der Tote sei in seinem Quartier, und zwar auf seinem Lager, ermordet und dann ins Freie getragen worden. Der Amtmann sah seine Sicht von den Ärzten, die gern ihren Kompetenzbereich überschritten, bestätigt.

Kaulitz fügte in seinem Gutachten noch Ausführungen bei, die darlegten, warum die Ansicht falsch sei, der Teufel habe die Tat vollbracht. Zu viele Menschen, vor allem die ungebildeten, aber auch noch viele der gebildeten, hingen falschen Vorstellungen an. Der Teufel könne den Mann nicht umgebracht haben. Der Amtmann konnte nicht umhin, die Gelehrtheit des Mediziners anzuerkennen: so viele Autoren, so viele lateinische Zitate.

Wenig später trafen sich auf dem Marktplatz in Quedlinburg zufällig Dr. Kaulitz und ein alter Kollege. Das Gespräch kam schnell auf den Toten und die Sektion.

„Könnten die Umstände nicht für einen Selbstmord sprechen“, fragte der alte Arzt.

„Das Untersuchungsergebnis spricht eindeutig dagegen. Außerdem: Wer im Leben kein Zeichen von Melancholie zeigt, der ist kein Melancholiker“, erwiderte Kaulitz.

„Woher will Er das wissen?“

„Ich habe mündliche und schriftliche Berichte.“

„So, so, und das alles innerhalb von vier Tagen.“

„Als königlich-preußischer Hofmedicus hat man seine Kontakte.“

„Kontakte hin, Kontakte her. Seine Argumentation ist nicht überzeugend.“

„Wieso nicht? Wieso denn nicht?“, rief Kaulitz entrüstet.

„Wer von Natur nicht melancholisch ist, kann es doch durch eine große Gemütsunruhe werden. Das ist eine medizinisch allgemein anerkannte Tatsache. Ich habe gehört, der Brief des Rats von Cocceji aus Halberstadt charakterisiert ihn so; er sah das Unglück schon kommen.“

„Einen Mord kann man nicht vorhersehen.“

„Aber einen Selbstmord! Da gibt es Zeichen“, beharrte der Alte.

„Es war keiner!“

„Es war sein Gemütszustand! Er hat ihn dem Teufel in die Arme getrieben. Der hat seinem Diener vor einem Verrat den Hals gebrochen. Und dann sieht es wie immer in diesen Fällen so aus, als habe er sich selbst das Leben genommen.“

„Der Teufel kann nicht direkt in die Welt eingreifen, nur über die Natur. Dazu gehören auch die Menschen. Er ist ermordet worden.“

Das ließ der ältere Kollege nicht gelten.

„Nein! Der Teufel kann direkt in die Welt eingreifen, wie man sieht – mit Bewilligung Gottes natürlich. Er kann nicht nur Menschen den Hals brechen, er kann sie auch durch die Luft führen!"

„Nichts als Fabelwerk, reines Fabelwerk!", erregte sich Kaulitz.

„Anerkannte Autoritäten haben das nachgewiesen, große Gelehrte aus allen Ländern Europas. Die Franzosen Remigius und Bodin, und auch der Engländer Glanvill, übrigens Mitglied der Königlichen Gesellschaft der Künste in London. Lese Er erst einmal die relevante Literatur. Da kann Er was lernen."

„Was für eine einseitige Lektüre! Hat Er nie von Weyer, Marcus Marci oder ganz besonders dem Dr. Becker gehört? Die sagen, der Teufel hat überhaupt keine Macht. Das ist nicht meine Meinung; ich glaube, der Teufel macht alles mittels der Natur. Ich habe das aus den Büchern der Mediziner gelernt, von Helmont, von Hofmann und dem berühmten Professor Bohn. Da lernt man, sich an die Fakten zu halten! Seine Bücher sind nicht mehr relevant, sie stammen aus grauen Vorzeiten, ihre Autoren waren verblendet."

„Und warum argumentiert Er dann so emotional? Weil es nicht stimmt, weil die Autoren, die ich angeführt habe, immer noch allgemein anerkannt sind."

„Es ist doch sonnenklar, dass ein Mensch ihm das Genick gebrochen hat." Kaulitz ließ sich nicht belehren.

„So, und warum fehlen die äußerlichen Spuren? Die müssen doch deutlich vorhanden sein. Das kann ein Mensch überhaupt nicht. Der Wirbel ist doch durch dicke Sehnen und Muskeln auf beiden Seiten sehr stark befestigt. Daher ist es nicht möglich, dass ein Mensch die Tat an einem liegenden Opfer vollbringen kann. Der Herr Doktor meint ja, er sei auf seinem Lager ermordet worden."

„Stimmt doch alles überhaupt nicht. Seine medizinischen Kenntnisse sind einfach zu beschränkt. – Er ist recht verblendet ..."

„... und Er überheblich. Er weiß alles besser. Er weiß ja nicht nur, wo der Mord geschehen ist, sondern auch, wer ihn begangen hat.

Heute ist es der Wirt, und deshalb ist es auch das Haar des Wirts, und morgen, wenn sich herausstellt, dass er es nicht gewesen ist? Warum ist es nicht Bockshaar? Auch eine Möglichkeit! Weil es Ihm nicht ins Konzept passt! Aber das ist unwichtig. Der Punkt ist: Was hat die Zuordnung von Haaren mit Medizin zu tun? Gar nichts! Es ist zum Haare-Ausraufen!“

„Das beruht alles auf genauer empirischer Beobachtung. Er ist einfach nur starrsinnig! Fixiert auf den Teufel als Täter.“

Der ältere Arzt blieb stur. „Es gibt doch in Wirklichkeit nur einen einzigen Grund, das direkte Eingreifen des Teufels zu leugnen. Er ist bestochen worden, damit der vornehme Herr nicht in Zusammenhang mit dem Teufel gebracht wird. Das Gedicht, das er bei sich trug, spricht doch Bände!“

„Jetzt reicht's!“ Kaulitz drehte sich auf der Stelle um und ging stapfend davon.

Inzwischen war der Amtmann Gerlach damit beschäftigt herauszufinden, wohin der Tote gehörte – schließlich mussten die Verwandten benachrichtigt, und die Frage der Beerdigung geklärt werden. Zwar war ihm der Name des Toten, Johann Heinrich von Saldern, bekannt: Man hatte ihn ja den gefundenen Briefen entnommen. Aber der Amtmann konnte nicht viel damit anfangen, denn der Name von Saldern oder auch Sallern war weit verbreitet, in Brandenburg wie auch in Sachsen-Anhalt. Aber nach Anhalt-Bernburg gehörte der Mann definitiv nicht, er kannte ihn nicht; es hatte auch keiner, den er kannte, jemals von dem Toten gehört. Es war auch nicht besonders wahrscheinlich, dass er aus anderen sächsischen Territorien stammte. Es musste ein Fremder sein. Da meldete sich ganz unerwartet ein Mann mit dem Namen Hatto Anthon Petrejus, der angab, Student der Rechte aus Helmstedt zu sein. Er hatte in Halberstadt gehört, dass ein von Saldern einen unglücklichen Fall getan habe. Der Amtmann führte ihn zu dem Toten, und der Student erkannte ihn sofort. Dieser von Saldern sei nahe Itzehoe bei Hamburg, nämlich aus Meldorf gebürtig und sei acht

Jahre in Schleswig als Advokat tätig gewesen. Er habe sich vor sechs oder acht Jahren gut verheiratet, mit der Tochter des Bruders eines der mächtigsten Männer im Lande, Magnus von Wedderkop. Seine Frau stamme von der Nordseeküste und habe ihm fünf Kinder geboren, von denen drei noch am Leben seien. Sein Vater lebe auch noch und sei Amtmann im Holsteinischen, hielte sich aber in Meldorf auf. Gerlach entschied, bei dem Hof- und Regierungsrat von Saldern in Halberstadt nähere Auskünfte einzuholen, denn in einigen Punkten erschien ihm die Aussage des Studenten doch unsicher. Er selbst wusste nicht viel über die Verhältnisse nördlich der Elbe. Außerdem hatte er auch bemerkt, wie der Student manchmal stockte und sich offensichtlich auf die Zunge biss.

Aus Halberstadt kam im Auftrag des jungen Regierungsrats und Professors der Rechte Samuel von Cocceji – von Saldern war nicht vor Ort – die Nachricht, dass der Entleibte am 22. März bei ihm gewesen sei und angegeben habe, er sei in wichtigen Sachen an den König von Schweden unterwegs. Cocceji wusste auch, dass er Advokat in Kiel und verheiratet war. Alles sprach also dafür, dass es sich um einen von Saldern aus den Herzogtümern Schleswig und Holstein handelte, der Advokat und verheiratet war. Aber das reichte nicht aus, um seine Frau zu informieren.

Am 5. April schließlich erlangte der Amtmann absolute Sicherheit über die Herkunft Johann Heinrich von Salderns. An diesem Tag erreichte ihn auf dem Umweg über Aschersleben ein Schreiben aus dem schwedischen Lager. Das Schreiben, eine Vollmacht für den Überbringer, stammte vom Freiherrn von Schlitz, genannt von Görtz. Der Amtmann bekam von dem Überbringer, der sich als enger Vertrauter des Freiherrn mit Namen von Hagen vorstellte, zu hören, dass sein Herr die führende Persönlichkeit im Geheimen Rat des Herzogtums Schleswig-Holstein-Gottorf sei. Gut, es gebe da noch eine andere wichtige Person, den von Wedderkop, aber den habe man ständig im Auge. Das kleine Herzogtum, so erzählte man Gerlach weiter, habe nur verstreuten Besitz und müsse sich gegen das große Dänemark behaupten. Deshalb pflege es immer gute Beziehungen zum Erzfeind der Dänen, den Schweden. Nun sei man in einem Streit um eine Grafschaft: die Gottorfer, der König von Dänemark, der Kaiser und auch die Schweden. Und unter anderem deshalb sei sein Herr im schwedischen Lager.

Von Hagen hatte zwei Anliegen: Einmal fragte er nach den Todesumständen des hochfürstlichen gottorfischen Hof- und Landgerichtsadvokaten, zum anderem bat er um die Aushändigung aller Papiere, die von Saldern bei sich getragen habe. Der Amtmann entsprach der Bitte, verwies aber auch auf die zerrissenen Briefe. Er wusste nicht, dass von Hagen sich mit Nachrichten und deren Manipulation bestens auskannte, hatte er doch eine juristische Dissertation über die neuen Medien, die Zeitungen, erfolgreich verteidigt.

Dann hörte der Amtmann den dritten Mann an, der sich bei ihm gemeldet hatte: Johann Kramer, der seit vier Jahren in Diensten von Salderns stand. Dieser schilderte zuerst die heimliche Abreise aus Schleswig. Die Frau seines Herrn komme tatsächlich von der Nordseeküste; der Landgerichtsnotar Henning Wedderkop sei ihr Vormund gewesen. Bei der Abreise sei sie hochschwanger gewesen. Sein Herr habe sich entschieden, ohne ihr Wissen aufzubrechen. Seiner Schwester in Schleswig habe er aufgetragen, seine Frau am nächsten Morgen möglichst schonend von seiner Abreise zu informieren. Kaum seien sie in Neumünster angekommen und bei dem Vater seines Herrn eingekehrt, da habe ihn ein Brief von seiner Frau mit der flehentlichen Bitte erreicht, zurückzukehren und seine Reise zu verschieben. Er dürfe sie in dieser Situation, die ihren Tod bedeuten könne, nicht alleinlassen. Sie aber seien weitergefahren.

In Hamburg habe sein Herr bei einem Kaufmann Geld aufgenommen.

„Wie viel war es denn", fragte der Amtmann, dem aufgefallen war, dass man kein Geld bei der Leiche gefunden hatte.

„Zweihundert Taler. Aus Schleswig hat er wenig mitgenommen. Er hat das Geld dann bei einem Juden in kleinere Münzen gewechselt. Ab Wolfenbüttel", fuhr der Diener fort, „ist das Verhalten meines Herrn wunderlich geworden.“ Erst hätten sie noch die berühmte Bibliothek des Ortes besichtigt und das Schloss Sallern – er habe sich gewundert, dass sein Herr dafür Zeit hatte. „Dort hat er einen Koffer deponiert und Pferde genommen. Vorher sind wir mit dem Wagen gefahren. Wir sind weitergeritten auf Halberstadt und bis zum Dorf Hessen gekommen. Dort hat mein Herr einige Gläser Wein getrunken und sich einige Butterbrote schmieren lassen, die er sich in die Tasche gesteckt hat. Ich wusste nicht, warum. Bald darauf hat er mich vorausgeschickt, um ein Quartier in Halberstadt zu besorgen. Das habe ich im Schwarzen Adler gefunden. Er ist aber nicht nachgekommen; nun war mir klar, warum er sich Proviant besorgt hatte. Er hat die Nacht in dem Dorf Athenstedt verbracht. Es liegt nicht weit von der Stadt, hat er mir gesagt.

„Was hat er dort gemacht, wen hat er dort getroffen?“

„Das weiß ich nicht.“

„Und wie ging es weiter?“

„In Halberstadt ist mein Herr zum Hofrat von Cocceji gegangen. Als wir die Reise fortsetzen wollten, hat er es durchaus nicht haben wollen, dass ich ihn in das schwedische Lager begleite. Er hat gesagt, seine Frau könne gestorben sein, und ich solle deshalb zurückreiten. Ich habe seine Sorge verstanden, aber es kam mir komisch vor. Es hätte ihm doch nichts genützt, wenn ich losgeritten wäre. Ich habe dazu geschwiegen. Ich habe ihm aber mehrere Male vorgestellt, wie gefährlich es in diesen Zeiten ist, allein durch die fremden Herrschaftsgebiete zu reiten. Er aber ist ärgerlich geworden, hat mir harte Worte an den Kopf geworfen und sich Ratschläge von meiner Seite verbeten; ich solle daran denken, welchen Standes ich sei. Dann hat er mir befohlen, nach Wolfenbüttel zurückzureisen und dort auf ihn zu warten. Seine Reisetasche und seinen Mantel hat er mir übergeben. Zuletzt habe ich meinen Herrn gesehen, als er einen Soldaten nach dem richtigen Stadttor für seine Route fragte und durch das gezeigte Tor ritt.“

„Wie viel Geld hatte er noch bei sich?“

„Das weiß ich nicht. Was nach Abzug der Reisekosten und des Geldes, das er in Wolfenbüttel deponiert hat, übriggeblieben ist."

Der Amtmann wusste nun wenigstens, wer in den Herzogtümern Schleswig und Holstein zu unterrichten war. Aber das eigenartige Verhalten des von Saldern machte seine Aufgabe nicht leichter. Warum hatte er, fragte er sich, den einsam gelegenen Hohendorfer Gasthof als Herberge gewählt, wo die Stadt Hoym nur eine Viertelstunde entfernt lag? Es war dasselbe Muster wie bei Athenstedt und Halberstadt. Glaubte er, in den Städten lauere Gefahr? Aber wer konnte dort auf ihn warten? Er konnte sich niemanden vorstellen. Von der Teufelstheorie hielt Gerlach nichts. Ihn ärgerte allerdings, dass er mit einem so rätselhaften Mordfall konfrontiert war. Morde gab es in dem kleinen Anhalt-Bernburg nur wenige, und wenn, lag es auf der Hand, wer der Täter war.

Er befragte zuerst den Wirt des Hohendorfer Gasthofs, der nach der Meinung des Hofmedicus zu den Hauptverdächtigen gehörte. Er zweifelte an der Richtigkeit dieses Verdachts. Warum sollte es gerade der Wirt gewesen sein, warum nicht einer der Kärrner? Es wäre höchst unklug von dem Wirt, ein Verbrechen zu begehen, denn er würde doch auf jeden Fall zuerst befragt werden. Und dann musste er ja auch bedenken, dass er Gäste im Haus hatte: Da war es schwierig, die Leiche unbemerkt hinauszuschaffen. Der Hofmedicus war ein Mann schneller Entscheidungen; dem Amtmann war das zu simpel.

Warum er in der Tatnacht solange aufgeblieben sei, fragte er den Wirt.

„Juden haben Einlass begehrt. Ich habe sie abgewiesen. Sie sahen mir nach Gaunern aus. Aber Juden haben bange Hosen; sie reisen nicht gern bei Nacht. Deshalb habe ich befürchtet, dass sie zurückkommen könnten. Aus diesem Grunde bin ich aufgeblieben und habe Wache gehalten."

Vielleicht ein Vorwand, dachte sich der Amtmann. Andererseits vernünftig, Räuberbanden gab es genug in dieser Zeit.

„Kann das jemand bezeugen?"

„Ja, mein Sohn. Meine Frau war schon schlafen gegangen."

„Und warum seid Ihr morgens nicht mit zur Leiche gegangen? Auch euer Sohn nicht?" Wie alle glaubte der Amtmann, dass die Konfrontation mit der Leiche verräterisch sein konnte: Wenn der Täter sie ansehen musste, fing sie an zu bluten. Die Leiche des Advokaten wies jedoch keine offenen Wunden auf. Der Wirt hätte also ruhig hingehen können, wenn ihm der Zustand der Leiche bekannt gewesen wäre.

„Ich habe zu tun gehabt, wir mussten das Dreschen unbedingt zu Ende bringen, ich bin ja nicht nur Wirt, ich muss mich auch um mein Land kümmern. Ich war mir sicher, dass ich schnell von den anderen Nachricht bekommen würde. Ich weiß nicht – besteht eine Pflicht zur Neugier?"

„Noch so eine insolente Bemerkung und Ihr könnt einen Tag im Keller bei Wasser und Brot verbringen."

Der Sohn bestätigte die Aussage des Vaters. Gäste konnten nicht mehr befragt werden. Einmal angenommen, dachte der Amtmann, der Wirt wäre zusammen mit seinem Sohn der Täter. Dann wäre es doch klüger gewesen, sie hätten die Leiche verschwinden lassen, statt sie auf der Heerstraße zu deponieren, wo sie von dem erstbesten Fuhrmann gefunden werden würde. Einen Unbekannten würde niemand vermissen, den Kärrnern hätte man sagen können, er sei bereits abgereist. Das Pferd hätte man losbinden können. Der Gastwirt kannte die Gegend, ihm würden gute Orte eingefallen sein, um die Leiche zu vergraben. Wäre er der Täter, so überlegte der Amtmann weiter, warum hätte er so viel Zeit damit verbringen sollen, die Leiche auszuziehen und die Kleidung wohlgeordnet hierhin und dorthin zu bringen? Dabei hätte er leicht überrascht werden können.

Die Kärrner, dachte der Amtmann, kämen eigentlich auch in Frage. Sie hatten mit dem Reisenden gesprochen, an seiner Sprache gehört, dass er ein Fremder war, hatten seine gute Kleidung gesehen und konnten sich denken, dass er auch einiges an Geld besaß. Sie waren noch da, als der Tote gefunden wurde; eine Flucht hätte sie verdächtig gemacht. Sie hatten nicht nur die Leiche besehen, sondern auch die Kleidung, und sich dabei angestoßen. Das war eigenartig. Vielleicht waren sie sehr gute Schauspieler und dreiste Lügner und so kaltblütig, dass sie in der Situation nicht auffielen. Aber das war in der allgemeinen Aufregung vielleicht nicht so schwer, denn es war ja kein Verhör gewesen. Nun aber waren sie mit ihren Schubkarren über alle Berge. Er hatte schließlich erst die Todesursache feststellen müssen.

In der zweiten Aprilhälfte kam eine Nachricht von einem Drescher und Holzhauer. Der hatte ausgerechnet in einem Amtshaus das Gesinde gefragt, ob man den Täter schon ermittelt habe. Er selbst hatte nämlich einen Mann getroffen, der die Kärrner bei einer Rast in einem Gasthof in Ermsleben von dem Toten hatte sprechen hören. Gerlach ließ den Drescher durch einen Kollegen verhören. Aber das nützte ihm wenig, der Mann wusste alles nur aus zweiter Hand hatte und kannte weder Namen noch Herkunftsorte. Im Übrigen bezweifelte er, dass das Gespräch der Kärrner in Ermsleben stattgefunden haben sollte; nach einer so kurzen Strecke würden Kärrner doch keine Rast machen.

Und schließlich waren da noch die Juden, die der Wirt nicht hatte hineinlassen wollen. Doch von ihnen wusste er nichts, sie kamen nur in der Aussage des Wirtes vor. Wenn sie nicht wiederaufgetaucht waren, waren sie wohl gleich weitergezogen und hatten sich nicht mehr in der Nähe des Tatorts aufgehalten. Auf sie verwendete der Amtmann keine Zeit. Nur Dr. Kaulitz behauptete später, dass das Haar in der Hand des Toten Judenhaar gewesen sei – doch hatte er früher schon die Meinung zum Besten gegeben, dass es das Haar des Wirts gewesen sei.

Es ist hoffnungslos, dachte Gerlach: Alle die möglicherweise helfen könnten, sind längst weg, ihre Namen unbekannt. Beamte der Nachbarterritorien kann ich nicht um Hilfe bitten, solange ich weder den Täter kenne noch ihn und seine Kleidung beschreiben kann. Er legte die Feder nieder und seufzte frustriert. Alle Mühe vergebens. Er hatte den Eindruck, einem Schatten hinterherzujagen. Wann immer er ein wenig mehr erfuhr, waren die Zeugen oder auch potentiellen Verdächtigen längst über alle Berge. Er hoffte, dass die Regierung die Schwierigkeiten sah und der Fall seiner Karriere nicht abträglich sein würde.

Einmal hatte er die Lösung vor Augen gesehen. Wenige Tage nachdem von Hagen und der Diener bei ihm gewesen waren, hatte er einen Pferdejungen vorgeladen. Die Nachricht war eingegangen, dass er etwas Wichtiges wisse. Der Junge gab an, dass er in der Tatnacht auf dem Rückweg von Hoym nach Ballenstedt – der Herr Amtmann möge sich erinnern, er habe ihn davor von Ballenstedt nach Hoym gefahren – von einem Soldaten in einem blauen Rock mit einem Säbel angesprochen worden sei. Diesem seien drei weitere mit Säbel im Abstand eines Büchsenschusses gefolgt. Der Soldat habe ihm gesagt, sie kämen aus Halberstadt und wollten auf schnellstem Wege ins Sächsische kommen. Er habe ihm den kürzesten Weg beschrieben. Ob sie es noch vor Tagesanbruch schaffen könnten, habe der Soldat gefragt. Ja, wenn sie schnell gingen, sei seine Antwort gewesen.

„Hat er was von dem Toten gesagt, sie müssten doch da vorbeigekommen sein?“ fragte der Amtmann.

„Nein.“ Der Soldat habe aber gefragt, ob sie bei dem angegebenen Weg auf die Hohndorfsche Schenke zukämen; da wollten sie nicht wieder hin.

„Sie sind mit mir bis kurz vor Ballenstedt gegangen,“ fuhr der Pferdejunge fort, „dann aber nach links quer über das Feld gegangen Richtung Opperoda.“

Dem Amtmann kam das Verhalten der Männer in Blau – sie waren also in schwedischen Diensten – sehr verdächtig vor. Sie kamen zur „richtigen“ Zeit vom Tatort, wussten aber nichts von der Tat; sie wollten bei Nacht über die sächsische Grenze, gingen aber nicht in die richtige Richtung, bevor sie den Pferdeknecht fragten, und sie taten es danach auch nicht, sondern schlugen einen Haken in Richtung Harz. Dort konnte man gut untertauchen. Und das hatten sie nun getan. Also ein Straßenraub? Gerlach schüttelte den Kopf. An einem Mann, der im Gasthof auf seinem separaten Zimmer schlief!

Bald danach kam sein Verwalter Lange herein und sagte: „Ich weiß, wie es gewesen ist.“

„So, so“, brummte Gerlach.

„Ja! Der von Saldern hat nachts den Gasthof verlassen, weil er sich dort nicht wohlfühlte. Es wäre ja auch nicht das erste Mal, dass Menschen in Gasthöfen bestohlen worden sind. Außerdem hat er die Kärrner angelogen. Als er sagte, er wolle mit ihnen nach Ermsleben. Das ist doch nicht der direkte Weg nach Leipzig.

„Ja, stimmt, eigenartig verhalten hat er sich öfter. Und dann?“

„Dann ist er vom Pferd gefallen und hat sich den Hals gebrochen. Er kannte sich nicht aus, das Pferd hat in der Dunkelheit gescheut .... Viele Menschen finden so den Tod. Sowas kommt des Öfteren vor.“

„Das weiß ich auch“, sagte der Amtmann unwirsch, „das ist doch keine ausreichende Erklärung.“

„Dann sind die Soldaten in den blauen Röcken gekommen, haben ihn dort liegen sehen und die Gelegenheit genutzt. Sie haben ihm sein Geld abgenommen und zur Tarnung die Kleider verstreut.“

„Alles falsch! Von Salderns Pferdehalfter war abgeschnitten. Das habe ich selbst gesehen, als das Pferd hier abgeliefert worden ist.“

Lange war einen Moment sprachlos. „Vielleicht haben die Soldaten ihn durch das Abschneiden des Halfters stoppen wollen und dabei ist er vom Pferd gestürzt und dann ...“ Ihm kamen Zweifel: Vielleicht war das Halfter des Pferdes abgeschnitten worden, als es am Balken angebunden gewesen war. Das war leichter. „Vielleicht haben die Soldaten das Pferd stehlen wollen und von Saldern hat es bemerkt und ...“

„Vielleicht, vielleicht, vielleicht“, unterbrach ihn der Amtmann. „Vielleicht war es ja doch der Teufel. Oder seine Anhänger.“ Gerlach verzog keine Miene.

Lange, zur Tür gehend, wusste für einen Augenblick nicht, ob er es ernst meinte oder nicht.

Je mehr sich die Nachricht von dem Tod verbreitete, umso mehr wurde über Johann Heinrich von Saldern geredet. Zuerst hatten die Kärrner von dem Vorfall in den Gaststätten erzählt, in denen sie Rast machten. Gebildete hatten Briefe geschrieben. Bald wusste man auch in den umliegenden Städten Anhalt-Bernburgs wie in den benachbarten brandenburgischen und kursächsischen Gebieten davon. Auch die Herzogtümer Schleswig und Holstein erreichte die Nachricht. Als die Kunde in Kiel ankam, nahm der Chronist tragisch-kurioser Begebenheiten der Stadt sie in seine Sammlung auf, denn über Johann Heinrich von Saldern hatte er bereits vorher einen Eintrag gemacht. Von Saldern hatte sich nämlich vor seiner Zeit in Schleswig zeitweise in Kiel aufgehalten, wo er 1693 sein Studium begonnen hatte. Im Februar 1696 war er nach Rostock gewechselt und hatte dort blitzartig akademische Würden erworben: Bereits ein Jahr später erschien seine Dissertation über die mildere Bestrafung Verheirateter zugunsten des Ehestandes im Druck, die er vorher dort verteidigt hatte. Wie üblich hatte der Professor sie geschrieben. Darin ging es unter der Perspektive der heiligen Ehe um Probleme wie den Inzest, der durch die weite Definition der verbotenen Grade – wer durfte bei bestimmten Verwandtschaftsgraden wen heiraten? – immer wieder vor die Ehegerichte kam, oder auch die Entführung von Frauen. Nach seiner Promotion kehrte er wieder nach Kiel zurück. An diesen Aufenthalt erinnerten sich viele in der Stadt.

Von Saldern hatte sich im Februar 1699 mit anderen Studenten zunächst wegen einer Wirtshausrechnung in der Stadt gestritten. In der Altstadt, nahe dem Hause des Grafen von der Nath, waren die Streithähne wieder aufeinandergestoßen, von Saldern mit einem Gefährten auf der einen Seite und drei andere Studenten auf der anderen. Letztere suchten ihr Heil in der Flucht. Mit bloßem Degen verfolgte von Saldern laut schreiend einen von ihnen durch die Straßen Kiels. Fenster flogen auf, Menschen lehnten sich weit hinaus.

Von Salderns Gefährte rief noch: „Von Sallern bistu doll? Von Sallern bistu doll?“

Doch der hatte den Flüchtenden schon gestellt, schrie: „Hunds-Vod, wehre dich!“ und stach zu. Er traf genau ins Herz. Nur eine

Stunde hatte das Opfer noch gelebt. Es war der Sohn des Kieler Ratsherrn Nodt, der kurz vorher selbst tödlich verunglückt war. Ein langer Inquisitionsprozess folgte, von Saldern und sein Vater zögerten ein Urteil bis 1703 hinaus; Schuld war ihrer Meinung nach der Getötete. Dann wurden die Akten an eine auswärtige Fakultät als Obergericht geschickt. Als 1704 das Urteil von der Juristenfakultät in Gießen kam, schalteten sich von Salderns Vater und Magnus von Wedderkop, der Bruder seines Schwiegervaters, ein. Sie wollten eine Milderung durch den Fürsten erreichen, für den Fall, dass das Urteil hart ausfiele, wovon sie aber nicht ausgingen. Magnus von Wedderkop war der kluge und ehrgeizige Regierungspräsident des Herzogtums, ein guter Diplomat und ein Vertreter einer energischen Sparpolitik, der es durch seine Tätigkeit zu immensem Vermögen gebracht hatte, musste doch jeder erst seine aufgehaltene Hand füllen, bevor er eine Amtshandlung vollzog.

Im Geheimen Rat des Herzogtums waren, wenn auch noch verdeckt, zu dieser Zeit immer größere Spannungen entstanden, nachdem Wedderkop in dem Freiherrn von Görtz ein Gegner erwachsen war. Uneinigkeit herrschte nicht zuletzt auch in dem Streit um die Grafschaft Ranzau. Im Auftrag Wedderkops war von Saldern auf dem Weg zu Görtz im schwedischen Lager gewesen. Der Advokat hatte geurteilt, dass die gewaltsame Inbesitznahme der Grafschaft reichsrechtlich unbedenklich sei. Der dänische König und der Kaiser hatten jedoch die Rückgabe der Grafschaft befohlen. Ein Sprung in seiner Karriere hatte von Saldern lebhaft vor Augen gestanden. Das Kopieren von Schreiben in Schönschrift, seine zeitweilige Aufgabe als sogenannter Kanzleiverwandter, war für ihn völlig unbefriedigend. Auch als Anwalt versuchte er alles herauszuholen: Im Jahr zuvor hatte er sich als einer der größten Grundbesitzer in Oldenswort in Eiderstedt bezeichnet, als es darum ging, für den wegen Korruption abgesetzten Hans Tetens einzutreten. Doch die großen Bauern kannten keinen Hausmann mit diesem Namen. Er war sich der Wichtigkeit seiner Mission bewusst, aber auch der Gefahr, die damit verbunden war. Nicht umsonst hatte er alles so heimlich wie möglich gemacht. Görtz konnte skrupellos sein.

Amtmann Gerlach wartete und wartete auf ein Mitglied der Familie von Saldern aus den Herzogtümern im Norden. Der Diener hatte ihm gesagt, dass jemand kommen und den Körper abholen werde. Das habe man ihm geschrieben. Nach vier Wochen hatte sich aber noch niemand gemeldet. Es wurde immer wärmer, es ging schon gegen Ende April, und der Verwesungszustand der Leiche schritt voran. Den Pastor hatte Gerlach sicherheitshalber schon informiert, vielleicht müsse er einen Trauergottesdienst halten. Schließlich traf am 26. April doch der jüngere Bruder des Entseelten, Lorenz von Saldern, in Hoym ein. Nachdem er mit dem Amtmann gesprochen hatte, bat er als erstes den Herzog, seinen Bruder dort beerdigen lassen zu dürfen, und um die Erlaubnis, eine Grabstätte in der Kirche zu erwerben, für einen leidlichen Preis, wie er hinzusetzte. Schließlich war die Familie weder adelig noch besonders bemittelt; der Vater war Amtsschreiber in dem Flecken Neumünster. Damit seinem Bruder alle Ehre erwiesen werde, bat er außerdem um Schüler aus Quedlinburg, welche die Leiche mit ihrem Gesang begleiten sollten, wie üblich bei derartigen Anlässen. Alles wurde ihm gewährt.

Schnell wurde der Kantor Johann Philip Bendeler in Quedlinburg gebeten, einen passenden Text zu entwerfen und die Musik dazu auszusuchen und einzuüben. „Ich habe keine Zeit, ich habe zu viel Arbeit. Ich habe noch nie etwas für einen Erschlagenen geschrieben", antwortete er. Doch dann stimmte er nichtsdestoweniger zu. Viel fiel ihm in der kurzen Zeit nicht ein. Zwar gelang es ihm, einen Text zu schreiben, doch der gefiel ihm selbst nicht besonders gut, und so entschuldigte er sich mit der größten Eile, in der er ihn habe abfassen müssen.

Am 4. Mai 1707 wurde der Sarg vom Rathaus über die holprigen, ungepflasterten Straßen der Stadt, die letztlich nicht viel mehr als ein Dorf war, zur Kirche St. Johannis getragen, begleitet von 140 Singknaben. Dort wurde Bendelers Werk aufgeführt, um dem „hochedel-wohlgebohrnen und hochgelehrten Herrn Hanß Heinrich von Saldern J.U. Licent. und weiland hochfürstl. Schleßwig-Holsteinischen Hof- und Landgerichts-Advokaten" die letzte Ehre zu erweisen. Die versammelte Gemeinde, der Bruder, die Beamten und ein Großteil der Bürgerschaft lauschten der „Göttlichen Anfrage an Cain Wegen seines erschlagenen Bruders Abell" – den Reimen des Kantors.

1
Göttliche Majestät:
O! Cain! Cain! Cain! Wo ist dein Bruder Abell?

Ich weiß nicht, soll ich meines Bruders Hüter seyn?

Göttl. Maj.:
Waß hastu gethan? Die Stimme deines Bruders Blut schreiet zu mir von der Erden, Und nun verfluchst seystu auf der Erden, die Ihr Maul hat aufgethan und deines Bruders Blut von deinen Händen empfangen.

2
Der jämmerlich Ermordete:
Verruchte Mörder Hand, die sich an mich gewaget.
Die meinen zahrten Geist aus seinem Hause gejaget.
Wie? Denckstu nicht an den, Der alles sieht?
Und dessen Straf-Gericht um deinen Scheitel blüht?

Der Stab ist schon gebrochen,
Mein Blut wird noch gerochen.

O Mörder, Beßere dich, erkenne dein Verbrechen.
Waß treibt dich, wieder mich, zu solchen Grimm und Rächen
Was hab ich Dir gethan? Der Geitz, das Höllen Kindt,
Der Bosheit fester Grind, macht einem Sinne Blind.

Der Stab ist schon gebrochen,
Mein Blut wird noch gerochen.

3
Ihr aber, die Ihr mich als Euren Freund geliebet
Und welche dieser Fall auff den Todt betrübet
Gehabt Euch sämtlich wohl! Gott steh euch kräfftig bey!
Und zeige, wie er noch der rechte Vater sey.
Gott läßet nach dem Weinen
Die Freuden Sonne scheinen.

Der Amtmann und sein Verwalter sahen sich an: Ob der Stab jemals würde über den Täter gebrochen werden können? Schließlich hatten sie trotz aller Mühe und Arbeit niemand gefänglich einziehen und befragen können. Sie gingen zu dem Gewölbe, in dem der Tote seine letzte Ruhe gefunden hatte, und lasen die Zeilen auf der Grabplatte. Im Lesen übersetzten sie den lateinischen Text:

Höre! Höchste Schandtat!
Hier liegt der Sitten Regel nach die Zierde der Doktoren
Der Schutzherr der Mandanten, der Ruhm der Holsteiner
der Lizentiat der Rechte, der sehr berühmte Advokat am gottorfischen Hof
Herr Johann Heinrich von Saldern
Geboren 1675, gestorben 1707
Er hat gelebt. Gut hat er gelebt.
Der Knabe gefiel den Lauteren
Der Jüngling den Gelehrten
Der Mann den Fürsten.
Nur wenn das Schicksal es wünscht, schadet es.
Er zog aus dem Vaterland, mit einem bösen Vorzeichen,
und fand das Land des Vaters.

Der Amtmann brach die Lektüre ab; es würde doch so weitergehen. Ihm waren ganz andere Vorschläge für Grabschriften zu Gesicht gekommen. Darunter befand sich eine weitere lateinische, die den Leser direkt anredete. Sie ging auf die Person wie auf das Verbrechen direkt ein, sprach vom Tod durch einen Straßenräuber, der wie ein zweiter Archimedes die Kreise verwirrte, aber nicht die der Geometrie, sondern der Geomantie, des Wahrsagens aus Mustern der Erde.

Eine andere Zuschrift stammte von einer Person, die sich Asmodi genannt hatte, stilgerecht nach einem Dämon in der Bibel. Der Mann kannte sich in der Heiligen Schrift bestens aus, war außerdem klassisch gebildet und sehr gut informiert. Ihm hatte es offensichtlich immense Freude gemacht, ein Gedicht auf den Toten zu verfassen:

Grabschrift
Ein Reincke von Nathur, ein Judas von Geblüth
Ein Igell voller Blut, ein Teuffel von Gemüth
Ein Joab, der die Wuth in Abners Busen kühlte
Und mit dem MeinEid so wie dem Degen spielte.
Des Lucifers Gesell und halb-geheimbte Rath,
Mit einem Wort: hier liegt ein schlimmer Advocat.
Du darffst, mein Leser, nicht nach seinem Tode fragen,
Er fiel wie Phaeton von seinem Hochmuths Wagen
Und starb wie Doctor Faust. Man fand den nackten Leib,
Den Themis übergab des Arztes Zeitvertreib.
Sein Fürwitz suchte bald nach Beulen, Stich und Wunden,
Und wie er endlich nichts von allen vorgefunden
So fuhr er weiter fort, nach seines Handwercks Brauch,
Und öfnete geschickt, Haupt, Leib und Unterbauch.
Wie alles war zerlegt, besichtigt und zerrissen
Sprach Er: hier fehlt nichts, nur find ich kein Gewissen.

Wer auf Erden, dachte der Amtmann, soll den Mörder einer solchen Person finden? Am besten, man bildet sich ein, der Teufel habe seinen Gesellen umgebracht.

Dat gah uns wohl up unse olen Dage.
der legendäre Trinkspruch des zehnjährigen Eiderstedter Mädchens Martje Flor vor trunkenen feindlichen Soldaten

ERBSCHLEICHEREI

Das hatten sie geschafft. Nun bestand vor Recht und Gesetz eine Ehe. Sie hatten Anfang 1698 vor Zeugen die Verlobungsgeschenke ausgetauscht, mochten die Leute über ihre Verbindung denken, was sie wollten. Als später der Geistliche des Ortes mit seinem Vertreter kam, um sich zu versichern, dass diese Ehe tatsächlich ihrer beider Wunsch war, bestätigten sie es mit vollem Herzen. Nun mussten sie nur noch den Segen der Kirche einholen. Dazu war die Proklamation, das öffentliche Aufgebot, notwendig. Spätestens dann würde nicht nur in Oldenswort, dem bedeutenden Ort im östlichen Teil Eiderstedts, jedermann über sie reden, sondern auch auf der ganzen Halbinsel. Dass die Witwe eines Bauern ihren Knecht heiratete, war unerhört genug. Schon wenn ein verwitweter Hofbesitzer mit seiner Magd die Ehe schloss, zog man nicht nur die Augenbrauen hoch. Aber umgekehrt – das ging vielen gegen den Strich. Noch dazu der Altersunterschied: Sie ging auf die achtzig zu, er stand im besten Mannesalter. Wie ein Lauffeuer würde sich die Nachricht von dieser ungleichen Ehe verbreiten. Auf den Dorfstraßen, in den Mühlen, in den Krügen, auf den Märkten: Überall würde man von ihnen reden, das wussten sie. Doch nur selten würde man sie direkt ansprechen. Anders bei den Verwandten. Sie erwarteten harte Worte, laut und voller Ärger; Widerspruch, sogar entschiedene Ablehnung. Gegen all das hatten sie sich gewappnet. Sie wollten zusammenstehen. Aber es sollte viel schlimmer kommen.

Margaretha Cornils hatte, was sie wollte, einen Ehemann und damit automatisch einen rechtlichen Vertreter. Christoffer Hinrichs war für sie weit mehr als ein gewöhnlicher Hausknecht. Achtzehn Jahre hatte er schon für sie gearbeitet. Über diese lange Zeit hatte er sich fleißig und treu gezeigt und ihr Vertrauen gewonnen. Sie konnte sich auf ihn verlassen, davon war sie überzeugt. Das Verhältnis zu ihrem Neffen Johann Schipper, der sie bisher als ihr Kurator vertreten hatte, war in die Brüche gegangen. Als 1697 die Dänen wieder einmal ins Land fielen, um die neuen herzoglichen Schanzen zu zerstören, mussten Tausende von königlich-dänischen Soldaten untergebracht werden. Oldenswort war nicht allzu weit von der wichtigsten Schanze entfernt, und wer wusste, wie die kriegerischen Auseinandersetzungen sich entwickeln würden. Als die Holmer Schanze nach heftiger Gegenwehr erobert worden war, erfasste Angst die Menschen, und ein großes Flüchten setzte ein. Margaretha hatte einen Boten mit der Bitte um Hilfe zu Johann Schipper geschickt. Der hatte geantwortet: „Ich habe genug mit meinen eigenen Angelegenheiten zu tun.“ Sie müsse für sich selbst sorgen. Die hundert Reichstaler, die er im Jahr für ihre öffentliche Vertretung bekam, waren für ihn kein Grund, ihr in der Not zu helfen. Sie bat ihn, seine Kuratorenfunktion nicht aufzugeben, ohne Erfolg. Als die Soldaten dann auf ihrem Hof standen, hatte Christoffer Hinrichs sie teils mit guten Worten, teils mit Gaben von der Einquartierung abgehalten. In dem Moment wurde ihr klar, dass sie für Christoffer Hinrichs mehr empfand als tiefes Vertrauen und Hochachtung vor seiner Leistung.

Bei Johann Schipper, Lehnsmann und Kirchenvorsteher in Tetenbüll, schrillten die Alarmglocken, als er von der Verlobung erfuhr. Kein Wort hatte seine Tante ihm davon gesagt – ihm, der als einer

Abb. 2 Eiderstedt auf einer Karte von Nordfriesland von Danckwerth (1652)

ihrer Verwandten erbberechtigt war. Aber vorher gedroht hatte sie ihm: Wenn er seine Meinung nicht ändere und ihr Kurator bleibe, werde sie etwas tun, was ihn sehr verdrießen werde. Nun war das Tischtuch zwischen den beiden zerschnitten. Die Erbfolge hatte er todsicher geglaubt, doch plötzlich war das Gegenteil der Fall. Es stand viel auf dem Spiel für ihn. Sie besaß fünf Höfe, dazu Land, zwei Häuser, eines in Tönning, dem Hauptort Eiderstedts, ein anderes in Friedrichstadt, wo sich viele verfolgte Holländer und religiöse Minderheiten angesiedelt hatten. Dazu große Barmittel; es ging die Rede von 100.000 Mark Lüb. Margaretha Cornils hatte vor sechzig Jahren von der Elbe, von der Wilstermarsch, an die Nordseeküste geheiratet und einen ansehnlichen Brautschatz mit in die Ehe gebracht. Nach über 25-jähriger Ehe war ihr Mann, der Mennonit Adrian Bouwens, gestorben. Sie hatte das gemeinsam Erworbene geerbt, so hatten sie es in ihrem wechselseitigen Testament ausgemacht: Der länger Lebende soll es haben. Sie hatte bald nach dem Ende der Trauerzeit wieder geheiratet, und zwar den Bürger und Kaufmann in Tönning, Jann Cornils, der offiziell Johann hieß. Durch ihn war sie in den Besitz des Hauses in der Festungsstadt gekommen; von Arrien, wie ihr erster Mann genannt wurde, stammte das am Markt in Friedrichstadt, wo er auch begraben lag. Nach achtjähriger Ehe war auch Johann Cornils gestorben; von dessen Tod an war sie lange Jahre Witwe geblieben. Ihr Vermögen hatte sich durch ihr kluges Wirtschaften, bei dem sie sich auch durch Christoffer Hinrichs unterstützen ließ, kräftig vermehrt. Sie wohnte auf einem prächtigen Hof, auf dem in Kriegszeiten hohe Militärs und auch Frauen hoher Standespersonen übernachteten. Er lag in Osterende, wie die Gegend ein wenig nordöstlich von der Dorfmitte Oldensworts genannt wurde.

Johann Schipper hatte sich selbst im Traum nicht vorstellen können, dass sie wieder heiraten würde. Hatte sie den Verstand verloren? In ihrem Alter, nach 22 Jahren im Witwenstande? Nachdem sie sich so lange tugendhaft verhalten hatte? Und dann auch noch einen jungen Kerl von schlechter Herkunft, einen Knecht, der dazu noch dem Trunke zugetan war und ein ärgerliches Leben führte? Die Trauung musste auf jeden Fall verhindert werden, zu ihrem Besten. Er benachrichtigte sofort Jacob Sievertz in Schrapenbüll vor den Toren Tönnings. Er war der andere Erbberechtigte. Sievertz war der Landespfennigmeister – der oberste landschaftliche Finanzbeamte für den Osten von Eiderstedt. Er führte nun schon ein Jahrzehnt die Rechnung über die Einnahmen und Abgaben dieses Teils. Zugleich saß er auch in der Landesversammlung Eiderstedts, war Ratmann. Er gehörte der alten, weitverzweigten Sievertz-Familie an. Jacobus Sievertz, der Studierte, war Landespfennigmeister des anderen Teils von Eiderstedt. Gemeinsam waren sie an einem Eindeichungsprojekt beteiligt, eine kostspielige, aber bei Erfolg sehr ertragreiche Investition.

Sievertz und Schipper forderten als erstes mit aller Entschiedenheit von dem Pastor in Oldenswort, keine Proklamation und erst recht keine Trauung vorzunehmen. „Aus der Heirat kann nichts werden“, konstatierten sie, „sie weiß nicht, was sie tut.“ Dann versiegelten sie eigenmächtig die Schränke und Truhen Margaretha Cornils'. Schipper ersetzte den Knecht, die Magd und die Lüttdeern ihres Haushalts durch seine eigenen Leute. Sie sollten verhindern, dass sie das Haus verließ oder Geld und Wertgegenstände weggeschafft wurden. Sie waren entschlossen, eine Aufhebung der Verlobung zu erreichen. Verlobungen wurden wegen aller möglichen Gründe annulliert, z. B. bei Witwen, wenn die Kinder ihr Erbteil nicht erhalten hatten. Das war hier allerdings nicht der Fall. Aber ihnen war sonnenklar, wie man vorgehen musste. Der Landespfennigmeister kannte große Herren.

*

Ihre Augen leuchteten, als sie das große Gebäude in Schleswig verließen. Herrliche Aussichten. Die Verlobung war aufgehoben! Nicht nur das! Johann Schipper und Jacob Sievertz hatten am Gottorfer Hof viel mehr erreicht, als sie je erhofft hatten.

Johann Ludwig Pincier hatte sie empfangen. Der Geheimrat war der zweite Mann im Herzogtum, der Liebling des Fürsten, klug, redegewandt und von schnellem Verstand. Er kannte Jacob Sievertz, nicht nur weil der Pfennigmeister war oder weil er selbst Besitz in Eiderstedt hatte und beide an ein und demselben Eindeichungsprojekt beteiligt waren, sondern auch weil enge private Kontakte geschäftlicher Art zwischen beiden bestanden: Größere Geldsummen wechselten von einem zum anderen, deutlich mehr von Pincier zum Pfennigmeister als umgekehrt. Sievertz und Schipper hatten über den Staller, den obersten Beamten der Landschaft, davon Wind gekriegt, dass Christoffer Hinrichs bei der Regierungskanzlei um die Erlaubnis zum schnellen Vollzug der Ehe nachgesucht hatte. Die Kanzlei hatte darauf den Staller um einen Bericht gebeten – das normale Vorgehen. Margaretha Cornils und Christoffer Hinrichs wollten ihrer Sache Nachdruck verleihen und dazu zwei Höfe anbieten. Christoffer Hinrichs ritt deshalb nach Schleswig. Dort wollte er sich der Hilfe der Pastorenfrau Metta Magdalena Rachel versichern. Ihr Mann war der Pastor von Oldenswort. Sie, die Witwe eines Landschreibers, vertraut im Umgang mit Höheren, sollte für ihn sprechen. Er traf sie nicht an; dafür wurde er auf den Sekretär Hudemann aufmerksam gemacht, der mit Pincier verwandt war. Dessen Mutter war eine Hudemann. Hinrichs suchte Hudemann sofort auf.

Der Sekretär und Pincier verhandelten gerade, als Sievertz und Schipper eintrafen. Nun ging es wechselweise. Als die beiden an der Reihe waren, machte ihnen Pincier anfangs wenig Hoffnung. So einfach lasse sich eine Verlobung nicht auflösen. Stand und Lebenswandel des Gewählten seien zwar ungewöhnlich, gäben aber keine hinreichenden Gründe ab. Eine Aufhebung sei schwer. Der Verlobte der Bauersfrau habe außerdem gerade auf schnellen Vollzug der Ehe angetragen.

„Aber“, kam die Antwort, „sie hat uns darum gebeten und gesagt, sie stellt uns alle Mittel dafür zur Verfügung, die notwendig sind.“

„Ja, gut, aber eine einseitige Auflösung ist wirkungslos. Die Verlobung ist völlig ordnungsgemäß vollzogen worden. Die Geistlichen haben alles noch einmal überprüft und nichts zu bemängeln gehabt. Hohes Alter ist kein Ehehindernis.“

Die beiden wunderten sich; sie hatten Entgegenkommen statt Ablehnung erwartet. Es konnte nur daran liegen, dass Pincier schon mit Hudemann gesprochen hatte. „Wir müssen Euer Exzellenz davon berichten, dass unsere Verwandte kindisch geworden ist, leider. Es ist das hohe Alter. Sie ist über achtzig. Sie weiß heute nicht, was sie gestern getan hat. Es war dem Knecht ein Leichtes, sie zu überreden. Als wir ihr gesagt haben, was sie gemacht hat, hat sie sofort alles bereut. Deshalb möchten wir um Dero Unterstützung für eine Aufhebung dieser ungültigen Verlobung bei unserem gnädigsten Herrn bitten."

„Aha, kindisch. Hm, Wahnsinn und Melancholie wären eindeutig, aber kindisch, kindisch ... Es kommt so selten vor, dass alte Frauen noch heiraten wollen. Da müsste man schon bei vielen Rechtsgelehrten nachschlagen, um etwas zu „kindisch" als Grund für eine Aufhebung zu finden. Vielleicht sogar erfolglos." Er sah sie fragend an und sie sich. Es war ihnen klar, worauf das hinauslief. Nur nicht zu früh ein Angebot machen.

„Er will nur an die große Erbschaft, die Höfe, ihr Geld. Er hat sie überredet, mit Worten überschüttet, sie stand dem hilflos gegenüber."

„Nun ja, Überredung darf ein gewisses Maß nicht überschreiten. Aber wer will beweisen, dass es geschehen ist?"

Sie fragten sich, wie lange sie noch zögern konnten. Da kam Pincier ihnen etwas entgegen:

„Aber wenn sie tatsächlich kindisch sein sollte" – er schwieg einen langen Augenblick –, „nicht im Vollbesitz ihrer geistigen Kräfte, dann könnte die Verlobung schon widerrechtlich sein. Aber es gibt ordentliche Gerichte." Er fixierte sie wieder, eindringlich.

Nun war es an der Zeit. „Sie denkt wirklich wie ein Kind", sagten sie schnell. Wir werden uns selbstverständlich erkenntlich zeigen." Sie hatten lange genug mit einem Angebot gezögert.

„Nun, bei einer so großen Erbschaft muss schon ein Erhebliches an seine Durchlaucht gehen. 3000 Reichstaler für die Aufhebung der Verlobung sind angemessen. Für meine Beförderung der Sache kommen noch 1000 hinzu. Die sind sofort zu zahlen. Das Geld an Seine Durchlaucht kann in Raten gezahlt werden."

Sie dankten und waren gleichzeitig erschrocken über die Höhe der

Forderungen. Aber der Schreck währte nur kurz: Das Erbe war ja groß genug.

Außerdem brauche sie ihrem Zustand Hilfe, setzten sie hinzu, sie könne nicht mehr allein entscheiden. Sie benötige Kuratoren. Sie wären bereit, diese mühevolle Aufgabe zu übernehmen. Sie wollten auch für ihre Unterbringung sorgen. Am besten, sie würde umsorgt …

„bei mir oder bei meiner Tochter", sagte Johann Schipper.

„Unsere Aufgaben verursachen viele Kosten," fügte Sievertz hinzu, „und der Möchtegern-Ehemann muss auch noch abgefunden werden. Geld für unsere Bemühungen könnten wir durch den Verkauf eines ihrer Höfe erlangen."

„Gut. Das verstehe ich. Aber wenn ich das auch noch vortragen soll, müsstet ihr die Donation an meine Person erhöhen; ein Drittel mehr wäre angemessen."

Sie stimmten zu.

Und die Einwilligung Seiner Exzellenz, des Herrn Ratspräsidenten Wedderkop, müssten sie noch einholen. Damit schloss der Geheimrat die Unterredung.

Nun wurde Hudemann mit Christoffer Hinrichs hereingerufen. Dem Verlobten wurde eine Summe Geldes für den Verzicht auf die Heirat geboten. Er lehnte jedoch ab, auch als die Summe erhöht wurde.

*

„Ich habe mein Leben lang hart gearbeitet und es zu was gebracht, durch den Fleiß meiner Männer und mein Wirtschaften, und jetzt soll ich vom Hof gejagt werden als eine Bettlerin?" Sie schrie es hinaus. Dann, nach einer Pause, sagte sie etwas ruhiger: „Es würd' mir das Herz brechen. Hier auf diesem Hof ist mein Zuhause. Und das wird es auch bleiben. 300 Reichstaler pro Jahr soll ich bekommen zum Lebensunterhalt und bei fremden Leuten wohnen? Bevormundet werden von euch, die ihr euch als meine Freunde ausgebt und doch nur eines im Sinn habt: mein Erbe! Nichts mehr zu sagen haben?

Ich bin kein Kind. Ich weiß, was ich tue und warum. Nicht heiraten können und nichts vererben können, ohne eure Erlaubnis und die unseres gnädigsten Herrn? Da zeigt es sich, worum es euch einzig und allein geht.“ Ihre Stimme zitterte. „Ich habe Christoffer Hinrichs mein Wort gegeben und werde es halten! Gott wird mich strafen, wenn ich es zurücknehme. Ich heirate ihn, komme, was wolle. Und den Hof, den werde ich nie und nimmer, nie und nimmer werde ich den Hof verlassen. Da könnt ihr warten, bis ihr schwarz werdet.“

Schipper und Sievertz waren Anfang Februar mit einer Amtsperson erschienen, das herzogliche Mandat in der Hand. Sie hatten Margaretha Cornils dessen Bestimmungen verkündet. Und dass sie nun ihre Kuratoren seien und die Verwaltung ihrer Höfe übernähmen. Seine Durchlaucht habe es so entschieden. Mit dem entschiedenen Widerstand Margarethas hatten sie allerdings nicht gerechnet.

Mit der Ausführung des Mandats hatten sie daraufhin noch ein wenig gewartet, vielleicht würde sie ihre Meinung ändern. Ende Februar verkauften sie den ersten Hof Margaretha Cornils', den auf der Riepe, im Westen von Oldenswort, zur Bestreitung ihrer Kosten, wie sie sagten. Er war 8700 Mark Lüb. wert; allerdings gingen diverse Posten davon ab. Der Käufer veräußerte ihn kurz danach deutlich teurer. Nun besaß Margaretha nur noch vier Höfe. Im Mai des folgenden Jahres waren auch die anderen Höfe verkauft. Das verstanden die Herren Kuratoren unter Verwaltung. Im März schon hatten sie die Schlüssel gefordert, die Truhen und Kasten geöffnet, Margarethas Barschaften und Wertsachen an sich genommen und sie noch einmal mit Nachdruck aufgefordert, sich nun endlich zu Johann Schipper oder dessen Tochter zu begeben. Ohne Erfolg jedoch, sie weigerte sich hartnäckig. Als sie, nun ohne bare Mittel, sagte: „Lasst mir doch wenigstens so viel, dass ich den Armen an der Tür etwas geben kann“, händigte ihr Sievertz vier Reichstaler aus. Wer den Armen gibt, dem wird Gott in schlechten Zeiten helfen, daran glaubte sie fest.

Dann nahmen Sievertz und Schipper sich Christoffer Hinrichs vor. Er müsse die Verlobungsgeschenke zurückgeben und den Kontakt zu

Margaretha Cornils abbrechen, sonst drohe ihm eine Strafe. Außerdem müsse er kündigen. Er werde ein Abtrittsgeld erhalten. Er gab die Geschenke tatsächlich zurück und nahm das Abtrittsgeld von 2000 Mark Lübsch. Sie dachten daraufhin, er habe sich in sein Schicksal ergeben; er aber hatte durch Margarethas Magd erfahren, er könne es ruhig nehmen, schließlich sei es ja ihr Geld. An das Kontaktverbot hielt er sich nicht.

Gegen Ende März mussten Sievertz und Schipper sich beraten. Sie sollten die Wohnungsfrage in Güte regeln, hatte es von oben geheißen. Eine Regelung herbeizuführen war aber schwierig, da sie den Hof bereits verpachtet hatten; die Forderung einer gütlichen Einigung verhinderte nun, dass sie Margaretha mit Zwangsmitteln dazu bringen konnten, ihn zu verlassen. Sie gingen mit Hans Tetens als Amtsperson zu ihr, um einen Vergleich, wie sie es nannten, zu bewirken. Tetens war Rat- und Lehnsmann – Mitglied der Landesversammlung und einer der obersten Verwaltungsbeamten in Oldenswort – mit dem dazu erforderlichen großen Grundbesitz im Kirchspiel. Ihre Lösung sah so aus, dass sie ihr genau die Räume vorschrieben, in denen sie sich aufhalten durfte. Sie gestatteten ihr die Nutzung des Hausrats und verzichteten großzügig auf eine Inventarisierung des Mobiliars. Allerdings müsse der Pächter den Pesel, die gute Stube, an Sonntagen nutzen können.

Margaretha Cornils empfand die Einhegung auf ihrem eigenen Hof als kränkende Herabsetzung. Als sie sich weigerte, diesen Vergleich zu unterschreiben, tat das Hans Tetens kurzerhand für sie, mit der Begründung, dass sie nicht schreiben könne. Das konnte sie sehr wohl; allerdings unterzeichnete sie im Alter regelmäßig nur mit ihren Initialen. Eine Vollmacht, an ihrer Stelle zu handeln, besaß Tetens nicht. Aber für jemanden, der Armengelder unterschlug, war das kein Problem. Außerdem hatten ihm Schipper und Sievertz zwei Kühe versprochen.

Dann versuchten sie Christoffer Hinrichs zu bereden. Sie stellten ihm mit vielen Worten und ebenso viel Branntwein vor, dass es bes-

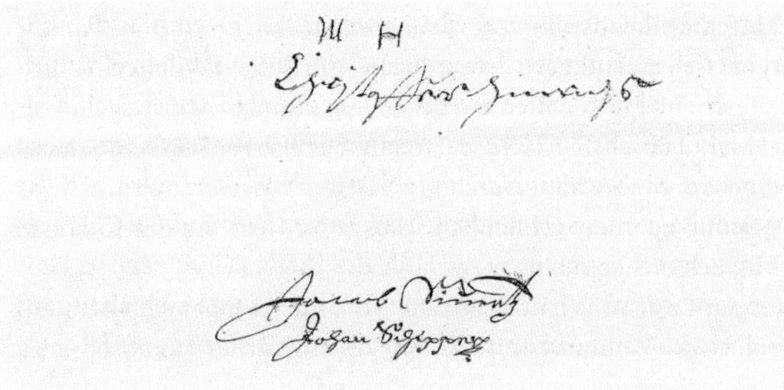

Abb. 3 Unterschriften von Margaretha Hinrichs, Christoffer Hinrichs sowie Jacob Sievertz und Johann Schipper

ser wäre, wenn er woanders heiratete. Sie würden ihm auch helfen, eine Braut zu finden. Der Landespfennigmeister erklärte sich bereit, ihr den Antrag zu machen. Sie boten ihm 400 Reichstaler zum Start in eine vernünftige Ehe. „Ja, wenn ich woanders heirate, dann nehme ich das Geld gerne an. Aber im Augenblick denke ich nicht daran", erwiderte er. Sie redeten immer weiter. Da gab er vor, ihm sei übel, ging nach draußen und ritt davon. Sie versuchten, Margaretha einzureden, dass Christoffer das Angebot angenommen habe. Aber es dauerte nicht lange, bis er sie vom Gegenteil überzeugen konnte. Margaretha und Christoffer schworen sich gegenseitig ewige Treue und tauschten Geldstücke darauf aus. Sie wollten gern zwei oder drei Höfe weggeben, wenn sie nur zusammenkommen könnten.

Die Gegenseite verschärfte daraufhin die Maßnahmen. Ende April holten Sievertz und Schipper die Kühe und Pferde des Hofes ab. Margaretha bat inständig darum, einige Pferde behalten zu dürfen, damit sie ausfahren könne. Sie ließen ihr zwei. Der Wirtschaftshof war damit zu einem Wohnhof geworden. Johann Schipper – der Kirchenvorsteher von Tetenbüll und ihr Neffe – sagte zu ihr: „Du warst reich, jetzt wirst du Armut leiden."

Margaretha Cornils und Christoffer Hinrichs empfanden das Unrecht tief. Aufzugeben waren sie nicht bereit. Nachdem eine Bittschrift abschlägig beschieden worden war, entschlossen sie sich, Pincier zwei ihrer besten Höfe im Wert von etwa 10 000 Reichstalern anzubieten. Sie wurden nicht vorgelassen. Nun blieb nur noch der Weg zum Regierungspräsidenten Magnus von Wedderkop. Christoffer Hinrichs erbat sich dazu die Hilfe des Pastors Georg Petrus Hofmann – er war in Wirklichkeit nur Diakon, nannte sich aber gern „cand. Pastor" und wurde daher von allen als Pastor angeredet.

*

Christoffer Hinrichs und Hofmann reisten nach Hamburg. Dort hielt sich der mächtigste Mann im Lande, der Regierungspräsident, Geheime Rat und Amtmann Magnus von Wedderkop in seinem Stadtpalais mit der großen Bibliothek auf. Wedderkop, ein ehemaliger Professor, stand schon einige Jahrzehnte in fürstlichen Diensten, hatte die Interessen des Herzogtums auf internationalen Konferenzen vertreten, war mit vielen inneren Angelegenheiten unterschiedlichster Art befasst gewesen, und dabei reich geworden, auch weil er sich alle Amtshandlungen bezahlen ließ. Schließlich hatte er auch noch den Adelstitel erworben. Verheiratet war er mit einer Schwester von Pincier.

Der Pastor sollte dem Höchsten im Lande die Sache vortragen. Wedderkop, der sich immer noch sein Professorengehalt auszahlen ließ, obwohl er schon seit Jahren keine Vorlesungen mehr hielt, hörte genau zu. Hofmann bat ihn untertänigst, einem frei geborenen Menschen die von Gott und von Rechts wegen zustehende Administration seiner nicht ererbten, sondern wohl erworbenen Güter wieder zu geben und anders lautende Mandate und Verordnungen aufzuheben. Für seine Arbeit und Mühe wollten sie ihn reichlich entlohnen, zwei ihrer besten Höfe im Wert von etwa 10 000 Reichstalern wollten die Verlobten ihm überlassen.

„Pardon, Euer Exzellenz", unterbrach da der Diener, „es haben sich Besucher mit dringenden Anliegen angemeldet." Die Besucher hatten ihm ein gutes Geschenk gegeben. Er flüsterte seinem Herrn die Namen ins Ohr. Wedderkop verließ augenblicklich das Zimmer.

Sievertz und Schipper waren die unerwarteten Besucher. Sie hatten ihren Fuhrmann zur Eile angetrieben. Der hatte sein Bestes getan, den Fuhrpreis ein wenig angehoben und den Transport der Lade mit Geld extra berechnet. Sie trugen ihre Sache vor und boten 1000 Reichstaler. Wedderkop gab sich ablehnend. Was da geschehen sei, sei wider alle Gesetze, ließ er durchblicken. Durchlaucht kassierten die Mandate auf bloßen Bericht. Es sei sehr schwierig, Argumente für die Aufrechterhaltung ihrer Position zu finden.

Es entstand eine Pause. Der Pfennigmeister nahm Schipper, der das Angebot unterbreitet hatte, zur Seite. „Du musst ihm deutlich mehr bieten als dem Geheimen Rat Pincier. Er ist der Höchste im Lande und will entsprechend beschenkt werden. Normalerweise besteht er auf bestimmten Sätzen, wenn er die nicht bekommt, kooperiert er nicht." Daraufhin erhöhte Schipper die Summe auf 2000 Reichstaler.

„Kann ich mich darauf verlassen?", fragte Wedderkop.

„Ja. Wir können Ihro Exzellenz sofort eine schriftliche Obligation ausstellen."

„Dann gebt mir die Hand darauf."

Sie schüttelten sich die Hände. Der Händedruck war fest – von beiden Seiten.

„Dann soll alles so bleiben, wie es ist", sagte Wedderkop und fügte hinzu: „Und gebt dem Pastor, dem armen Teufel, sein Reisegeld."

Anschließend ließ er Hofmann und Christoffer Hinrichs hineinrufen und erklärte ihnen in Gegenwart von Sievertz und Schipper mit ernster Miene, was seine Durchlaucht einmal beschlossen habe, müsse auch bestehen bleiben. Zwei Höfe könnten daran nichts ändern, und seien sie noch so gut. Recht müsse Recht bleiben. Ob ihnen sein Wahlspruch bekannt sei? „Wat Recht is, mutt as Recht bestahn, und schall de Welt in Stücke gahn." Daran halte er sich immer.

Die Enttäuschung machte Christoffer Hinrichs sprachlos, wie gelähmt stand er da. Der Pastor machte ein langes Gesicht ob seiner

Erfolglosigkeit, freute sich aber dennoch über das doppelte Reisegeld. Fortan half er Margaretha Cornils und Christoffer Hinrichs nicht mehr.

*

Die Knechte und Mägde in Oldenswort waren empört über die Verlobung; die Mägde hörten abends am Spinnrad gar nicht mehr auf, davon zu reden. Neue Beziehungen waren auf den Gesindezusammenkünften immer ein beliebter Gesprächsstoff und Verlobungen erst recht. Manchmal wurden zum Spott unter Gelächter und Gejohle Hochzeiten nachgespielt. Die Verbindung Christoffer Hinrichs' mit Margaretha Cornils bot ganz besonderen Gesprächsstoff. Die alte Frau und der junge Mann, eine verkehrte Welt war das. Es war wider die Natur, ein öffentliches Ärgernis sondergleichen. Was will der mit einer alten Frau, meinten die Knechte. Es gibt doch viele junge, fleißige Dienstmägde. Doch nur ihr Geld. Christoffer Hinrichs bekam ihren Unmut zu spüren. Konnte er sich nicht verhalten wie alle? Sollte die Welt auf den Kopf gestellt werden? Es war gegen althergebrachten Brauch und die guten Sitten. Schon ein alter Mann, der eine junge Frau heiratete, gefiel ihnen nicht – erst recht nicht, wenn es auch noch ein Fremder war. Das war allenfalls hinnehmbar, wenn er eine junge Witwe mit kleinen Kindern heiratete. Einige hatten von wollüstigen alten Männern gehört, die nach jungen Frauen gierten, welche das ihrerseits zu nutzen wussten. Aber ein junger Mann, der mit einer alten Frau zusammen sein wollte? Wo in der Welt hatte es das schon einmal gegeben? Das konnte nur pure Habgier sein. Ob Christoffer Hinrichs etwa seine Nächte mit ihr verbrachte? Was für eine furchtbare Vorstellung! Sie hatten eine Idee: Bei Einbruch der Dunkelheit wollten sie unbemerkt einen Zwirnsfaden straff vor Margarethas Haustür spannen. Wenn er dann am Morgen schlaff daläge, wollten sie Christoffer Hinrichs in der nächsten Nacht aufwarten und schlagen, bis er nicht mehr allein aufstehen könnte.

*

Sie hatten es geschafft! Sie hatten ihre Widersacher ausgetrickst, ihnen einen dicken Strich durch die Rechnung gemacht. Margaretha und Christoffer umarmten sich. Sie waren endgültig verheiratet. Jetzt mussten sie ihnen die Verwaltung der Höfe wieder übergeben. Dann würde alles wieder gut sein. Sie hatten sich mit Freunden beraten; der Pastor Rachel, der Margarethas Beichtvater war, und seine Frau hatten geholfen. Der Pastor hatte ihnen über Dritte einen wichtigen Ratschlag erteilt. Eine Heirat sei ihnen zwar ohne Zustimmung der Kuratoren verboten, aber es würde doch nur eine geringe Geldstrafe nach sich ziehen, wenn ihre Verbindung heimlich an einem fremden Ort den Segen der Kirche empfinge. In einem günstigen Moment waren sie nach Schleswig gereist. Dort hatten sie sich an den Feldprediger Magister Hentschell gewandt, den es nicht interessierte, wenn Heiratswillige verdächtig weit gereist waren, um zu ihm zu kommen. Er sah auch sonst oft durch die Finger; hochbetagt und arm, blieb ihm kaum eine andere Wahl. Am 6. Juli 1698 vollzog er die Trauung. Das mutige Unterfangen war nicht einfach gewesen; sie waren in der Stadt in Geldnöte geraten. Margaretha Hinrichs konnte zwar noch die Rechnung für Kost und Logis in der Herberge bezahlen, dann aber mussten sie gute Leute finden, die ihnen Geld liehen, gegen Schuldscheine oder Bürgschaften. Dem Garnisonsprediger hatten sie die Amtshandlung zwar gut bezahlt, ihm darüber hinaus aber nur versprechen können, ihn zu entschädigen, falls die kirchliche Einsegnung Konsequenzen für ihn haben würde. Sie hätten dann ja Geld genug, ihm zu helfen. Aber es hatte sich gelohnt, all diese Widrigkeiten auf sich zu nehmen. Auf der Rückreise sahen sie immer wieder voller Freude auf den Trauschein, den Margaretha in den Händen hielt. Anschließend lebten sie einige Tage wie Mann und Frau zusammen. Sie glaubten, den entscheidenden Zug getan zu haben.

Doch vollendete Tatsachen waren für Sievertz und Schipper noch längst keine. Kaum hatten sie von der Heirat gehört, setzten sie alle Hebel in Bewegung, um die neu etablierten Fakten aus der Welt zu schaffen. Als erstes erschien ein Amtsdiener, das Gewehr im Sattel, vor Christoffer Hinrichs' Unterkunft. Der Staller habe etwas mit ihm zu besprechen. Er eskortierte ihn nach Tönning. Dort erklärte ihn Nikolaus von Graffen für verhaftet. Christoffer Hinrichs protestierte heftig, sein Hals schwoll wie so oft in solchen Situationen plötzlich rot an (was ihm den Spitznamen „Rothals" eingebracht hatte) und forderte seine Freilassung gegen Kaution. Doch er wurde ins Stockhaus geworfen. Sievertz und Schipper hatten eine Untersuchung gegen ihn gefordert. Gleichzeitig baten sie in einem Schreiben an die Regierung, die Ehe für null und nichtig zu erklären. Das Paar habe ihren Konsens nicht eingeholt, und die ein- bis zweimalige Proklamation fehle, welche die Kirchenordnung zwingend vorschreibe. Ganz abgesehen davon hielten auch die Rechtsgelehrten in seltener Eintracht solche Ehen für ungültig.

Margaretha Hinrichs kämpfte, um ihren Mann aus dem Gefängnis herauszubekommen. Nicht nur empfand sie die Haft als zutiefst kränkend. Sie brachte auch Schimpf und Schande über sie, seine Frau. Schließlich war ihr Mann inzwischen ein ehrenwerter Hausmann, wie die Bauern in dieser Gegend hießen. Sie dominierten Land und Leute. Und nun saß er, angetan mit einem Rock mit silbernen Knöpfen, zusammen mit Verbrechern und Deserteuren in ihren armseligen Kleidern im Stockhaus. Besonders schmerzte sie aber, dass sie nicht mit ihm zusammen sein konnte. Sie forderte seine sofortige Freilassung: Eine Heirat sei kein Verbrechen, auch wenn sie ohne Erlaubnis vollzogen worden sei, die Inhaftierung also unrechtmäßig. Das half nichts. Sie wandte sich an den Pastor Rachel. Der empfahl sie an den Landgerichtsnotar Henning Wedderkop, den Bruder des mächtigsten Mannes im Lande, dem er seinen Posten zu verdanken hatte. Margaretha Hinrichs glaubte, in ihm den richtigen Mann für ihre Sache gefunden zu haben. Wedderkop versicherte ihr, er habe bei seinem Bruder großen Einfluss und könne viel für sie erreichen. Nachdem sie ihm erklärt hatte, dass sie schon immer bereit gewesen sei, Höfe zu opfern, schlug er ihr vor, ein Testament zugunsten der Herzogin zu errichten und dann mit einer Bitte um die Freilassung

Christoffer Hinrichs' einzukommen. So werde sie ihr Ziel erreichen. Sie stutzte einen Augenblick. Es war ihr doch vom Fürsten verboten worden, ein Testament aufzusetzen. Aber wenn der Herr Landgerichtsnotar diesen Weg empfahl, dann hatte es wohl seine Richtigkeit.

30. Juli 1698: Dieses Datum behielt sie stets im Gedächtnis. An diesem Tag wurde das Testament in Kiel ausgestellt und beglaubigt. Darin vermachte Margaretha zuerst der Kirche in Oldenswort 300 und dem Pastor Rachel 50 Reichstaler, mehr nicht, ihm ging es ja sowieso nicht schlecht. Ihrer gnädigsten Landesmutter vererbte sie vier Bauernhöfe mit allem, was dazugehörte; den Herzog, deren Mann, setzte sie zum Exekutor des Testaments ein. Für den Hof, auf dem sie wohnte, sollte allerdings eine Ausnahme gelten: Ihr Mann sollte ihn zum Nießbrauch haben, so lange er lebte. Außerdem vererbte sie ihm ihr ganzes mobiles Vermögen, also nicht nur Barschaften, sondern auch die Wertgegenstände und die Möbel. Ihre Sorge um die Einhaltung ihres Testaments war groß. Sie bat inständig, an ihrem letzten Willen strikt festzuhalten und ihn auf keinerlei Weise zu verändern. Von nun an hing ein Damoklesschwert über den Köpfen von Schipper und Sievertz.

Dann reiste Margaretha Hinrichs mit der Frau des Pastors Rachel zur Regierungskanzlei in Schleswig und händigte das Testament ein. Metta Magdalena Rachel, die Landschreiberswitwe, hatte eine Vorstellung davon, was alles geschehen konnte. Sie drang auf einen Depositionsschein, der Margaretha auch gegen die übliche Bezahlung ausgehändigt wurde. Ellien, wie sie genannt wurde, hatte gleichzeitig ein Mandat erwirkt, das verfügte, dass Christoffer Hinrichs unter der Bedingung freizulassen sei, dass seine Frau ihre Güter verpfändete und er sich bereithielt, vor der Obrigkeit zu erscheinen. Kurator dieser Aktion sollte Claus Lütgens sein, ein rechtschaffener Bauer in Oldenswort mit wenig Landbesitz und daher nicht stimmberechtigt in dem Kirchspiel. Er war als Kurator amtlich bestätigt worden. Daraufhin sandte Margaretha Hinrichs eine Bittschrift um die Entlassung ihres Mannes ein, in der sie sich auch bitter über ihre Gegner beklagte. Sie wollten sie bei lebendigem Leibe beerben und hätten ihr schon 15 000 Reichstaler ungerechtfertigterweise entzogen.

Sie glaubte fest an das Tauschgeschäft. Doch sofort protestieren Sievertz und Schipper gegen das Mandat als erschlichen. Sie seien ihrem Stande nach die richtigen Kuratoren und bereit, unter denselben Bedingungen zu agieren. Darauf wurde alles wieder zu Gunsten der beiden umgestoßen. Ohnehin ging es ihnen hauptsächlich darum, die Freilassung von Christoffer Hinrichs' zu verhindern; ihr Ziel war es, einen Keil zwischen die Eheleute zu treiben. Tatsächlich musste er noch lange Wochen im Stockhaus zubringen. Sie erwirkten auch, dass dem Pastor Rachel, seiner Frau und Claus Lütgens jegliche Einmischung in diese Angelegenheit verboten wurde. Bereits vorher waren alle Beteiligten an der heimlichen Heirat, Margaretha Hinrichs allen voran, vorgeladen worden. Doch alle waren bei Zustellung der Vorladung zufällig nicht zu Hause.

Ungläubig las Margaretha Hinrichs die Ablehnung ihrer Bitte und saß eine Weile fassungslos auf ihrem Stuhl. Dann aber fasste sie wieder Mut und ließ eine weitere Supplikation entwerfen. Sie wisse, dass Christoffer Hinrichs der Verlobung entsagt habe, aber solche einseitigen Willenserklärungen seien bekanntlich bedeutungslos. Sie wusste auch, dass er das wusste. Selbst wenn beide Teile es wollten, musste das Konsistorium entscheiden. Die Antwort blieb dieselbe. Tiefe Enttäuschung überwältigte sie. Sie fragte sich, wieso Henning Wedderkops Versprechungen nicht wahr geworden waren. Wofür hatte sie dem Landgerichtsnotar einen Schuldschein über 1000 Reichstaler ausgestellt? Wahrscheinlich hatten sich der Landespfennigmeister und der Lehnsmann in den Weg gestellt, vielleicht unterstützt durch den Staller. Ihr kam zu Ohren, dass die beiden Männer Anfang August tatsächlich zweimal in Schleswig gewesen waren. Ihre Lage war zum Verzweifeln: ihr Mann im Gefängnis, ihre Freunde von ihr isoliert – mit wem sollte sie sich nun bereden? Da wurde ihr auch noch durch die Witwe des ehemaligen Bürgermeisters von Tönning, Dr. Burgundien, hinterbracht, dass ihre Gegner planten, sie in eine schon vorbereitete Kammer auf dem Staatshof genannten Anwesen in Tetenbüll, den Schipper bewohnte, zu bringen, und als kindische Altenteilerin wegzusperren. Sie wollten die völlige Kontrolle über sie und damit die endgültige Trennung der Eheleute bewirken. Noch bevor der Morgen anbrach, flüchtete sie mit der Hilfe eines Verwandten der Pastorenfrau aus Oldenswort an die Ostküste. In Schleswig und Kiel fand sie Unterschlupf.

*

Die Landesmutter, die Margaretha Hinrichs als Erbin eingesetzt hatte, hatte das kleine Herzogtum noch nicht betreten. Nachdem Hedwig Sophia, die Lieblingsschwester des schwedischen Königs Karl XII., im Mai in Schweden mit dem Gottorfer Herzog verheiratet worden war, hatte das Paar noch einige Zeit in Schweden verbracht, wo die beiden Männer, der junge König und der über ein Jahrzehnt ältere Herzog, die schwedische Hofgesellschaft durch ihre wilden Streiche verstört hatten. Als dann im Sommer die Ankunft des Paares in Kiel erwartet wurde, ergab sich eine perfekte Gelegenheit, das Testament einzusetzen. Beim Betreten des herzoglichen Bodens sprach die Pastorsfrau Ellien Rachel die Gräfin Horn, die Hofmeisterin der jungen Herzogin, an und übergab ihr eine Kopie des Testaments mit der Bitte, es an die Prinzessin weiterzuleiten. Sie hoffte auf weibliche Solidarität. Der Tipp war von Henning Wedderkop gekommen. Die Gräfin war erstaunt über den Inhalt: „Habt ihr mehr solche Bauern?" fragte sie verdutzt.

Nachdem einige Zeit verstrichen war, ließ Hedwig Sophia das Testament zurückgeben. Das sei eine unter Verwandten strittige Sache; solche Testamente seien problematisch, es werde in der Kanzlei darüber beraten. Als es nicht voranging – kritische Geister behaupteten, das Testament werde in der Kanzlei überhaupt nicht vorgenommen –, baten die Pastorin und Margaretha um ein Gespräch mit Johann Ludwig Pincier und wurden auch vorgelassen. Der Mann mit der großen Perücke, angetan mit Seidenhandschuhen und stark parfümiert, wollte sich mit den beiden Frauen nicht lange aufhalten und kam gleich zur Sache.

„Du bist eine alte Frau und darfst nicht heiraten“, sagte er zu Margaretha. Ihm war längst klar, dass sie nicht kindisch war.

„Mein Herr Geheimer Rat, in welcher Bibel steht das? Ich bin zwar alt und kann keine schwere Arbeit mehr tun, aber meiner Haushaltung kann ich sehr wohl noch vorstehen. Und das ist die Aufgabe von allen Ehefrauen, besonders aber von älteren.“

„Du kannst mit den Gütern nicht umgehen, wie du willst. Sie gehören dir nicht.“

„Herr Geheimer Rat, es sind alles wohl erworbene Güter, und mit ihnen habe ich die Macht zu tun, was ich will. Ausgenommen sind nur 1000 Reichstaler Erbgüter. Die überlasse ich meinen Verwandten, wie es Recht ist.“

Margaretha Hinrichs hatte Niederdeutsch gesprochen; er feines Hochdeutsch, in das er einige französische Wendungen eingestreut hatte. Mit Ellien Rachel hatte Margaretha Hinrichs alles viele Male besprochen. Ihre Anwesenheit und der Glaube hatten ihr geholfen.

Sie bot ihm noch 1000 Reichstaler, wenn er ihr helfe; er aber ging hinaus und ließ sie stehen.

Im Gespräch mit der Gräfin Horn konnte sich Pincier jedoch nicht so verhalten. Notgedrungen musste er Entgegenkommen zeigen. Auf ihre Bitte um eine Veränderung des Mandats wandte er zwar ein, dass in dieser Sache schon entschieden worden sei. Es sei also alles geregelt. Er sei aber bereit, vermittelnd Ihrer Durchlaucht vorzutragen, die Sache noch einmal an die Kanzlei zu geben. Allerdings müsse es dann ein für alle Mal dabei bleiben.

Es dauerte lange, bis ein Dekret erlassen wurde. Inzwischen hatten nämlich der Landespfennigmeister und Schipper Himmel und Erde in Bewegung gesetzt, um eine Veränderung zu ihren Ungunsten zu verhindern. Am 26. Oktober war es so weit: Ihre Durchlaucht erschien in Tönning. In Begleitung des Herzogs befand sich Pincier, der inzwischen schwedischerseits zum Freiherrn von Königstein erhoben und von gottorfischer Seite längst das reiche Amt Tondern innehatte. Es sollte ein Schlussstrich unter die Angelegenheit gezogen werden. Die Gerichtsstube war erst fünf Jahre zuvor ausgeschmückt worden: mit Goldledertapeten, einer vergoldeten Justitia und zwei Gemälden an den Wänden, welche die Verkündung von Urteilen zeigten. Margaretha und Christoffer Hinrichs, der nach fast sechs Wochen aus der Haft entlassen worden war, waren erleichtert, als sie den ersten Teil des Dekrets vernahmen: Ihre Ehe wurde anerkannt. Gut, aber was Gott zusammengefügt hat, soll der Mensch nicht trennen, hieß es doch immer. Sie sollten jedoch, da sie gegen das Verbot zu heiraten, verstoßen hatten, 2000 Reichstaler zahlen. Verärgert kommentierte Margaretha, wie schon zuvor: „Sie nehmen, soviel sie kriegen können, denn sie wissen, dass ich viel habe. Wer hat schon einmal von einer so hohen Strafe für ein solches Vergehen gehört?" Dann schlug ihre noch gelassene Stimmung in tiefe Verbitterung um. Das konnte kein Recht sein! Der Rest des Urteilsspruchs war eine Bestätigung des Dekrets vom Februar, mit einer kleinen Einschränkung. Ihnen wurde nun die freie Verfügung über den Hof am Osterende Oldensworts gegeben, auf dem Margaretha fast ihr ganzes Leben verbracht hatte. Das war eine Verbesserung gegenüber dem alten Dekret, aber auch ihre ständige Forderung gewesen. Was dann kam, war ein Schlag in die Magengrube: Sievertz und Schipper sollten ihre Kuratoren bleiben und die Verwaltung der anderen Höfe behalten. Also würden die Eheleute weiterhin unter deren ständiger Kontrolle stehen, nicht tun können, was sie wollten, und würden auch nicht die Mittel haben, es zu tun. Ihnen war klar, dass die beiden Neffen ihnen Schwierigkeiten bereiten würden, wo immer sie konnten. Auch sollten sie ihr nun nur noch 200 Reichstaler Unterhalt zahlen. Christoffer Hinrichs wurde außerdem dazu verurteilt, die Kosten seines Gefängnisaufenthalts zu begleichen. „Sie sind schuld", rief er empört, „sie müssen zahlen, sie hätten mich nie ins Gefängnis werfen lassen dürfen!" Und schließlich noch ein Hammerschlag: Er wurde vom Erbe gänzlich ausgeschlossen. „Ich soll also als Bettler vom Hof gehen – mit welchem Recht? Wo ist die Begründung dafür? Das ist Willkür!" „Aber", wandte Margaretha ein, „ich habe dich doch in meinem Testament bedacht."

„Was kümmert sie dein Testament?“ Sein Hals war wieder ganz rot geworden. Es blieb ihnen nur das Schreiben von Bittschriften; Wassertrinken und Bittschriften-Schreiben war jedermann erlaubt. Selbst Sievertz respektierte das und gab das Geld dafür heraus. Margaretha drang sofort auf eine neue Supplikation. Henning Wedderkop aber winkte ab: Das sei nun endgültig.

Sievertz und Schipper überwachten Christoffer Hinrichs fortan auf Schritt und Tritt. Er musste doch irgendwie auszuschalten sein. Wann immer ihnen etwas zu Ohren kam, griffen sie ein. Während seiner Zeit im Tönninger Stockhaus hatte er es geschafft, manchmal frei in der Stadt herumzugehen. Dabei stieg er durch ein Fenster in das Zimmer einer ihm bekannten verheirateten Frau ein. Ein Soldat beobachtete das. Wochen danach hörten Sievertz und Schipper davon und brachten es zur Anzeige, was keiner der Beteiligten gewollt hatte. Als Christoffer Hinrichs, leicht angeheitert nach einem Marktbesuch in Garding, mit Geschwätz über seine Heirat konfrontiert wurde, geriet er mit dem Wirt der Gaststätte, in der er ein Zimmer hatte, in Streit. Beide hatten bisher ein gutes Verhältnis gehabt; anschließend saß Christoffer Hinrichs weinend im Stall. Sievertz aber ließ sofort eine Untersuchung des Vorfalls einleiten. Die Kirchenstühle für seine Frau und sich selbst hatte Christoffer Hinrichs verpachtet. Als er die Pacht beenden wollte, schritten Jacob Sievertz und Johann Schipper sofort ein: Die Stühle gehörten nicht zum Hof. Normalerweise war es aber anders. Auch versuchten Rechtsvertreter der Kuratoren Christoffer Hinrichs mit Fangfragen in eine Falle zu locken. Wie er denn mit seiner Frau lebe? „Sie ist mir so lieb, als ob sie 18 Jahre alt wäre“, war die Antwort. Hinter einer Klage des Pastors Hentschell standen ebenfalls Sievertz und Schipper. Erst hatten sie mit dafür gesorgt, dass Hentschell aus dem Amt entfernt wurde. Das war nicht schwer gewesen, auch seine Kollegen hatten sich schon wegen anderer Vergehen über ihn beschwert. Dann aber hatten Sievertz und Schipper davon Wind bekommen, dass Margaretha Hinrichs und ihr Mann dem Pastor eine größere Summe in der Hoffnung versprochen hatten, die Verwaltung ihrer Höfe wieder in die Hand zu bekommen, und ihn daraufhin zu einem Prozess gegen Margaretha und Christoffer Hinrichs gedrängt. Doch von Gottorf wurde ein Vergleich nahegelegt. Mit den hohen Forderungen konfrontiert, argumentierte Christoffer Hinrichs, er könne nicht zahlen, die Kuratoren hielten sie so kurz.

*

Ab 1700 begannen sich die Dinge für Margaretha Hinrichs und ihren Mann zu verändern. Von einer tatsächlichen Verbesserung konnte allerdings nicht die Rede sein. Johann Schipper war Ende 1700 67-jährig gestorben. Nun stand ihnen nur noch Sievertz gegenüber; er aber war der Mächtigere von den beiden. Die Familien der beiden waren jedoch enger zusammengerückt, Sievertz' Sohn hatte Schippers Tochter geheiratet. Ab Ende 1701 überprüfte eine fürstliche Kommission die Abrechnungen der Pfennigmeister der verschuldeten Landschaft. Bei Jacob Sievertz wurde mit Befremden festgestellt, dass er für einige Jahre keine Bilanz der Einnahmen und Ausgaben am Jahresende gezogen hatte. Kritische Bemerkungen fanden sich auch bei einzelnen Posten, wie gewöhnlich bei solchen Überprüfungen. Einige davon waren jedoch merkwürdig: eine Reise nach Hamburg, deren Zweck nicht vermerkt wurde, oder eine Verehrung an eine gewisse Person, deren Name nicht genannt wurde. Auch wurde gefragt, ob der Zinssatz von fünf Prozent für eine Anleihe von Königsteins in Ordnung sei; manchmal würden doch nur vier gegeben. Und als Sievertz die Entnahme eines hohen Betrages für sich verbuchte, machte man vorsorglich einen Vermerk, um später prüfen, ob die Summe auch als Einnahme wieder auftauche. Für Jacob Sievertz war die Überprüfung bedrohlich; für Margaretha Hinrichs und ihren Mann war der Schatten, der auf seine Amtsführung fiel, nur eine Bestätigung des unrechtmäßigen Vorgehens, das er auch sonst zeigte.

1702 wurde der Staller Nikolaus von Graffen entlassen, der Schippers und Sievertz' Ansinnen stets mit Wohlwollen begegnet war. Sein Nachfolger, Ove Lorenz, ein Mann der Praxis, fragte Christoffer Hinrichs, was er ihm für einen Vergleich mit Sievertz gäbe. Er erhielt die

Standardantwort: Sie hätten fast nichts mehr. Später setzte Christoffer Hinrichs hinzu, einen Vergleich könne es nicht geben, mit dem Testament seien die Verhältnisse ein für alle Mal geklärt. Als der Staller gelegentlich Jacob Sievertz davon erzählte, lächelte der nur. Die finanzielle Lage Margaretha Hinrichs' war in der Tat schlecht; Christoph Hinrichs hatte seiner Frau schon einen Teil seiner 2000 Mark Lüb. Abtrittsgeld schicken müssen, damit sie ihr Recht weiter verfolgen konnte. Trotz der Untersuchung von Sievertz' Rechnungsführung und trotz des neuen Stallers blieb Margaretha Hinrichs und ihrem Mann nur das Schreiben von Bittschriften, und das gaben sie nicht auf.

*

Im Frühjahr 1703 versetzte ein Schreiben die Gottorfer Regierung in Aufregung. Einige reagierten verärgert, ohne es sich anmerken zulassen, andere konnten ihre Schadenfreude nur mühsam verbergen. Das Schreiben kam aus Stockholm und war unterschrieben von der Prinzessin Hedwig Sophia und dem Administrator Christian August. Im Sommer 1702 war der Herzog in Polen gefallen. Er war seinem Schwager Karl XII. in den Krieg gegen den polnischen König gefolgt. Da sein Sohn erst zwei Jahre alt war, führte die Witwe zwar vormundschaftlich das Land, hielt sich aber mit ihrem kleinen Kind im fernen Stockholm auf; vor Ort vertrat sie ihr Schwager Christian August, der Koadjutor und spätere Fürstbischof von Lübeck. In dem Schreiben wurde auf ein aus der Kanzlei verschwundenes Testament zugunsten der Königlichen Hoheit Bezug genommen und eine Untersuchung gefordert, damit „unsere Untertanin an ihren Gütern und Beibehaltung ihres letzten Willens nicht gehindert werde".

Nachdem eine Bittschrift nach Stockholm erfolglos geblieben war, hatten sich Margaretha und Christoffer Hinrichs an den Generalleutnant und Oberhofmeister Johann von Banier gewandt, der viel mit eiderstedtischen Sachen zu tun hatte. Für sie war jedoch vor allem wichtig, dass er die Schaltstelle zwischen Gottorf und Stockholm war. Dass er zudem beim schwedischen König und den Räten in Stockholm in hohem Ansehen stand, war nur förderlich. Banier kam die Bittschrift gerade recht: Er sah in ihrer Weitergabe eine Möglichkeit, Magnus von Wedderkop zu schaden, gegen den er und andere arbeiteten. Wedderkop hatte von Königsteins Handeln von Anfang an gebilligt und von der Sache profitiert. Von Königstein selbst hatte durch den Tod des Fürsten, in dessen besonderer Gunst er gestanden hatte, viel an Ansehen verloren. In ihrer Bittschrift hatten Margaretha Hinrichs und ihr Mann auf das Testament hingewiesen, das noch in der Kanzlei sein müsse, und angemerkt, dass Sievertz mit ihren Höfen mache, was er wolle. Als auf Nachfrage herauskam, dass das Testament nicht mehr in der Kanzlei war, bewog das die Herzoginwitwe zu energischem Eingreifen. Es wurde angeordnet, das Testament sofort wieder zu beschaffen wie auch das gesamte verstreute Vermögen einzuziehen, das zu der Erbschaft gehörte. Damit waren für Margaretha Hinrichs und ihren Mann die Weichen für eine bessere Zukunft gestellt. Sie nahmen die Nachricht von der Einsetzung einer Untersuchungskommission mit Freude und Erleichterung auf – endlich schien sich das Blatt zu ihren Gunsten zu wenden. Nun hofften sie auf die Absetzung des Kurators, die Übernahme der Verwaltung ihrer Höfe und ein standesgemäßes Leben. „Nur dass die Herzogin jetzt die Regierung führt, hat uns geholfen", sagte Christoffer Hinrichs. Margaretha antwortete: „Ohne unsere Hartnäckigkeit und Gottes Hilfe hätte das auch nichts genützt." Sie dachten daran, wieder Kühe in die Boos zu stellen, das Käsemachen wieder aufzunehmen und sonntags nach dem Gottesdienst im Garten der Warft zu sitzen und zu sehen, wie Gott die Sträucher und Blumen, die sie gepflanzt hatten, gedeihen ließ.

Die Kommission, angeführt von Banier und Friedrich von Rantzau, dem als unparteiisch bekannten Kanzleipräsidenten, forderte von Sievertz und von Schippers Erben die sofortige Auslieferung aller Dokumente, dazu ein Inventar aller Mobilien und Immobilien zur Zeit der Verlobung; sowie die Rückgabe aller veräußerten Hofe und Grundstücke gegen den Kaufpreis innerhalb von drei Wochen. Das war eine unmöglich zu erfüllende Forderung, auf der man trotz Einwänden bestand, um zu zeigen, dass man willens war, mit äußerster Konsequenz vorzugehen. Wie ernst man den Auftrag nahm, zeigte sich auch darin, dass die Kommission auch noch eine Dokumentation der Ausgaben während der zwanzigjährigen Kuratelschaft vor der Verlobung forderte.

Für den Prozess gegen Sievertz und Schippers Erben hatten Margaretha und Christoffer Hinrichs sich Gabriel Schreiber als ihren rechtlichen Vertreter ausgewählt. Er wurde jedoch beauftragt, als staatlicher Ankläger zu fungieren; zum Kurator von Margaretha Hinrichs für das Verfahren wurde der Gerichtssekretär Dr. Caspar Bernhard Kirchmann in Husum bestellt. Kirchmann war nicht nur wegen seiner wichtigen Position bekannt, sondern auch weil die Stadt ihm überhöhte Schreibgebühren vorwarf. Nachdem Gabriel Schreiber eine Niederschrift der Ereignisse abgefasst hatte, wurde diese niemandem anders als dem Pastor Rachel vorgelesen und von ihm als wahrheitsgemäß bestätigt.

Bei den Verhören musste Margaretha als erste befragt werden. Sie sagte aus, Sievertz und Schipper hätten die Kuratel unter dem Vorwand erschlichen, sie sei kindisch. Sie wünsche, dass ihre Gegner, wenn sie ihr Alter erreichten, noch bei so gutem Verstand sein möchten, wie sie es immer noch sei, Gott sei Lob und Dank. Sie habe ihnen nie einen Auftrag erteilt, die Verlobung rückgängig zu machen. Ganz im Gegenteil, sie habe ihnen angeboten, einen Ehevertrag zu formulieren. Damit fielen die zentralen Argumente, auf die Sievertz und Schipper ihr Vorgehen gegründet hatten, in sich zusammen. Wenn die beiden Kuratoren zur Durchsetzung ihrer Interessen „Geschenke“ gegeben hätten, dann sollten sie sie auch bezahlen; sie jedenfalls habe nie auch nur einen einzigen Heller dazu bewilligt.

Sievertz und Schippers Erben mussten nun klein beigeben. Sie konnten allenfalls noch auf eine Verzögerungstaktik setzen: mit der Übergabe der Papiere warten, bis eine hohe Geldstrafe angedroht wurde; argumentieren, dass eine Übergabe der Höfe mitten im Sommer nicht sinnvoll sei, da die Bauern ernten wollten, was sie gesät hatten – und sie konnten versuchen, Gelder zurückzufordern, wie etwa die 3000 Reichstaler für die Dispensation.

Aus Stockholm waren von Anfang an entschiedene Worte zu vernehmen gewesen. Es sei das Natürlichste der Welt, dass man seine erworbenen Güter vererben könne, pflichtete man Banier bei. Bald darauf wurde der Ton noch schärfer. Selbstverständlich sei gegen die Heirat nichts einzuwenden. Und selbstverständlich könne eine Witwe heiraten, wen sie wolle. Welche Gründe denn die Räte der Regierungskanzlei vorzubringen gehabt hätten, als sie damals so entschieden hätten? Das zielte, wenn auch indirekt, auf die ausschlaggebende Person. Als es an die Verurteilung dieser unverantwortlichen Praktiken ging, forderte die verwitwete Herzogin eine exemplarisch harte Bestrafung. Gleichzeitig kam aus der schwedischen Hauptstadt die Warnung vor einer gar zu frühzeitigen Begnadigung: Sie richte mehr Schaden an, als sie Vorteile bringe. Man hoffe, dass der Obersachwalter diesen Hinweisen folgen werde.

Am 7. September wurde das Urteil im Strafprozess gegen Jacob Sievertz, die Erben von Schipper und Hans Tetens gesprochen. Der Landespfennigmeister wurde zu einer hohen Geldstrafe von 5000 Reichstalern verurteilt, weil er das Originaltestament so lange verheimlicht und ungeöffnet gelassen hatte. Das entsprach dem Hochzeitsgeschenk der Herzogin an ihren Schwager. Den Erben von Schipper erging es nicht anders. Auch Hans Tetens wurde verurteilt. Später wurden die Strafen gemildert, für Sievertz ganz beträchtlich. Von Königstein gestand sein unrechtmäßiges Verhalten ein, indem er die „Geschenke" zurückzahlte.

Gut zwei Wochen später saß Christoffer Hinrichs in der Herberge in Husum dem Landespfennigmeister Sievertz gegenüber – allein. Sievertz wollte einen Vergleich zustande bringen, um seine missliche Lage zu verbessern. Christoffer Hinrichs konnte den Respekt vor dem Landespfennigmeister nicht ablegen; der ehemalige Knecht fühlte sich zu Nachgiebigkeit verpflichtet. Er erließ Sievertz einen hohen Betrag. Wieder zu Hause angekommen, musste er seine Frau erst zu dem geschlossenen Vergleich bewegen. Margaretha Hinrichs sah im Handeln ihrer Verwandten nichts anderes als Freveltaten, die sie aus Bosheit begangen hatten. Als der Vergleich der hohen Obrigkeit zur Bestätigung vorlegt wurde, tat sie wie gebeten, aber nicht ohne ausdrücklich darauf hinzuweisen, man solle streng darauf achten, dass er auch eingehalten werde.

Die mit Christoffer Hinrichs vereinbarten 24 000 Mark Lüb. plus Zinsen konnte Sievertz nicht einfach bar bezahlen, er musste einen Schuldschein ausgeben. Gleichzeitig zeichneten sich bereits vor Abschluss der Überprüfung seiner Rechnungsführung hohe Forderungen der herzoglichen Kasse ab. Als er 1705 plötzlich starb, war er bankrott.

Am 1. Mai 1704 sollte die Rückgabe der Höfe beendet sein. An jenem Tag wurde „die gute wohltätige Frau“ Margaretha Hinrichs, wie der Pastor im Kirchenbuch notierte, begraben: nicht in der Tönninger Kirche, wie sie es gewünscht hatte, sondern in Oldenswort. Christoffer Hinrichs schenkte in jenem Jahr der Kirche zwei große silberne Leuchter zum Altar. Das Geld für die Beerdigung und die Leuchter musste er sich leihen. Nachdem er eine Rückzahlung von von Königstein erhalten und damit alle entlohnt hatte, die an der Untersuchung und dem Prozess beteiligt gewesen waren, erbat er sich von Dr. Kirchmann ein Geschenk. Kirchmann, froh über diese Abschlüsse, überließ ihm gerne seine teure englische Spieluhr.

MISSBRAUCH

Es ging drunter und drüber im kleinen Schleswig-Holstein-Gottorf im Jahre 1709. Im Geheimen Rat hatten sich Spannungen aufgestaut. Vor sieben Jahren bereits war der Fürst in einer Schlacht gefallen; seine Witwe hatte versucht, vom fernen Stockholm das Land zu lenken, mit ihrem Schwager als Administrator vor Ort. 1708 war auch sie gestorben. Das hatte die Machtverhältnisse im Rat verschoben. Der steinreiche Wedderkop, Befürworter einer strengen Sparpolitik, hatte mit ihrem Tod seine Stütze verloren. Sein entschiedener Gegner, der Freiherr von Schlitz, genannt Görtz, der auf innovative Methoden der Geldbeschaffung für das stets verschuldete Fürstentum setzte, spürte nun mächtigen Aufwind, denn er stand in der Gunst des Administrators. Wedderkop zog sich daraufhin nach Hamburg in sein Stadtpalais zurück. Im Sommer 1709 kam eine Schreckensnachricht aus der Ukraine: Dort hatte die gottorfische Schutzmacht Schweden eine empfindliche Niederlage erlitten; nun musste man befürchten, dass Dänemark die Gelegenheit nutzen würde, das Herzogtum anzugreifen, wie schon neun Jahre zuvor. Doch erst einmal erklärte es Schweden den Krieg. In dieser misslichen Lage lud Görtz seinen alten Rivalen Wedderkop, der gegenüber Dänemark eine vorsichtigere Haltung vertrat, im Dezember zu einem Essen nach Schleswig ein und ließ ihn nach genossenem Mahl ins Gefängnis werfen. Er hatte die Macht übernommen. Ein großes Revirement wurde befürchtet.

Der Hof- und Landgerichtsadvokat Hatto Petrejus, der auch als staatlicher Ankläger fungierte, war noch zu Lebzeiten der Herzogin ernannt worden. Er galt als der beste Mann für dieses schwierige Amt. Auch er fragte sich, ob sein Posten noch sicher war oder nicht. Er hatte als Anwalt oft den dem Rang nach zweiten Mann im Staate, den Schwager Wedderkops, den Freiherrn von Königstein, vertreten, dem es gelungen war, aus dem Land zu fliehen. Wie immer galt es aber trotz aller Unruhe, die Alltagsarbeit zu erledigen. Ende 1709 hatte er eine Untersuchung gegen einen Kammerrat begonnen, die zu dessen Hausarrest geführt hatte. Er war etwas verärgert, als er im Sommer des folgenden Jahres zu einer Stellungnahme zu genau diesem Hausarrest aufgefordert wurde – es gab wahrlich wichtigere Dinge.

Wie konnte jemand nach so einer abscheulichen Tat es noch wagen, um eine Sonderbehandlung zu bitten, fragte Petrejus sich. So eine Tat! Was war das nur für ein Mann? Nicht nur schamlos, auch noch unverschämt. Glaubte er etwa, das Recht könne ihm nicht gefährlich werden? Weil er einen bekannten Namen trug? Pincier. Das war der Name einer Familie, die dem Fürsten lange gedient hatte und es auch jetzt noch tat. Der Freiherr von Königstein hieß eigentlich Johann Ludwig Pincier. Es war sein von den Schweden geadelter Cousin. Conrad Hermann Pincier selbst stammte aus einer angesehenen Lübecker Familie.

Drei Tage nach seiner Festnahme hatte Petrejus den Kammerrat um eine Stellungnahme zu seiner öffentlich gewordenen Schandtat gebeten. Pincier hatte strikt abgestritten, das Opfer überhaupt zu kennen. Meinte er nun etwa, er könne jede Art von Sonderrechten beanspruchen, weil er Kammerrat war? Er konnte doch froh sein, dass er die Zeit der Untersuchung im Hausarrest verbringen konnte, ein Standesprivileg. Mit einer Wache vor dem Haus. Einfache Untertanen verbrachten diese Zeit oft genug in Ketten in dunklen, feuchten Kellern bei Wasser und Brot. Er selbst, Petrejus, hatte noch weit schlimmere Gefängnisse gesehen. Einfache Untertanen mussten sich überdies vor einem Kriminalgericht verantworten, nicht vor dem staatlichen Ankläger.

Man hätte ihm schon den Abzug der Wache nicht gewähren sollen, dachte Petrejus kopfschüttelnd. Das hatte man bereits einmal getan, nach Protest aber zurückgenommen. Sicher, Conrad Hermann Pincier hatte beim ersten Mal einen Eid geschworen, das Haus nicht ohne Erlaubnis zu verlassen und sich nicht aus dem kleinen Fürstentum zu entfernen. Doch jetzt forderte er auch noch freien Ausgang – drei Tage nachdem er den Eid geleistet hatte, drei Tage nachdem er bei Gott dem Allmächtigen und seinem heiligen Evangelium geschworen hatte, den Hausarrest einzuhalten. War der heilige Eid denn überhaupt nichts mehr wert? Was nahm sich dieser Mann heraus? Erst die Aufhebung der Bewachung, dann die freie Ausfahrt? Was blieb dann noch vom Hausarrest? Er wolle gern den Gottesdienst besuchen, hatte Pincier angeführt. Ein Hohn. Der Mann besaß wirklich eine Unverfrorenheit sondergleichen. Zur Zeit des Gottesdienstes hatte er im letzten Jahr das Verbrechen begangen. Oder meinte er etwa, seine Tat sei in Wirklichkeit eine Petitesse, und zeigte deshalb keinerlei Ehrempfinden?

„Sollen etwa die kleinen Menschen verärgert werden?", schrieb Petrejus in seiner Stellungnahme. „Davor hat unser Heiland einen jeden mit großem Nachdruck gewarnt. Sie gewissermaßen unter seinen besonderen Schutz gestellt, ‚denn solcher ist das Himmelreich'".

Jeder hatte damals von der Tat gehört, jeder war erschüttert: Der Pfarrer hatte vor versammelter Gemeinde die grobe Sünde vor Gott angeprangert. Ein öffentliches Ärgernis, ein echter Skandal. Und was soll der gemeine Mann denken, vielleicht auch einige Gebildete, wenn Pincier sich frei bewegen kann? Sich mit einer Kutsche durch Schleswig fahren lässt wie in alten Zeiten bei seinen amourösen Eskapaden? Dass entlastendes Material zu Tage getreten ist? Vielleicht folgern das die Klügeren, überlegte Petrejus. Der gemeine Mann aber wird meinen, dass man die Großen laufen lässt und die Kleinen hängt, und fühlt sich verhöhnt und verspottet. Genau das behauptete Pincier jetzt von sich – der Hausarrest sei eine Verunglimpfung. Er fühle sich gekränkt und verletzt. Dabei war für Petrejus klar, dass es sich genau andersherum verhielt.

Hatto Petrejus war ein unerschrockener Mann. Sein hohes Amt gab ihm die Kraft, seine Überzeugung zu leben. Des Öfteren war er gegen adliges Unrecht vorgegangen. Erst als Advokat gegen die Vertreibung von Bauern aus ihren Dörfern, das war vor fast zehn Jahren gewesen, 1700. Dann gegen die grenzenlose Brutalität des Gutsherrn auf Depenau, der einer der mächtigen adligen Familien im Lande angehörte. Er hatte seine Leibeigenen wie Vieh behandelt, erst mit dem Gewehr wild um sich geschossen und dann mit dem Degen hemmungslos auf sie eingedroschen. Petrejus hatte die Untersuchung geführt und dabei keine Mühe gescheut. Einen Tag nachdem er seinen Bericht abgegeben hatte, erschien die Miliz auf dem Gutshof, um den Besitzer festzunehmen. Petrejus war auch einer der Verteidiger eines Hofjuden gewesen, welcher der Münzverfälschung angeklagt worden war.

Für ihn kam die Gewährung freien Ausgangs für Pincier überhaupt nicht in Frage. Letztlich, dachte er, müsste der Kammerrat die ganze Härte des Gesetzes zu spüren bekommen. Eine scharfe Leibesstrafe und *relegatio,* Landesverweisung also. So stand es bei dem Großmeister des Strafrechts, Benedikt Carpzov. Das schrieb auch Petrejus nieder. Die Landesverweisung, die zeitlich begrenzt sein konnte oder auch nicht, war bei einfachen Menschen oft mit dem Staupenschlag, der Auspeitschung, verbunden. Sie raubte dem Verwiesenen zugleich das Wichtigste und Kostbarste, das er besaß: die Ehre. Bei einem Beamten des Herzogs war an Staupenschlag allerdings nicht zu denken.

Petrejus wusste nur zu gut, dass ein gewaltiger Unterschied zwischen einer Tat und ihrem rechtlich einwandfreien Nachweis liegen konnte, besonders bei solchen Sachen. Bei genauer Betrachtung der Beweislage und der Person schien ihm die Regelstrafe nicht haltbar. Er griff wieder zum Federkiel, strich die Wörter „scharfe Leibesstrafe und relegatio“ durch und ersetzte sie durch eine allgemeinere Formulierung: „eine harte Strafe“. Aus dem Hausarrest konnte man einen Mann, dem ein solches Urteil drohte, seiner Meinung nach auf keinen Fall entlassen.

Die Kanzlei bat auch den Etatsrat Johann Clausen um eine Stellungnahme: nicht weil er besonders gute rechtliche Kenntnisse besaß – das war nicht der Fall, auch wenn er als früherer Professor der Universität Kiel durchaus vielseitig gebildet war. Die hohe Schule hatte er, der mehr Geist und Verstand besaß, als in deren Staub erstickt werden konnte, verlassen, um zu zeigen, dass er weit mehr beherrschte als Metaphysik. Clausen war auch nicht gefragt worden, weil er nun eine einflussreiche Stellung in der Regierung innehatte: Er war der Finanzfachmann des Territoriums, als Landrentmeister zuständig für das Rechnungswesen und den Zahlungsverkehr. Er hatte also einen ausgezeichneten Überblick über die finanziellen Verhältnisse des Herzogtums. Auch mit seinem eigenen Geld wusste er gut umzugehen. Als der Herzog den schwedischen König Karl XII. im Krieg in Polen begleitete, hatte er sein kleines Territorium an einen Militär als Statthalter verpachtet, der mit einer Nichte Clausens verheiratet und dessen Schwiegervater, Clausens Bruder, erster Mann des Hamburger Domkapitels, in jenem Jahr gottorfischer Etatsrat geworden war. Johann Clausen hatte sich gegenüber dem Plan der Verpachtung an den Offizier skeptisch gezeigt, aber dann doch zugestimmt. Das Gerücht ging, dass seine Familie danach erst richtig reich geworden sei. Später sollte sich erweisen, dass nicht alle Rechnungen aus der Zeit um 1702 einer Überprüfung standhielten. Die Folge war unter anderem ein jahrzehntelanger Rechtsstreit mit der Hofjudenfamilie Musaphia. Aber schon vorher war seine Familie wohlhabend – der Vater war ein berühmter Arzt in den Herzogtümern gewesen. Beim Umsturz der Machtverhältnisse Ende 1709 hatte Clausen sich behaupten können: Er war Anfang des folgenden Jahres sogar zum Etatsrat ernannt worden. Nun war er zu einer Stellungnahme aufgefordert worden, weil er mit dem in Hausarrest Sitzenden verwandt war: Conrad Hermann Pincier war sein Schwiegersohn.

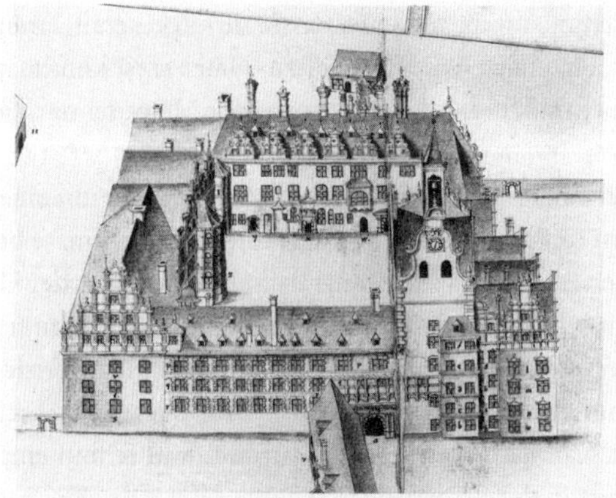

Abb. 4 Schloss Gottorf um 1700

Nicht nur das. Clausen selbst hatte dessen Karriere in die Wege geleitet, als er bei der Zusammenlegung zweier Kassen die Einrichtung der Stelle eines Assessors und Sekretärs des Landrentmeisters vorgeschlagen und dafür gesorgt hatte, dass genau dieser sie bekam – elf Jahre nachdem Pincier das Studium der Rechtswissenschaft in Kiel aufgenommen hatte, als sein späterer Schwiegervater dort noch Professor gewesen war. Darüber hinaus hatte er ihn für die Stelle eines Kammerrats vorgeschlagen, was auch unter der Voraussetzung einer Vakanz bewilligt worden war.

Es dauerte, bis Clausen mit seiner Stellungnahme einkam. Er reiste viel, um die Einnahmen des Herzogtums wie auch seine eigenen zu erhöhen. Im offiziellen Auftrag ging es vor allem in den Norden, nach Tondern und Lügumkloster, in eigener Sache an die Nordsee. So war er tagelang nicht in Schleswig. Clausen konnte nicht anders, als sich der Linie von Petrejus anzuschließen: Das war er seiner Tochter schuldig. Freiheit für Pincier sei eine Beleidigung und ein Ärgernis sowohl für seine Tochter wie auch für ihn selbst, schrieb er. Er wolle ihn daher nicht zu Gesicht bekommen und seine Tochter wolle das erst recht nicht. Vor allem nicht in der Enge der Kirche, wo alle

Privilegierten zusammensaßen. Was helfe es da schon, wenn Pincier versprochen hatte, sie nicht zu Hause zu besuchen? Er könnte es ja doch wagen oder sie über Freunde belästigen. Tag für Tag würden sie befürchten, dass er bei ihnen auftauchen und einen heftigen Streit verursachen würde, noch einen nach den vielen, die es bereits gegeben hatte.

Clausens Tochter Ursula, verheiratete Pincier, war nicht gefragt worden, natürlich nicht. Selbst wenn es sich um ein ordentliches zivilrechtliches Verfahren gehandelt hätte, hätte sie ihre Meinung nur durch einen Mann vortragen lassen können. Für sie ging es auch nicht um eine Stellungnahme, für sie ging es um eine Wende in ihrem Leben. Sie fragte sich, ob sie sich nicht von ihrem Mann scheiden lassen sollte. Waren neun Jahre unglücklicher Ehe nicht genug? Seine Tat hatte ihn öffentlich bloßgestellt. Aber auch auf sie war ein Schatten gefallen. Sie hatte gehört, dass einige sie tadelten, weil sie so vieles hingenommen hatte. Die Untat war der Tropfen gewesen, der das Fass endgültig zum Überlaufen gebracht hatte. Aber es gab nur wenige Möglichkeiten, eine Scheidung zu erreichen. Die rechtlichen Hürden waren sehr hoch. Und mit Widerstand von ihrem Mann war definitiv zu rechnen.

*

1702 war Ursula Clausen im Alter von 21 Jahren von ihrem Vater verheiratet worden. Er hatte ihr zuerst von seinem neuen Assessor und Sekretär erzählt, ihn sehr gelobt und dann zu einer Feier mit eingeladen. Er hatte hervorgehoben, dass dieser aus einer alten, angesehenen Lübecker Familie stamme. Nicht erwähnt hatte er, dass Pinciers Vater, Sekretär des Lübecker Domkapitels, bei einer heftigen Schlägerei im Lübecker Ratsweinkeller einen Stuhl ergriffen hatte, um seinen Gegner niederzuschlagen – man hatte ihm gerade noch in den Arm fallen können. Den Sohn hatte ihr Vater nichtsdestoweniger als Ehemann vorgeschlagen. Auch ihre Mutter hatte Ursula gut zugeredet. Die Tochter war gehorsam: „Wenn Gott und meine lieben Eltern es wollen, dann will ich es tun."

Sie wusste sehr wohl, dass der Start in die neue Lebensphase mehr von der reibungslosen Abwicklung des Ehevertrages beeinflusst werden konnte als von der gegenseitigen Zuwendung der künftigen Eheleute zueinander. Wie viele andere Frauen auch hatte sie gehört, welchen Ärger es geben konnte, wenn ein Brautvater seinen Verpflichtungen nicht oder nicht schnell genug nachkam. Ihr Ehemann war nicht gerade auf Rosen gebettet, sein Salär als Assessor bescheiden. Er und seine Verwandten drangen darauf, statt der Aussteuer Geld zu erhalten. Als Frau war sie ein wenig unglücklich darüber, dass ihr Vater darauf eingegangen war. Sonst wäre sie von Dingen umgeben gewesen, die sie mit in die Ehe gebracht hätte: Dingen, die zum weiblichen Bereich gehörten, Möbel wie Bett und Tisch, dazu Bettzeug und Tischtücher; ihr Anteil am Ehebündnis wäre stets präsent gewesen. Aber da auch das Haus fehlte, welches das neue Paar hätte beziehen können, fiel das letztlich nicht so ins Gewicht. Sie blieb im Haus ihrer Eltern wohnen, ihr Mann zog mit ein. Das ersparte ihr die oft schwierige Eingewöhnung in die Familie ihres Ehemannes. Ihr Vater gewährte dem jungen Paar freien Tisch, bezahlte sein Dienstpersonal und stellte eine Kutsche samt Pferden. Den Brautschatz aber gab er nicht, wie üblich, gleich heraus, sehr zum Ärger seines Schwiegersohns. Dieser war der Meinung, dass, wenn schon seine Entlohnung nicht groß war, er doch genügend Geld haben müsse für ein repräsentatives Auftreten. Der junge Ehemann lebte auf großem Fuß, kopierte den adligen Lebensstil: Prestige war für ihn alles, Schulden irrelevant. Im Geldausgeben zeigte sich, wer man war. Seine Gläubiger hatten jedoch mit ihm als einem Staatsbediensteten aus dem Bürgertum nicht so viel Geduld wie mit einem alteingesessenen Adligen. Schon im ersten Ehejahr saß Pincier in der Klemme. Um seine Schulden zu begleichen, brachte er seine Frau dazu, ihm erst ihr Geld und dann ihren Schmuck auszuhändigen. Sie gab beides her, um zu zeigen, dass sie hinter ihm stand, in guten wie in schlechten Zeiten, aber sie war nicht ohne Sorgen um die Zukunft. Gegenüber ihren Eltern versuchte sie, den Mantel des Schweigens darüber zu decken. Ihr Mann drang nun umso mehr auf die Herausgabe des Brautschatzes. Ihr Vater aber weigerte sich. Pincier reagierte auf seine Weise: Er war unfreundlich zu seiner Frau, nahm ihr die Schlüssel zu ihren Sachen weg, die ihren eigenen Bereich im Haushalt repräsentierten, schließlich auch das Bettzeug, und legte sich in einem anderen Raum schlafen. Nun beklagte sie sich bei ihrer Mutter. Ihre Eltern sprachen mit ihm – mit geringem Erfolg. Daraufhin wurden seine Verwandten eingeschaltet. Anschließend wurde ein allgemeines Vergeben und Vergessen ausgerufen. Sein Schwiegervater wusste inzwischen gut über seine verschwenderische Lebensweise Bescheid. Weil Pincier aber Besserung schwor, erreichte er, dass der Brautvater ihm den schriftlichen Vertrag über den Brautschatz aushändigte. Pincier musste jedoch versprechen, den Brautschatz nicht anzugreifen. Dann setzte sich Ursula Pincier für ihren Ehemann ein und konnte ihren Vater dazu bewegen, den Brautschatz selbst zu übergeben, allerdings nur in Form von zwei Obligationen der Landschaft Eiderstedt, wo Clausen Gelder im Wert von 10 000 Cronen angelegt hatte. Pincier biss sich auf die Zähne. Er wollte das Geld, nicht die Zinsen, doch auf das Kapital konnte er nicht zugreifen. Zwar kontrollierte er die Haushaltskasse, aber das half ihm sehr wenig. Sein Schwiegervater empfahl ihm, mit einer Bitte um Gehaltserhöhung einzukommen und versicherte ihn seiner Unterstützung. Die Eingabe wurde bewilligt, Pinciers *Salarium* verdoppelt. So verdiente der Sekretär schon 1705 nur 100 Reichstaler weniger als sein Schwiegervater; der eine 400, der andere 500. Clausen hatte verlauten lassen, dass er dafür selbst auf eine Gehaltserhöhung verzichte. Mit Zinsen und sonstigen Einkünften hatte Pincier deutlich über 1000 Reichstaler an Einkommen – eine immense Summe, für ihn dennoch nicht ausreichend.

Doch das *comportement* von Pincier änderte sich nur kurzfristig. Bald führte er sich auf wie jemand im Besitz von unumschränkter *pouvoir* – als ob die ganze Haushaltung von ihm allein abhinge. Dabei verhielt es sich doch gerade umgekehrt. Wie Ludwig XIV. hatte auch der gefallene Herzog geäußert, dass er keinen Einspruch dulde. Genauso gebärdete sich auch der ungekrönte „Ehe-Herr“ Conrad Hermann Pincier. Also nahm er sich das Recht heraus, seine Ehefrau zu beschimpfen, und schrie das Gesinde an. Brauchte sie Geld, machte er ihr Schwierigkeiten. Sie schwieg und hoffte, dass seine Gereiztheit eines Tages nachlassen würde. Ihre Eltern hatten ihr zur Geduld geraten. Doch manchmal löste schon eine gutgemeinte Bemerkung ihrerseits bei ihm einen Wutanfall aus. Seine Schimpfworte trafen sie so hart wie Schläge ihrer Männer die Frauen aus den niederen Ständen. „Du Canaille!" Herabsetzenderes gab es nicht. Das Schlimmste aber war, dass er sie wie eine Magd behandelte. Von wegen „Eheliebste", wie die Zeitgenossen immer schrieben. Und da sie nur eine Magd für ihn war, nahm er ihr auch die Erziehung der Kinder weg. Das war ein Stich ins Herz: Hier ging es um ihr ureigenstes Gebiet. Sie hatte sie unter Schmerzen und Todesängsten geboren. Sie hatte sie durch die ersten Lebensjahre gebracht, in denen so viele Kinder starben. Es war ihre Aufgabe und nicht die von irgendjemand anders, sie zu erziehen, ganz besonders dann, wenn es sich um Mädchen handelte, wie es bei ihnen der Fall war. Stattdessen heuerte er ein hochdeutsches Kindermädchen an und verbot ihm wie dem Dienstpersonal, die Kinder zur Mutter zu lassen. Als die Mägde sich einmal ein Herz fassten und es doch taten, warf er das ganze Gesinde um Mitternacht aus dem Haus.

Ihr ganz zuwider war auch sein Degen-Zücken. Sie wusste, dass Herausforderungen zum Duell immer wieder in der Luft lagen – trotz aller obrigkeitlichen Verbote –, dass der Mann, der sich in einer Art Staatsstreich an die erste Stelle im Fürstentum katapultiert hatte, der Freiherr von Schlitz, genannt Görtz, im Duell ein Auge verloren hatte, dass Bergholtz, der Militär und kurzfristige Pächter des Herzogtums, das Unglück gehabt hatte, dass ihm in Riga zwei Männer in seinen Degen gelaufen waren, und dass der Advokat von Saldern, der verschwunden war und den man dann ermordet aufgefunden hatte, in Kiel einen Studenten erstochen hatte. Dass ihr Mann seinen Degen anlegte, wenn er das Haus verließ, war normal, zeigte die Waffe doch seinen Stand an. Aber dass er ihn auch im Haus stets griffbereit hatte, war ihr nicht geheuer. Einmal hatte er des Nachts in einem seiner Wutanfälle seinen Diener Carl mit dem Degen in der Hand durch das ganze Haus verfolgt, ihn getroffen, sodass das Blut nur so gespritzt war, aber glücklicherweise auch zweimal verfehlt. Ihr Bruder Matthias, schon im Nachthemd, hatte ihren Mann gestoppt und dem Diener die Flucht ermöglicht. Als sie mit nackten Füßen die Treppe hinuntergekommen war, hatte sie ihren Mann, ihren Bruder und ihren Vater in blutbefleckter Kleidung vor sich gesehen und war vor Schreck erstarrt. Das Bild hatte sie noch Wochen verfolgt. Der gezückte Degen im Haus war schlimm genug. Aber wenn sie nach einem Streit unversöhnt schlafen gingen und ihr Mann bei verschlossener Tür den Degen neben das Bett legte, dann kamen Ängste in ihr hoch: Was, wenn sie nun etwas Falsches sagte oder tat –, würde er dann den Degen auf sie richten?

Dazu musste sie noch mit seinen amourösen Abenteuern fertig werden. Im dritten Ehejahr hatte es angefangen. Zuerst waren ihr nur die oberflächlichen Begründungen seiner Ausfahrten aufgefallen, aber sie hatte sie schulterzuckend hingenommen; es konnte schon stimmen, was er sagte – oder auch nicht. Dann war sie einmal zum Gesinde in die Küche gegangen, ohne bemerkt zu werden, und hatte die Wörter „der Herr“ und „Liebschaften“ gehört. Da war sie hellhörig geworden; das plötzliche Verstummen der Mägde sprach Bände. Einmal hatte eine Freundin sie ohne Arg gefragt, was ihr Mann denn im Ruhekrog gewollt habe; sie habe ihn auf der Fahrt dorthin gesehen. Sie hatte keine Antwort gewusst. Die Gastwirtschaft lag eine halbe Meile vor der Stadt in einem Waldgebiet versteckt und hatte, soweit sie wusste, keinen guten Ruf. Der Verdacht, dass ihr Mann außerehelichen Lustbarkeiten nachging, war von da an nicht mehr aus der Welt zu schaffen.

Solange alles im Geheimen blieb, solange nur getuschelt wurde, solange sie nicht direkt damit konfrontiert wurde, war es erträglich für sie. Überhaupt war es das Beste, nicht zu reagieren, so zu tun, als gehe alles seinen gewohnten Gang. Nachforschungen hatten keinen Zweck – wozu sollten sie gut sein? Es gab genügend Leute, die bei solchem männlichen Verhalten durch die Finger sahen: So sind Männer nun einmal. Der junge holsteinische und mecklenburgische Adel vergnügte sich gerne in Hamburg – durchaus nicht immer auf anständige Weise. Friedrich IV., der 1702 gefallene Landesfürst, verheiratet mit der Schwester Karls XII., hatte seine Geliebten in Hamburg besucht und auch einige nach Gottorf kommen lassen. Auf höchster Ebene war das Mätressenwesen so beliebt, dass diese Frauen in den Hofstaat eingegliedert und mit Titeln versehen wurden. August der Starke von Sachsen-Polen war dabei besonders aktiv gewesen. Der Sonnenkönig in Versailles, Ludwig XIV., hatte Madame Maintenon heimlich geheiratet; Eberhard Ludwig von Württemberg war einen Schritt weiter gegangen und hatte seine Mätresse in einer Ehe zur linken Hand offiziell geehelicht.

Es fiel Ursula Pincier aber nicht immer ganz leicht, die Augen vor alledem zu verschließen. Schließlich war sie keine große Adlige wie die Gräfin Althan in Wien, die den holsteinischen Grafen von Reventlow geheiratet hatte, aber in Wien geblieben war und ihrem Mann alle Freiheiten gestattete, Vergnügen und Ergötzung auch anderwärts zu suchen – was ihm nicht schwer fiel, denn seine schöne Leibesgestalt machte ihn beim anderen Geschlecht sehr beliebt. So wurde er auch leicht vieler hübscher Witwen Vormund. Einige sagten zu Ursula, ihr entstehe doch durch die *conduite* ihres Mannes kein Schaden, sie sei doch immer noch seine Ehefrau. Und sie habe ihm Kinder geboren, darauf komme es doch an. Ja, dachte sie, wenn er mich wenigstens sonst als Ehefrau und Mutter behandeln würde.

Da sie nichts sagte, wurde er immer unverfrorener. Eines Tages bestellte er eine gewisse Charlotte, die von auswärts in die Stadt gekommen war, sogar in das Lusthaus im Garten seines Schwiegervaters. Charlottes Dienste hatte er schon einmal in Anspruch genommen. Als Ursula Pincier selbst gerade auf dem Weg dorthin war, kam ihr Mann ihr entgegen und sagte mit spöttischem Lächeln: „Sie kommt zu spät, Madame."

Da war es ihr heiß durch den ganzen Körper geschossen. Ihr die Untreue direkt ins Gesicht zu sagen, sie auch noch in dieser Hinsicht herabzusetzen, verstieß gegen die Spielregeln: Alles musste unter der Decke bleiben, nichts durfte zur Sprache gebracht werden. Ihr Mann mochte eheliche Treue für Pastorengeschwätz halten – zum Abendmahl ging er aber sicherheitshalber nicht, da hätte er ja auch vorher beichten müssen. Denn das sechste Gebot kannte er schon, genau wie sie. Ihr war schon als junges Mädchen eingetrichtert worden, dass der höchste Wert einer Frau ihre Tugendhaftigkeit sei – und sich dem Mann unterzuordnen. Dazu gehörte auch die Erfüllung der ehelichen Pflicht; sie durfte sich ihrem Mann nicht verweigern, meinte sie, auch wenn ihr nach seinen sexuellen Abenteuern danach war. Dass Rechtsgelehrte das anders sahen, wusste sie nicht.

*

Nach sieben Jahren voller Unruhe und Streit im Haus hatte Johann Clausen genug: So konnte es nicht weitergehen. Vielleicht ändert sich etwas, wenn mein Schwiegersohn in einem eigenen Haus wohnt, dachte er bei sich, vielleicht wird die Ehe für meine Tochter dann erträglicher. Sicher war er sich nicht, aber auf jeden Fall würde er sich selbst dann nicht immer wieder mit einem Schwiegersohn konfrontiert sehen, der ihn keines Wortes würdigte. Er kaufte das Haus der verwitweten Justizrätin Pechlin, ließ es ausbauen und die Witwe auf die verabredete Kaufsumme warten. Auch wenn er sich keine großen Hoffnungen machte, dass sein Schwiegersohn mit der Etablierung eines eigenen Haushalts ein völlig neues Leben beginnen würde, war er nicht auf das eingestellt, was dann geschah. Zuerst weigerte sich Pincier, überhaupt auszuziehen; dann unterschrieb er zwar das Konzept des Mietvertrages, doch als es zum Austausch der ausgefertigten Urkunden kommen sollte, erhob er immer wieder aufs Neue allerlei Einwände. Johann Clausen fasste sich in Geduld, er wollte die Lage nicht noch weiter verschlechtern. Nach dem Umzug stellte sein Schwiegersohn Bedingungen für Besuche seines Schwiegervaters und seines Schwagers im neuen Haus. Schließlich wohnte man in derselben Straße, dem Lollfuß, der Straße vor der Stadt, die zum Schloss Gottorf führte. So konnte er die Kontrolle über seine Frau ausweiten. Seine *conduite* änderte sich auch sonst nicht. Er beschimpfte sie und schrie seinen Diener und die Mägde bei jeder Kleinigkeit an. Nur bei einer machte er eine Ausnahme.

*

Mitte des Jahres 1710 schloss Petrejus seine Untersuchung gegen den Kammerrat Conrad Hermann Pincier ab, der immer noch im Hausarrest saß. Nun stand der nächste Schritt bevor, die Erhebung der Anklage. Petrejus hatte von Anfang an gewusst, wie schwer seine Aufgabe war, diesen Fall von Notzucht, von gewaltsam erzwungenem Geschlechtsverkehr, zu untersuchen. Der Missbrauch von Kindern fiel unter denselben Paragraphen, wurde aber entschiedener verfolgt. Das Problem war, den vollen Tatbestand nachzuweisen – wenn es ihn denn gegeben hatte, eine Sichtweise, der er zuneigte. Für ihn stand auf der einen Seite das unschuldige, einfältige Mädchen und auf der anderen der Kammerrat, den er nicht näher charakterisierte. Er ließ den Tathergang für sich sprechen: Pincier habe das Mädchen mit List auf seine Stube hinaufgelockt, es in seine Schlafkammer hineingeschoben und auf sein Ruhebett niedergeworfen, um seine Tat zu begehen. Als es sich von ihm befreite, sei er ihm mit entblößtem Glied gefolgt. Er erwähnte dabei nicht, dass das Mädchen sich schon vorher oft gegenüber dem Gesinde darüber beklagt hatte, von ihrem Dienstherrn belästigt worden zu sein. Was konnte das Mädchen schon machen, wenn es seine Arbeit behalten wollte? Petrejus wusste auch, dass ihm mit Pincier ein Mann gegenüberstand, der die Rechte studiert hatte. Immerhin hatte der Kammerrat recht früh zugegeben, was er unmöglich leugnen konnte und doch versuchte hatte: dass er das Opfer kannte. Es handelte sich um Sophia Kannen, das Kindermädchen. Doch es war klar, dass er so wenig zugeben würde wie nur irgend möglich. Auch würde er sich zu wehren wissen und natürlich so aussagen, dass die Regelstrafe nicht anwendbar sein würde. Dann war das Strafmaß Ermessenssache. So wie bei der Vergewaltigung: Wenn ein Mann angab, dass es nicht zur Ausstoßung des Samens gekommen sei, kam er mit einer milderen Strafe als der gesetzlich vorgeschriebenen davon.

Die Aussage des Mädchens lautete: Ihr Dienstherr habe, nachdem er die Tür verschlossen, sie auf sein Bett gelegt, ihre Scham entblößt, vor ihr gekniet und ihr etwas in den Leib gesteckt. Es verwunderte Petrejus wenig, dass Pincier nur zugab, er sei ihr mit den Fingern zu nahe gekommen. Immerhin, so viel hatte er zugeben müssen.

Später hatte Pincier Besuchern in seinem Haus jedoch eine leicht abweichende Version erzählt, die auch Petrejus und seiner eigenen Frau zu Ohren gekommen war. Als er die kahle Scham der Kannen gesehen habe, so hatte er immer wieder wiederholt, sei ihm die Lust vergangen, und sein Glied habe nicht stehen wollen. Von einem erfüllten Tatbestand konnte somit rechtlich so oder so nicht die Rede sein. Petrejus hakte trotzdem sofort ein: Die Absicht der Notzucht habe also ganz offensichtlich bestanden, und zwar an einem Mädchen, das noch nicht „mannbar" war, und das zudem in einem Abhängigkeitsverhältnis zu ihm stand!

Pincier brachte noch ein weiteres Argument für die Geringfügigkeit seines Vergehens vor: Sie hätte schreien müssen – das erforderten die göttlichen und weltlichen Rechte. In der Tat mutete das Gesetz den Opfern zu, zu beweisen, dass sie laut geschrien und sich gewehrt hätten. Gewalt war nur gegeben, insoweit Widerstand gebrochen worden war, das konnte man in jedem Lehrbuch nachlesen.

Petrejus hielt dagegen, das Mädchen habe sich weinend zu wehren versucht. Was konnte man mehr erwarten, in einer solchen Situation? Allein mit ihrem Dienstherrn in einem verschlossenen Zimmer? Und was hätte nicht alles passieren können, wenn es Widerstand geleistet hätte? Nach einer Vergewaltigung musste das Opfer die Tat sofort öffentlich machen, dabei ihre zerrissenen Kleider und ihr in Unordnung gebrachtes Haar vorzeigen, so stand es bei den Rechtsgelehrten. Obwohl sich ein junges Mädchen am liebsten verkrochen hätte, hing doch die Ehre einer Jungfrau gerade von ihrem tugendhaften Verhalten in der Öffentlichkeit ab. Sophia Kannen war nach der Tat laut heulend über den Hof zu ihren Eltern gelaufen und hatte ihnen alles erzählt. Diese hatten sich ihrem Beichtvater anvertraut, der die Tat öffentlich gemacht hatte. Angezeigt bei der weltlichen Obrigkeit hatten sie es nicht –; wer konnte das gegen einen solch hohen Herrn bei so einem Delikt schon wagen?

Als Petrejus das Mädchen nach der Aussage bei der Anzeige im Sommer verhört hatte, hatte es in seiner Verlegenheit und Verwirrung eine Aussage gemacht, die Pincier nun in die Hände spielte: Er habe ihre Knie zwischen den seinen gehabt. Diese Chance, seine Lage zu verbessern, ließ Pincier sich nicht entgehen. Petrejus konnte daraufhin nicht anders, als lediglich eine Strafe für den Versuch zu fordern, allerdings aufgrund der besonderen Umstände eine harte. Wie diese dann am Ende aussehen würde – das entschied letztlich der Landesherr, denn dieser hatte das Bestätigungsrecht und konnte in diesem Rahmen die Strafe abändern. Aber die Dinge verliefen dann doch anders. Als Petrejus im Sommer seinen Urteilsvorschlag fertiggestellt hatte, war man in gewissen Kreisen Gottorfs höchst alarmiert, schrie *periculum in mora* – Gefahr im Verzug – und bat dringend um die Stellungnahmen des mächtigsten Mannes im Land, der selbst für sein ausschweifendes Leben bekannt war, und des Geheimratskollegiums. Daraufhin geschah erst einmal nichts.

Nachdem Ursula Pincier Anfang des folgenden Jahres zu Ohren gekommen war, dass Petrejus seinen Urteilsentwurf unterbreitet hatte, reichte sie eine Klage auf Scheidung ein. Sie hatte nur auf diesen Moment gewartet. Nach der Verkündung des Urteils würde ihr Mann in einem ganz schlechten Licht dastehen. Das würde ihrer eigenen Sache kräftigen Rückenwind verleihen. Scheidung war zwar in Schleswig-Holstein-Gottorf möglich, denn die Ehe war im Protestantismus kein Sakrament mehr, aber die geistlichen Gerichte versuchten sie, wenn irgend möglich, zu vermeiden. Für die Konsistorien waren Ehen von Gott gewollt und wurden vor Gott geschlossen. Tief verankert war das Wort: Was Gott zusammengefügt hat, soll der Mensch nicht scheiden. Sie sprachen sich daher meistens für die zeitweilige Trennung von Tisch und Bett aus. Ursula Pincier wusste, dass eine Scheidung so selten war wie ein Wal an der Küste der Herzogtümer. Völlig überraschend kam ein Entscheid von höchster Stelle: Erst sollte die

Scheidungssache verhandelt, dann das Urteil im Kriminalfall verkündet werden. Ihr war nicht klar, warum man den Urteilsvorschlag nicht behandelte, der zur Entscheidung vorlag. Ihre Lage hatte sich damit verschlechtert.

Petrejus, völlig überlastet, nahm die Entscheidung nur beiläufig zur Kenntnis. So geht's, dachte er, wenn einem die eigenen Verordnungen im Wege stehen, nach denen alle Kriminalprozesse binnen Jahresfrist abgeschlossen werden sollten. Ihm war klar, was gespielt wurde. Man wollte Gras über die Sache wachsen lassen. Je mehr Zeit verginge, desto weniger würde man sich daran erinnern, umso leichter konnte man von seinem Urteilsvorschlag abweichen, ohne Ärgernis zu erregen. In welche Richtung diese Abweichung gehen würde, war ihm klar. Aber da der Scheidungsprozess schnell geführt werden sollte, bestand vielleicht doch noch Hoffnung.

Für Ursula Pincier kam nun alles darauf an, den richtigen Grund für die Scheidung vorzubringen und ihn mit überzeugenden Argumenten zu stützen. Davon gab es allerdings nur wenige. Böswillige Verlassung, sagte der Kanzler von Eyben, der ihre Sache vertrat, liege nicht vor, auch wenn sich ihr Mann einmal sechs Wochen, ohne ein Wort zu sagen, nach Lübeck abgesetzt hatte, und von Impotenz könne ja wohl nicht die Rede sein. „Eher vom Gegenteil", fügte er mit einem Anflug von süffisantem Lächeln hinzu. Er fügte auch den Missbrauch als Scheidungsgrund an, schwankte aber in seiner Stellungnahme. Allenfalls bei Verurteilung zur Landesverweisung, verbunden mit Ehrverlust, sei dies denkbar. „Das steht aber auch nur in den Büchern von einigen neueren Autoren", setzte er hinzu. Außerdem sei auf so ein Urteil nicht angetragen worden. Und es sei ja noch keines verkündet worden. Mit den Scheidungsgründen „schlechter Lebenswandel" und „Unverträglichkeit" könne sie bestenfalls auf eine temporäre Trennung von Tisch und Bett hoffen. Aber anführen werde er beides nichtsdestotrotz, wie auch die Straftat. Ehebruch war der einzige Scheidungsgrund, mit dem sie ihr Ziel definitiv erreichen konnte. Das war beiden klar. Doch Ehebruch war schwer zu beweisen.

Schon im Laufe der Untersuchung gegen ihren Mann hatte Ursula Pincier begonnen, Material zu sammeln, das ihn belastete. Durch die Befragung von Mägden hatte sie weit mehr herausgefunden, als sie erwartet hatte, denn nur anfangs hatte er heimliche Kutschfahrten zu versteckten Orten unternommen. Auf diese Weise arrangierte er sehr verdächtige Konversationen, wie man es ausdrückte, mit der berüchtigten Charlotte. Danach hatte er eine andere Methode entwickelt, seinen sexuellen Gelüsten nachzugehen. Wenn er hörte, dass in einem großen Hause die Herrschaft für längere Zeit verreist war, begab er sich flugs dorthin, allein oder in Begleitung eines Dieners, den er dann aber unter einem Vorwand wieder zurückschickte, sobald sie angekommen waren. Die öffnende Dienstmagd blickte dann mit einer Mischung aus untertäniger Befangenheit, Ehrerbietung und stiller Freude darüber, dass sie eines solchen Besuch wert war, auf den jungen hohen Herrn mit Perücke, in Samt und Seide, und mit silbernen Schuhschnallen. In Galanterien wohl geübt, beeindruckte er die jungen Frauen. Bald kam er zur Sache und stieß des Öfteren auf Wohlwollen. Dann verschwand er mit der Willigen in einem Zimmer und verschloss die Tür von innen.

Einmal hatte er zufällig von seinem Schwiegervater, dem Vormund der Witwe des verstorbenen Rentmeisters, gehört, dass sie längere Zeit verreist sein würde. Schon begab er sich zu deren Haus und verschwand nach kurzer Zeit mit Mette aus Kappeln in einem der Zimmer. Den anderen Mägden fiel das auf, und als die junge Frau ganz verstört wieder herauskam, befragten sie sie.

„Warum ist die Tür verschlossen worden?“

„Was geht euch das an? Ist euch ein Schaden entstanden?“ Ihr jedenfalls nicht, im Gegenteil. Denn als sie kurz davor von einer Frau angesprochen worden war, ob sie nicht ein paar Schillinge für sie habe, musste Mette ihr gestehen: „Ich würde dir gern was geben, aber wenn ich einen Dreiling bräucht', um mein Leben zu retten, ich hätt' ihn nicht.“ Sobald alle Räume wieder zugänglich waren, konnte sie dieser Frau einen Krontaler zeigen, so wurde Ursula berichtet.

Günstig für Pincier war auch, dass der Herr Intendant Roussau auf einer Reise in Breslau krank geworden war und längere Zeit dort bleiben musste. Schon besuchte Pincier fleißig den Fischerhof, den Roussau gepachtet hatte. Einmal ließ er eines der Mädchen durch den alten Garten zu sich kommen und führte sie in ihres Herrn Schlafkammer. Zurück blieb ein zerwühltes Bett.

Auch sonst nutzte er jede Gelegenheit zum Seitensprung, respektlos und unverfroren. Als seine jüngste Tochter Johanna getauft wurde und die Gäste der Musik lauschten, unterhielt er sich heimlich im Gartenhaus mit einer Frau in einem rötlichen Kleid und schloss sich erst danach der Feiergesellschaft an. Kopfschüttelnd hatte Ursula Pincier außerdem herausgefunden, dass er nicht einmal davor zurückgeschreckt hatte, es auch unter freiem Himmel zu treiben. Er pflegte die Frauen mit seinem Schnupftuch heranzuwinken, wenn er die Luft für rein hielt, so wurde ihr berichtet. Einmal sahen die Leute eine Frau aus einer Gastwirtschaft, deren schwarze Kleidung nach dem Treffen mit Pincier hinten ganz beschmutzt war, als sie aus den Büschen kam.

Schließlich bestellte er sich auch Weibsbilder ins Haus. Vom Bildhauer Frantz erschien eine Frau, an die sich die Dienstmägde erinnerten, weil sie sehr herausgeputzt gewesen war. Er ließ sie in sein Zimmer und verriegelte die Tür, nicht ohne vorher von allen zu fordern, dass niemand ihn stören solle. Nach zwei Stunden ging die Frau wieder. Leider hatte niemand ihren Namen erfahren. Ein anderes Mal hatte er seinen Diener unter einem Vorwand weggeschickt, und als dieser wiederkam, hatte er die Stubentür seines Herrn verschlossen gefunden und gedacht, er sei ausgegangen. Als er erfuhr, dass sein Herr doch im Hause war, hatte er sich neben die Tür gestellt und beobachtet, wie dieser mit einem Mädchen, welches bei der mittlerweile verstorbenen Rentmeisterin Kriebel gedient hatte, herausgekommen war. Sein Diener hatte bei beiden, wie er sich ausdrückte, ein sehr irreguläres Wesen bemerkt. Bei einer weiteren Gelegenheit hielt sich die Magd des Fräuleins Seincklerin eine Stunde lang bei ihm in seiner Stube auf. Den wachsamen Augen der Mägde und Diener entging nichts, aber ihre Auskünfte waren oft nicht ausreichend. Namen und Aufenthaltsorte waren notwendig, um die Frauen als Zeuginnen vernehmen zu können. Die fehlten jedoch oft genug.

Sie wagte nun auch ein Ereignis anzusprechen, das ihr auch die letzte Hoffnung auf die gegenseitige Unterstützung zerstört hatte, die Mann und Frau einander in der Ehe leisten sollten. Es hatte sich zur Zeit des Umschlags 1708 abgespielt, als die Reichen in Kiel ihre Geldgeschäfte regelten und die Armen sich an dem Volksfest erfreuten. Sie war in den letzten Wochen ihrer zweiten Schwangerschaft gewesen. Ihr Mann hatte ihr durch den Diener sagen lassen, er sei schläfrig, sie solle schon zu Bett gehen. Das hatte sie auch getan. Er hatte den Dienern befohlen, das Licht im Vorsaal zu löschen, und diese dann zu Bett geschickt. Er war aber nicht zu ihr ins Schlafzimmer gekommen. Sie war deshalb von Viertelstunde zu Viertelstunde immer unruhiger geworden. Schlimme Befürchtungen waren in ihr aufgestiegen. Als ihre Dienstmagd ihr dann berichtete, er habe das Kindermädchen in seine Kammer geholt und die Tür verriegelt, hatte sie sich so aufgeregt, dass sie sterbenskrank geworden war. Sie hatte nach der Hebamme rufen lassen; alle vermuteten, sie würde eine Frühgeburt erleiden. In großer Unruhe wurde sie in ein anderes Zimmer und Bett gebracht. Alle standen um sie herum, bangten die ganze Nacht durch mit ihr, flehten Gott um Hilfe an, versuchten sie zu trösten. Nur einer nicht: ihr Ehemann. Der kam erst am darauffolgenden Nachmittag. Im Rückblick dachte sie, dass damals der Sturz in den Abgrund begonnen hatte.

*

Der Scheidungsprozess ging nur im Schneckentempo voran. Das lag nicht nur daran, dass Ursulas Mann immer mit einer Gegendarstellung einkam, was zum normalen Prozedere gehörte. Auch sein Vorgehen gegen den Verfasser der Anklageschrift, den Kanzler Eyben, mit einer Verleumdungsklage war nur ein Nebenschauplatz. Es war vielmehr schwierig, die nötigen Zeugen und Zeuginnen zu finden, um den Ehebruch zu beweisen. Dienstmägde, die etwas gesehen hatten, hatten meist inzwischen die Stelle gewechselt, und mussten erst aufgespürt werden. Waren sie gefunden, galten sie der Gegenseite als unglaubwürdig, gehörten sie zufällig noch dem Pincierschen Haushalt an, wurden sie als bestochen hingestellt. Von den Frauen, mit denen ihr Mann verkehrt hatte, waren oft nur der Vorname und bestenfalls noch der Herkunftsort bekannt: Charlotte oder Mette aus Kappeln. Selbst von denen, die ins Haus gekommen waren, kannten die Mägde und sein Diener nicht einmal den Namen. Was war damit schon anzufangen? Allein die Kutscher waren noch greifbar, doch hatte er nur anfangs Fahrten zu versteckt gelegenen Orten unternommen. Außerdem hatte er durch systematisches Verschließen der Türen dafür gesorgt, dass keine Augenzeugen vorhanden waren.

Einige Zeugen hielten sich zudem auf königlichem Gebiet auf. Als das Gericht bat, diese vernehmen zu dürfen, schrieb die königliche Behörde gereizt zurück, man vermisse in dem herzoglichen Schreiben das Angebot der Amtshilfe für einen entsprechenden Fall auf königlicher Seite. Den Zeugen wurde das Überqueren der Grenze verboten. Die Vernehmung könne man aber gerne übernehmen. Die Politik der offiziell zur Schau gestellten Freundschaft bei unterschwelliger Feindseligkeit, die sich manchmal zu Staatsaffären ausweitete, ging weiter. Bis in diese Zeit hatten die Gottorfer sich geweigert, Verordnungen für gemeinsam verwaltete Gebiete zu unterschreiben, weil der Name und Titel ihres Landesherrn nicht mit genauso großen Buchstaben repräsentiert war wie der des Königs.

Zu diesem Kleinkrieg, der alles verzögerte, kam die Pest. Sie näherte sich von Ostpreußen kommend Dänemark und den Herzogtümern. Schon hatte sie Kopenhagen erreicht, und Johann Clausen befürchtete, dass sie durch dänische Heeresbewegungen weiter verbreitet werden könnte. Der Rat der Stadt Schleswig stellte 1711 Bürgerwachen gegen die Contagion auf. Aber als Vater und Sohn Clausen sie im folgenden Jahr verließen, um sich nach Rostock zu begeben, konnten sie in ihren Reisepapieren noch versichern, dass in Schleswig noch frische und gesunde Luft herrsche. Als Einzelfälle in und um die Stadt auftauchten, behinderte die Pest die Kommunikation. Briefe, die von einer Behörde an die andere geschrieben wurden, mussten erst geräuchert werden; man befürchtete eine Übertragung auf diesem Weg. So schleppte sich der Prozess bis in sein drittes Jahr, 1713, und das trotz der Bittschriften, in denen Ursula Pincier immer wieder um eine zügige Fortführung gefleht hatte.

Die Pest war nicht genug; die Büchse der Pandora stand immer noch weit offen; weiteres Unheil sollte sich auf den Gang des Prozesses auswirken. Anfang 1713 marschierte der schwedische General Stenbock mit Feuer und Schwert in die Herzogtümer ein, verfolgt von russischen und sächsischen Truppen, Verbündeten der Dänen. Er hatte die dänischen Truppen in Mecklenburg geschlagen, welche die schwedischen Besitzungen im Reich nach der Niederlage Karls XII. in der Ukraine angegriffen hatten. Nach dem Sieg zog er, durch den Verlust seiner Vorräte schwieriger Lage, nach Holstein. Es ging die Rede, dass Holstein für 50 000 Reichstaler, die Clausen hätte auszahlen müssen, verschont geblieben wäre. Das Geld kam aber nicht, stattdessen forderte Stenbock Brandschatzung von den königlich-dänischen Städten. Nachdem er Altona niedergebrannt hatte, weigerte sich niemand mehr, die Brandschatzung zu zahlen. Der Geheime Rat auf Schloss Gottorf saß zwischen Tür und Angel; einerseits hatten die Russen und Sachsen schon Teile des Herzogtums besetzt, andererseits war Schweden die Großmacht, von der man abhing. Die gottorfische Regierung erklärte sich für neutral, arbeitete aber heimlich mit den Schweden zusammen. So konnte sich Stenbock in die gottorfische Festung Tönning retten. Nach seiner Kapitulation kam die Zusammenarbeit der herzoglichen Regierung mit dem Erzfeind der Dänen ans Licht: Nun war ihr die Maske heruntergerissen. Der Herzog wurde zum Feind erklärt und die gottorfischen Gebiete der Herzogtümer besetzt. Hastig floh der Gottorfer Hof. Das Schloss wurde eingenommen; die Akten, die dort noch vorhanden waren – die wichtigsten hatte die gottorfische Regierung nach Hamburg gerettet –, wurden zuerst von fachkundigen Männern in Augenschein genommen. Pincier selbst stand offiziell noch unter Hausarrest, denn der Kriminalprozess hatte noch nicht einmal angefangen, da der Scheidungsprozess seiner Frau immer noch nicht zu einem Ende gekommen war. Nun aber kam er ganz zum Erliegen, und der Hausarrest wurde aufgehoben. Die Schälchen der Waage pendelten: Das eine ging nach oben, das andere nach unten.

Es war unklar, wie sich die Verhältnisse entwickeln würden, und zwar über acht Jahre hinweg. Viel hing von der Politik und dem Waffenglück Karls XII. ab. Würde das Herzogtum wiederhergestellt werden, ganz oder in Teilen, oder fortan königlich-dänisch werden? Einiges deutete auf den Verlust der Teile hin, die im Herzogtum Schleswig lagen. Dort wurde eine provisorische Regierung gebildet; zugleich nahm man dort die Hoheit über die Rechtsprechung in Anspruch. Der Herzog im fernen Stockholm verbot die Zusammenarbeit mit den Besatzern. Setzte man sich darüber hinweg und kehrte der Herzog zurück, sah man einer düsteren Zukunft entgegen. Hielt man zum Herzog und er kehrte nicht zurück, verlängerten sich die Schwierigkeiten der Gegenwart in die Zukunft. Der Rektor der Schleswiger Domschule weigerte sich 1717, seinen neuen, vom dänischen König eingesetzten Konrektor anzuerkennen. Er entriss ihm bei der Einführung den Redetext und störte auch den Pastor bei seiner feierlichen Ansprache so lange, bis dieser völlig konfus abbrach. Einen Kollegen, der dem dänischen Fürsten als seinem souveränen und absoluten Erbkönig die Treue geschworen hatte, wollte er partout nicht dulden.

In den besetzten gottorfischen Landen versuchte Pincier seine schlechten finanziellen Verhältnisse zu verbessern. Es gelang ihm, sich in den Besitz der zwei Obligationen im Wert von 10 000 Reichstaler zu setzen, die sein Schwiegervater seiner Frau als Mitgift gegeben hatte. Diese hatten ihm vor dem Abschluss des Scheidungsprozesses eigentlich nicht überlassen werden sollen. Er übergab sie seiner Exzellenz dem Freiherrn von Königstein, seinem Cousin. Prompt kam darauf das Urteil aus Schleswig, dass die Obligationen dem königlichen Obergericht ausgehändigt werden sollten. Prominentestes Mitglied des Obergerichts, wenn auch nur Vizepräsident, war von Königstein.

Ursula Pinciers Protest aus Hamburg, wo ihre Familie in einem Garten untergekommen war, verhallte ohne Wirkung.

Nun hatte also das königlich-dänische Obergericht das Sagen. Es nahm den Prozess gegen den Kammerrat Conrad Hermann Pincier wieder auf und kam schnell zu einem Urteil. Dem Angeklagten wurde auferlegt, einen Reinigungseid zu schwören, dass es zu keiner Gewaltanwendung gekommen sei. Das fiel ihm nicht schwer. Daraufhin stand fest: Es liege keine Gewalt, sowieso keine Verletzung, also auch keine Notzucht, nur eine besondere Art der Unzucht vor. Was folgte, war eine Geldstrafe; auch das war für Pincier optimal. Damit blieb alles im Geheimen. Eine Geldstrafe war nicht öffentlich und damit seiner Ehre nicht abträglich. An Sophia Kannen dachte niemand. Der Herzog protestierte auf den Friedensverhandlungen in Braunschweig gegen die Inanspruchnahme der Rechtsprechung durch den dänischen König. Erstens, so der Herzog, könne man einen seiner Bedienten nicht vor das Gericht eines anderen Herrn ziehen, und zweitens könne ein Prozess nicht wieder aufgerollt werden, wenn das Urteil bereits dem Landesherrn zur Bestätigung vorliege. Den Hintergrund dieser Rechtsposition bildete die Hoffnung, dass der aus dem Osmanischen Reich zurückgekehrte Karl. XII. sich in Schwedisch-Vorpommern würde behaupten und der Herzog sein Territorium wieder einnehmen können würde. Seine Argumente zeitigten jedoch keinen Erfolg.

Pincier erkannte schnell die Gunst der Stunde. Der Landesherr im fernen Stockholm war ein zahnloser Tiger. Er ignorierte kurzerhand die Befehle des Herrn, in dessen Brot er stand, und wandte sich mit einer Klage auf Ehescheidung an das dänische Oberkonsistorialgericht. Dieses Gericht war weltlich, wie im Protestantismus üblich; es setzte sich aus dem Obergericht und zwei Geistlichen zusammen. Es lud Ursula Pincier vor, wie vorher schon ihren Vater, diesen allerdings nicht in einer Scheidungs-, sondern einer Heiratssache. Clausen hatte sich mit Händen und Füßen gegen diesen Prozess gewehrt; ihm war klar, dass es nur um eines ging: die Anerkennung der dänischen Autorität. Nur deshalb hatte man ihn mit der Konfiskation aller Güter bei Nichterscheinen bedroht. Er hatte darüber sogar in Hamburg mit dem kaiserlichen Gesandten gesprochen, der auf dem Kongress zu Braunschweig zwischen den Parteien vermittelte. Der hatte zwar dem dänischen Vertreter die Sache ausführlich dargestellt, war aber zu mehr nicht bereit gewesen, da es sich letztlich um eine Privatsache handelte. Von herzoglicher Seite war es Johann Clausen verboten worden, vor dem obersten königlichen Kirchengericht zu erscheinen. Daran hatte er sich gehalten und war in Abwesenheit verurteilt worden.

Seiner Tochter blieb nichts anders übrig, als es ihrem Vater gleichzutun. Sie musste ihrem Mann das Feld überlassen. Damit war ihr klar, was ihr drohte. Zudem war mit einem ungünstigen Urteil auch deshalb zu rechnen, weil man ihrem Vertreter im vorangegangenen Prozess gern eins hatte auswischen wollen, war er doch ein überzeugter Gottorfer. Das Gericht verurteilte sie dazu, zu ihrem Mann zurückzukehren. „Wie kommen die dazu, einfach alles, was vorgefallen ist, zu ignorieren?", fragte sich Ursula Pincier. Mit dem Ehebruch hatte man sich gar nicht erst befasst und das Verbrechen nun dem Recht nach abgeurteilt gesehen – eine Meisterleistung juristischer Einäugigkeit, meinten ihr Vater und ihr Bruder. Sie weigerte sich, dem Urteil Folge zu leisten. Es gelang ihr sogar, aus Stockholm ein Mandat zu erreichen, das Pincier bei Androhung einer hohen Geldstrafe von 5000 Reichstalern verbot, die Sache vor einem Friedensschluss weiter zu verfolgen. Falls er nicht so lange warten könne, wurde ihm alternativ angeboten, ein unparteiisches Gericht des Administrators in Hamburg anzurufen. Im Nichtbefolgungsfall sollten alle Urteile der anderen Seite für null und nichtig gelten. Darauf geschah erst einmal lange Jahre gar nichts; Ursula Pincier ahnte schon, weshalb. Doch 1719 wurde Pincier plötzlich und unerwartet wieder aktiv, drängte auf ein Urteil und bekam es auch.

Sie hatte noch gehofft, dass das Gericht die Grundsätze des Rechts nicht aus den Augen lassen würde, wusste aber, dass sie schlechte Karten hatte. Sie war sicher, Pinciers Cousin würde im Hintergrund seinen Einfluss zugunsten ihres Ehemanns ausüben. Trotzdem traf sie das Urteil vom Jahre 1719 wie ein Schlag. Sie wurde schuldig gesprochen! Dass man die Verhältnisse auf den Kopf stellte, aus Unschuld Schuld, aus einem wollüstigen Höfling einen verlassenen Ehemann, aus Weiß Schwarz machte – das empörte sie zutiefst. Sie hatte doch alles mit großer Geduld ertragen. Mehr konnte man von keiner Frau verlangen. Der ganze Hof war ihr Zeuge. Ein Gefühl tiefer Ungerechtigkeit stieg in ihr hoch. War Justitia eine Sklavin der Macht? Sie habe ihren Mann verlassen, lautete die Begründung des Urteils. Böswillige Desertion hieß das im Rechtsdeutsch, ein anerkannter Scheidungsgrund. Natürlich war sie bei ihrer Weigerung geblieben, zu ihrem Mann zurückzukehren. Man hatte doch nicht im Ernst von ihr erwarten können, dass sie zu einem solchen Menschen zurückkehrte! Sollten Frauen alles Leid der Welt ertragen? Die Scheidung selbst entsprach zwar auch ihrem Wunsch; aber dass sie schuldig sein sollte, mit all den Folgen, die das für sie hatte, das konnte und wollte sie nicht hinnehmen. Als schuldiger Teil durfte sie nicht wieder heiraten, büßte ihren Brautschatz ein, und die Kinder wurden ihrem Mann zugesprochen. Inzwischen lebte nur noch eine Tochter, Hedwig Sophia, benannt nach der Mutter des Herzogs. Ursula Pincier protestierte gegen das Urteil. Ihr Kind sei ihr Leben. Es sei in den Jahren ihr Ein und Alles geworden, auf dessen Erziehung sie all ihre Zeit und ihr Geld verwandt habe. Sie warf sich gewaltig ins Wort: „Meine Tochter gebe ich nicht heraus, und wenn es mein Leben kostet.“ Sie stand zwar nach so einem Urteil ohne Mann und dessen Einkommen da, aber das war für sie, im Gegensatz zu vielen anderen Frauen, kein Problem. Die Vermögensverhältnisse ihres Vaters und ihres Bruders stellten ein verlässliches Sicherheitsnetz dar.

In demselben Jahr hatte sich die politische Lage verändert. Der junge Herzog war aus Stockholm in das Reich gekommen und bemühte sich um die Wiedererlangung seines Territoriums. Die in Holstein gelegenen Teile konnte man ihm schlecht nehmen: Sie gehörten zum deutschen Reich. Für diese Teile wurde schon einmal ein Geheimes Regierungsconseil benannt. Darin saß als Geheimer Rat auch der alte Johann Clausen, inzwischen geadelt als von Clausenheim. Der Herzog hatte ihm eine befriedigende Führung der Kammerrechnungen in den Jahren 1701 bis 1705 bestätigt. Ursula Pincier schöpfte aufgrund dieser Ereignisse wieder Hoffnung auf eine Wende zum Guten. Die Grundlage dafür hatte sie erreicht. Sie hatte sich nach Stockholm gewandt, um Hilfe gebeten und alles bekommen, was sie wollte. Pincier wurde befohlen, mit der Vollziehung des Urteils bis zum Frieden zu warten. Neben der Geldstrafe wurde ihm nun auch der Verlust von Ehre, Hab und Gut angedroht. Und für seinen Ungehorsam als Diener seines Herrn sollte er bei eingetretenem Frieden zur Verantwortung gezogen werden. Aber all das stand nur auf dem Papier.

Der Frieden zwischen Dänemark und Schweden kam 1721 durch internationale Vermittlung zustande. Das Gebiet, auf dem sich alles abgespielt hatte, wurde samt der Stadt Schleswig und dem Schloss Gottorf königlich-dänisch. Im Jahr zuvor war Ursula Pinciers Vater gestorben. Sie hatte nun immer noch eine große Stütze an ihrem Bruder Matthias. Ihre Tochter verheiratete sie mit dem Kammerherrn Johann Adolf von Röpstorff und gab ihr einen Brautschatz von 10 000 Reichstalern mit. Nun hatte ihr Mann endgültig keinen Zugriff mehr auf seine Tochter; das war ihr ein Trost. Mutter, Tochter und deren Mann lebten nun zeitweise zusammen auf dem schönen Gut Lehmkuhl in Holstein, nicht weit von der neuen Residenzstadt Kiel entfernt. Die Vergangenheit war jedoch auch dort präsent. Musaphia, der Gottorfer Hofjude, hatte wegen Forderungen an ihren Vater gegen ihren Bruder und schließlich auch gegen Ursula Pincier als Erbin einen Prozess angestrengt, der sich über lange Jahre hinzog. Conrad Hermann Pincier hatte wieder eine Tochter: Das jüngste Kind der Frau, die bei ihm im Haus in Lübeck lebte, nannte er seine Pflegetochter. In seinem Testament aus dem Jahre 1724 setzte er sie auch als Erbin ein.

LIEBE

Die wegen verschiedener Verbrechen angeklagte Dorothea Catharina Fischer wird wegen skandaleusen Lebens der Stadt und des Landes verwiesen, es sei denn ihr Ehemann ist zur Verhütung weiteren Ärgernisses bereit, sie irgendwo lebenslang einschließen zu lassen. Schleswig, 26. Mai 1719.

1708 lag Gottfried Neander auf seinem Sterbebett. Um ihn herum standen seine Frau und sieben unversorgte Kinder. Der Kantor der Kieler Stadtschule hatte sich immer für seine Familie, seine Musik und seine Ehre eingesetzt. Zuerst in Flensburg, wo er, ein Brandenburger, nach dem Theologiestudium seine erste Stelle als Kantor und bald darauf auch eine Ehefrau gefunden hatte. Er war dort nicht nur für die Kirchenmusik zuständig gewesen, sondern hatte auch wie üblich eine der unteren Schulklassen unterrichtet. Neander war ein Mann, der sich zur Wehr zu setzen vermochte. Einer nächtlichen Schlägerei auf einem Flensburger Friedhof folgte die Beteiligung an einer weiteren in einer Gastwirtschaft. Auch im Zivilprozess verteidigte er energisch seine Rechte. Das Musikwesen in Flensburg befand sich in einem schlechten Zustand. 1695 vertauschte er daher seine Stelle dort gegen eine an der Kieler Stadtschule. In der kleinen Universitätsstadt hatte er sich vor allem für Studenten eingesetzt, die ihm bei der Kirchenmusik halfen. Durch persönliche Vorsprache beim leitenden Minister hatte er Freitische für sie erreicht.

Händeringend bat er nun, den Tod vor Augen, die Stadtoberen um Hilfe für seine Familie. Die Stadt Kiel machte einem potenziellen Nachfolger zur Auflage, die Witwe oder eine Tochter zu heiraten wie es auch bei Neubesetzungen von Pastorenstellen unter solchen Umständen Brauch war. 1710 heiratete der Nachfolger tatsächlich eine Tochter Neanders, Anna Elisabeth. Gesche Neander musste die anderen Kinder allein auf die Bahn ins Erwachsenenleben bringen oder, wenn möglich, einen neuen Ehemann finden. So konnte sie den Absturz in die Armut vielleicht abwenden. Der älteste Sohn hatte noch zwei Jahre seiner Schule vor sich, dann könnte er ein Studium anfangen. Ein Freitisch würde ihm helfen. Eine andere Tochter, Dorothea Catharina, war glücklicherweise bereits vor dem Tod ihres Vaters an den Besitzer des Ballhauses und fürstlichen Kellermeister Philipp Fischer verheiratet worden. Sie hatten sich die Hände gegeben, ohne sich näher zu kennen. Er wusste zwar nicht recht, wie es dazu gekommen war, sie allerdings schon.

Das Ballhaus in Kiel gehörte Philipp Fischer seit vielen Jahren. Ursprünglich für die Studenten zu ihrem Ergötzen und zu Übungen erbaut, wurde es während des Kieler Umschlags auch für Aufführungen von Komödiantengruppen freigegeben, wenn die städtischen Örtlichkeiten besetzt waren. Damit es ihm allein gehörte, hatte er seine Geschwister auszahlen müssen. Im Ballhaus hatte er ein modisches französisches Billard aufgestellt und dafür ein Privileg erworben: Niemand anders in der Stadt durfte seine Wirtschaft mit einem solchen Spieltisch attraktiver machen. Mit diesem besonders in Adelskreisen sehr populären Spiel hoffte er noch mehr gut zahlende Gäste anzulocken. Im deutschen Billard, den „Trocktaffeln“ in den Schenken, sah er keine Konkurrenz. Doch Philipp Fischer war nicht nur Besitzer des Ballhauses. Als fürstlicher Kellermeister, der er erst seit einer Reihe von Jahren war, musste er köstliche Weine für den Haushalt des Gottorfer Herzogs einkaufen und für deren sachgerechte Lagerung sorgen. Auch Branntwein hatte er bereitzuhalten. Als Kellermeister gehörte er zu den Hofbediensteten und genoss somit einen besonderen Rechtsstatus, der ihm mehr bedeutete als die 150 Reichstaler Lohn. Seine besondere rechtliche Stellung machte er vornehmlich dann geltend, wenn er wieder einmal rabiat aufgetreten war. 1706 beschimpfte er in einem Streit über eine Baumaßnahme seinen Nachbarn als Hundsvott und Bärenhäuter und drohte ihm Schläge an. Die hatte der Sohn einer Hutmacherin bereits erhalten. Fischer war mit seinem Gesellen und seinem Jungen in ihr Haus eingedrungen, hatte den Sohn beschimpft und verprügeln lassen. Nichtsdestotrotz gab es keinen Zweifel: Für eine Kantorstochter war ein herzoglicher Kellermeister eine gute Partie.

In schneller Folge wurde Dorothea Catharina dreimal Mutter. Die Ehe ging jedoch nicht gut. Mal bezichtigte ihr Mann sie der Üppigkeit, des genusssüchtigen, verschwenderischen Lebens, mal unterstellte er ihr Kontakte zu anderen Männern. Er redete auf sie ein, wollte sie von ihrem Lebenswandel abbringen. Sie gab ihm Widerworte: Sie habe gehört, was er auf seinen Einkaufsreisen mache. Er antwortete mit Drohworten. Doch es gelang ihm nicht, sich ihr gegenüber durchzusetzen. Da schlug er sie. Ihr war es gleich, ob das eine gezielte eheherrliche Züchtigung – die in Maßen erlaubt war – oder nicht. Das Maß war ihr egal. Viele Männer schlugen ihre Frauen trotz der im Gesetz eingeräumten Möglichkeit nie. Zwang wollte sie sich auf keinen Fall beugen.

Sie reichte eine Klage auf die Trennung von Bett und Tisch wegen schwerer Misshandlung ein. Mehr war nach der Rechtslage nicht möglich, selbst bei Lebensnachstellung nicht. Eine Scheidung kam nur bei Ehebruch oder böswilligem Verlassen des Ehepartners in Frage. Die Ehe galt den zuständigen Gerichten wie eh und je als göttliche Einrichtung und letztlich unauflöslich, von den Ausnahmen abgesehen. Was Gott zusammengefügt hat, soll der Mensch nicht trennen: So lautete der eherne Grundsatz. Deshalb beharrten die Geistlichen auf dem Glauben an die Aussöhnung. Wenn die Gemüter sich erst einmal beruhigt hätten, würde alles wieder bestens sein, glaubte man trotz gegenteiliger Erfahrungen.

Auf der Suche nach einem kompetenten rechtlichen Vertreter war Dorothea Catharina erfolgreich. Ihre Wahl war auf den angesehenen Schleswiger Advokaten Hatto Petrejus gefallen. Einst war er auch Fiskal, Ankläger in öffentlichen Angelegenheiten, des kleinen Herzogtums Schleswig-Holstein-Gottorf gewesen; nun hatte er noch den Posten eines Obersachwalters, zuständig für die finanzielle Seite dieses Amtes. Er war außerdem ein gefragter Anwalt mit einer großen Praxis.

Als Kantorstochter hatte Dorothea Catharina Fischer eine gute Erziehung genossen. Sie war attraktiv, charmant, äußerst wortgewandt und geschickt in der Präsentation ihrer Person. Der alte Petrejus war ganz eingenommen von ihr. Er hatte den Eindruck einer absolut tugendhaften jungen Ehefrau mit Herzensbildung. Sie erreichte mit seiner Hilfe, was sie wollte. Ihr Mann hatte zwar eine Trennung von Bett und Tisch strikt abgelehnt, er sah dafür überhaupt keinen Grund. Aber das Gericht glaubte nicht ihm, sondern ihr. Es ordnete die übliche zeitlich befristete Trennung von Tisch und Bett an – sehr zum Ärger von Philipp Fischer, musste er nun doch ihren Unterhalt bezahlen, 100 Reichstaler im Jahr in vierteljährlichen Raten.

Der Vollzug der Trennung bereitete jedoch Schwierigkeiten. Ihre Mutter konnte Dorothea Catharina nicht aufnehmen, ihr älterer Bruder erst recht nicht; er hatte gerade ein paar Jahre zuvor sein Studium der Rechtswissenschaft begonnen. Das Gericht fragte bei drei Pastoren an. Sie erwiesen sich als nicht besonders christlich. Zwei andere Vorschläge lehnte sie ihrerseits ab. Schließlich landete sie beim Stadtvogt von Schleswig, Johann Georg Jordt. Dieser vertrat die herrschaftlichen Interessen in der Stadt bei allen gerichtlichen Handlungen, insbesondere war er für die Geldstrafen bei Übertretungen verantwortlich. Als Teil seiner Entlohnung wohnte er in einem Haus, für das er keine Steuern bezahlen musste. Er war auch der Vorsteher eines Armenhauses der Stadt. Nun konnte er noch etwas dazuverdienen, hatte aber dadurch auch drei Frauen im Haus: außer seiner Ehefrau noch seine Schwester und die Fischerin, wie sie genannt wurde.

Dorothea Catharina Fischer konnte sich eine Rückkehr zu ihrem Mann nicht vorstellen. Aber nach Ablauf der vorgegebenen Zeit würde sie zurückkehren müssen. Und dann würden, da war sie sich sicher, beim nächstbesten Anlass wieder Schläge auf sie niederprasseln. Gegen ihre Worte wusste er keine anderen Waffen. Sie lernte einen Offizier kennen und begann eine Beziehung zu ihm; er unterstützte sie eine Zeitlang mit Geld. Die Nachbarn zogen die Augenbrauen hoch: Schließlich war sie eine verheiratete Frau; die Beziehung zu dem Offizier fanden sie auch sonst anrüchig. Bald jedoch war der Offizier vergessen: Sie hatte sich in Hatto Anthon Petrejus verliebt, den Sohn ihres Advokaten, und er sich in sie.

Sie hatten sich gefunden, die Kantorstochter und der Hof- und Landgerichtsadvokat, der in die Fußstapfen seines Vaters getreten war. Wie im Rausch feierten sie ihr Glück: zwei Seelen im Einklang, ihr Zusammensein ein Fest. Sie ließen alle Delikatessen kommen, die ihnen in den Sinn kamen; die Preise waren ihnen egal. Die Kaufleute Böhne und Nissen lieferten gerne. Die Zeiten waren nicht gut: Der Hof war nach dem Tod des Herzogs längst nicht mehr in Schleswig, die Stadt und das vor ihr gelegene Schloss von königlich-dänischen Truppen besetzt und ein Teil der herzoglichen Beamten nach der dänischen Okkupation nach Hamburg geflohen, ohne den Kaufleuten ihre Rechnungen zu begleichen. Das wollten sie erst dann tun, wenn der Frieden eingekehrt sei. Die Liebenden orderten Rheinwein, einen der edelsten Weine der Zeit, und den lieblichen, den man den spanischen nannte, der aber in Deutschland heranreifte. Dorothea Catharina wusste durch ihre Ehe nur zu gut, was schmeckte. Zur Abwechselung prosteten sie sich bei Sekt zu. Sie genossen ihre Gemeinsamkeit in vollen Zügen, schwebten auf Wolken. Nachts, so berichteten Nachbarn, hätten sie die Pantoffeln fallen hören, hätten tiefes Atmen, Stöhnen und ein Knacken des Bettes vernommen.

Bald lebten Hatto Anthon Petrejus und Dorothea Catharina Fischer wie Mann und Frau. Er kam abends zu ihr, blieb über Nacht und ging des Morgens wieder, alles unter größtmöglicher Diskretion. Es war von Anfang an sonnenklar, dass sich sein Vater mit aller Macht gegen ihre Liebe stellen würde. Für den älteren Petrejus war die Beziehung seines Sohnes zu Dorothea Catharina ein Schlag ins Gesicht – eine ehebrecherische Beziehung, dazu noch mit einer Frau von zweifelhaftem Ruf! Der Spott derjenigen, an deren Verurteilung er mitgewirkt hatte, ergänzte den Schimpf und die Schande, die sein Sohn über ihn und seine große Familie brachte. Immer war er für die strikte Einhaltung des Rechts eingetreten. Er war gegen unmenschliche Adlige vorgegangen, gegen hohe Verwaltungsbeamte, die glaubten, sich nicht an Sitte und Gesetz halten zu müssen, und hatte sogar heimtückisch gestürzte Regierungsmitglieder verteidigt. Er hatte es damit zu Ansehen und auch zu Reichtum gebracht. Als Fiskal war er mit einem Fünftel an den Strafgeldern beteiligt gewesen; das konnte in Einzelfällen durchaus mehr ausmachen, als ein Kammerrat im ganzen Jahr verdiente. Dazu kamen sein Gehalt, das die Regierung allerdings nicht regelmäßig zahlte, und dann der Hauptposten, die Einnahmen aus seiner Privatpraxis. Petrejus wohnte in dem prächtigsten Haus seiner Nachbarschaft – aber mit den Steuern dafür war er jahrelang im Rückstand. All die Arbeit und die Mühe, all die langen Stunden beim Abfassen von Anklage- und Verteidigungsschriften, von Rechtsgutachten und die ganze damit verbundene Korrespondenz: Das alles hatte er für seine Familie getan, für seine zweite Frau und die neun Kinder, die er mit ihr hatte, aber auch für seinen ältesten Sohn, Hatto Anthon, das Kind aus seiner ersten Ehe. In seine Ausbildung hatte er nicht nur dessen mütterliches Erbe, sondern auch viel eigenes Geld gesteckt. Er hatte ihn zu dem berühmten Johann Hübner geschickt, dem Rektor des Domgymnasiums in Merseburg – einem Schulmann von großem Ruf und Autor weit verbreiteter Werke zu verschiedenen Gebieten des Lebens. In der Fremde hatte sein Sohn mehr Geld verbraucht, als er ihm gestattet hatte. Das hatte ihn sehr geschmerzt, aber er hatte ihm verziehen; er war noch jung und konnte sein Verhalten ändern. Später hatte er dafür gesorgt, dass Hatto Anthon an der rechtswissenschaftlichen Fakultät der erst ein gutes Jahrzehnt zuvor gegründeten Reformuniversität Halle eingeschrieben wurde, wo der berühmte Jurist Christian Thomasius lehrte. Dort hatte der junge Petrejus die Bekanntschaft mit einigen holsteinischen Adligen gemacht, die mit ihm ihr Studium aufgenommen hatten. Hatto Petrejus hatte die Grundlagen für eine glänzende Karriere seines Sohnes gelegt. Nach seiner Rückkehr hatte dieser erst einmal als Advokat gearbeitet. Durch seine Liebe zu Dorothea Catharina lief er nun aber völlig aus dem Ruder. Wenn jemand in der Stadt etwas Abträgliches über Dorothea Catharina Fischer sagte, schlug er zu.

Beherrscht und maßvoll stellte der alte Petrejus seinen Sohn zur Rede. „Du bist jetzt am Anfang deines Advokatenlebens; willst du es auf der Stelle ruinieren? Sie ist eine verheiratete Frau; es ist Ehebruch. Du wirst sie nicht heiraten können. Ihr kennt kein Maß, lebt in Saus und Braus. Denkt nicht an die Zukunft, lebt in den Tag hinein. Weißt du nicht, wohin so ein liederliches Leben führt? Verschwendung führt zu Armut, Armut zu Diebstahl und Diebstahl ins Zuchthaus. Wenn es schlimm kommt, zum Galgen. Das ist kein Bücherwissen – ich habe es oft genug gesehen. Höre auf deinen alten Vater; setze den schuldigen kindlichen Gehorsam nicht aus den Augen! Beende die Beziehung." Während er das sagte, gingen Gedanken über die Fischerin durch seinen Kopf: als wie angenehm er sie empfunden hatte; wie sehr sie ihn beeindruckt hatte, durch ihr Aussehen, durch ihre Gesten, durch ihre elegante Art sich auszudrücken, und wie er selbst sie sich damals nicht anders als tugendhaft hatte vorstellen können. Er konnte verstehen, dass sein Sohn sich von ihr angezogen fühlte.

Der wiederum zeigte keine Reaktion. Er ging zu seiner Geliebten und berichtete ihr alles brühwarm. Es änderte sich nichts. Daraufhin schickte Vater Petrejus seinen alten Freund, den Pastor Stricker, zu ihm, damit dieser versuche, seinen Sohn auf den Pfad der Tugend zurückzubringen. „Wenn er weiter den Lastern der Völlerei und der Wollust frönt", sagte der Pastor, „wird er seinem irdischen Vater verloren gehen. Sein alter Vater hat ihn lieb. Aber was soll er tun, wenn er nicht von dem leichtfertigen und maßlosen Leben Abstand nimmt?

Ehre er seinen Vater, indem er Gottes Gebot folgt: ‚Du sollst deinen Vater und deine Mutter …'". Er brach kopfschüttelnd ab und setzte dann neu an: „Kehre er um. Er versündigt sich schwer gegen seinen himmlischen Vater. Christus sagte: ‚Wer die Frau eines andern ansieht, sie zu begehren, der bricht schon die Ehe.' Wie viel schlimmer ist sein Tun!" Er schwieg, es war genug gesagt. Die Worte des Geistlichen, der Hatto Anthon hatte aufwachsen sehen, fielen auf unfruchtbaren Boden.

Vater Petrejus versuchte erneut, seinen Sohn zur Räson zu bringen: „Deine Liebe ist die eines Narren. Es ist eine Krankheit. Wie jede Liebe dieser Art. Sie ist wie eine Brille auf der Nase, die dich die Wirklichkeit nicht sehen lässt. Sie hält sich nicht an Gesetz und Moral; sie ist eine Hure. Es gab nicht nur den Offizier vor dir; es gab auch den Dr. Creutz. Brich deine Beziehung zu ihr ab. Sofort. Komme zur Vernunft, oder du ruinierst dein ganzes Leben. Liebe macht das Unmögliche möglich, glaubst du. Ich aber sage dir: Nein. Ganz, ganz, ganz selten. Und bestimmt nicht in deinem Fall."

Petrejus hatte sich inzwischen mündlich und schriftlich von seiner früheren Mandantin distanziert. „Es gibt auch andere Frauen, honnete und tugendhafte Jungfrauen, die unserem Stand gemäß sind. Und die Liebe wird schon kommen, wenn du erst einmal verheiratet bist", versuchte er seinen Sohn zu ermuntern.

Hatto Anthon sah das Leid und die Sorgen im Gesicht seines alten Vaters. Er wusste, dass alle so dachten, auch wenn es einige gab, die seiner Auffassung etwas näher standen. Sie sagten: „Liebe an sich ist gut", fügten jedoch gleich hinzu: „Aber nur in Schranken." Er selbst fühlte manchmal Zweifel; hatte Angst vor einem tiefen Fall. Er schwor seinem Vater schließlich hoch und heilig, von ihr abzulassen.

Beim nächsten Zusammensein warf er ihr vor, ihn unglücklich zu machen, einen Keil zwischen ihn und seinen Vater zu treiben: „Ich schulde ihm Gehorsam. Er hat alles für mich getan. Ich kann ihn nicht enttäuschen. Ich werde nicht mehr kommen."

Sie wurde fürchterlich wütend. Sie stritten, die ganze Nacht hindurch. „Was ist Er für ein Mann? Ist das nun seine Liebe zu mir? Die Er mir für immer und ewig geschworen hat? Mein allerliebster Monsieur Petrejus, werde Er endlich erwachsen."

Der Stachel saß tief. Er verlor die Kontrolle, nannte sie eine Canaille. Und fühlte im selben Moment einen heftigen Schmerz in seinem Herz. Der Streit ging weiter, hin und her. Als der Morgen anbrach, umarmten sie sich in Tränen.

Da sich nichts änderte, handelte der alte Petrejus nun selbst. Erst ging er zum Stadtvogt: Ob dieser als Vertreter der Obrigkeit seinen Aufsichtspflichten genüge? Jordt sagte, er wisse von nichts, kündigte aber der Fischerin, wie Petrejus es gefordert hatte. Wenn sie erst einmal Schleswig verlassen hätte, würde schon alles besser werden, dachte er. Sie fand jedoch wider Erwarten eine neue Bleibe im Ort. Sie zog zu der Pastorenwitwe Höpner, die sich durchschlug, so gut es ging und jeden Taler gut gebrauchen konnte.

Das Paar setzte sein gewohntes Leben am neuen Ort fort. Er kam abends, blieb über Nacht und ging des Morgens wieder. Wenn er reisen musste, machte sie ihm vorher eine Weinsuppe. Waren nachts alle Türen verschlossen, benutzte er die Hinterpforte zum Haus der Höpnerin, für die er einen Zweitschlüssel hatte. Konnte er nicht kommen, so ging sie in Manneskleidern zu ihm, und er begleitete sie später zurück und blieb noch eine Weile. Die Kleidung hatte sie sich aus dem Königsteinschen Palais in der Nachbarschaft besorgt. Das prächtige Haus stand schon lange leer, weil der Besitzer vor Jahren nach Dänemark geflohen war.

Sie versuchten peinliche, eindeutig inkriminierende Situationen zu vermeiden. Das Gesinde wusste sowieso schon mehr als genug. Dorothea Catharina Fischer hatte ein junges Mädchen, das kleine Gretchen, als Magd. Sie bemühten sich, sie wegzuschicken, damit sie so wenig wie möglich erfuhr. Manchmal kam sie deshalb morgens um drei zu einer Nachbarin, um dort zu schlafen. In Überraschungssituationen versteckte die Fischerin Petrejus schnell in der kleinen Neben- oder Speisekammer oder, wenn dazu keine Zeit war, hinter dem Bett. Stand aber jemand ganz plötzlich in der Tür, konnte er nur noch ein Kissen vor sein Gesicht halten. Einmal war trotz aller Vorsicht nichts mehr zu machen: Sie schaffte es gerade noch, aus dem Bett zu springen und sich vors Fenster zu stellen – in Schlafkleidern. Petrejus aber lag im Tiefschlaf, als der Stadtvogt im Zimmer stand. Die Rechtslehrbücher besagten, dass im Falle des schwer nachweisbaren Ehebruchs schon die verdächtige Konversation, besonders zur Nachtzeit, oder Geschenke, die ein Ehemann seiner Geliebten gegeben hatte, oder Liebesbriefe genügten, um die Tat nachzuweisen. All das war hier nicht mehr nötig.

Als das Geld knapp wurde, ließ Hatto Anthon Vorräte aus dem väterlichen Haushalt mitgehen, mal einen großen Dorsch, mal Branntwein, mal einen Korb mit Weizen, mit einem Hemd abgedeckt: damit es seine harte Stiefmutter nicht merkte.

An ein Morgen dachten sie nie, doch der neue Tag mit seinen Problemen kam unweigerlich und mit ihm neue Ideen. Dorothea Catharina sprach freundlich mit ihrem Bruder, Johann Samuel Neander, der bei einem Kaufmann in der Stadt lernte. Er ließ Wein und Sekt, Tee und Kaffee mitgehen und brachte die Waren seiner Schwester. Das war gut für sie, aber nicht für ihn (und den sowieso schon verschuldeten Kaufmann). Der andere Lehrling kam ihm auf die Schliche; Johann Samuel wurde entlassen. Doch für die versiegte Quelle wurde schnell eine neue gefunden. Dorothea Catharina baute eine Beziehung zu Jürgen Brand auf, dem Diener der Kaufleute und Ratsverwandten Böhne und Nissen. Sie ließ ihn an ihrem Bett sitzen, trank Tee mit ihm und gab ihm schöne Worte. Er brachte ihr bald darauf heimlich Esswaren, aber auch modische Kleidungsstücke, darunter eine silberne Mohrenmütze mit goldener Spitze. Die Tür wurde bei der Übergabe von Waren stets geschlossen gehalten.

Als überhaupt kein Geld mehr da war, kaufte Petrejus auf den Namen seines Vaters und seiner Stiefmutter ein und nahm Geld im Empfang, das für seinen Vater bestimmt war. Dorothea Catharina pumpte die Bocksche an, eine Frau aus ihrem Umfeld, die sich mit

Waschen und Spinnen ernährte. Schließlich versetzen sie ihre Kleider und sogar ihre Perücken. Einmal, in einem Moment, in dem sie mit ganz ihrer Morgentoilette beschäftigt war, durchzuckte sie unvermittelt der Gedanke, der schöne Traum könne schon bald in einer Katastrophe enden.

Als der König nach Schleswig kam, wurde Dorothea Catharina von einer Reihe von Offizieren besucht. Sie bewirtete die Männer mit Tee und Konfekt und fuhr dann mit ihnen nach Ruhkrog, eine berüchtigte Gastwirtschaft mitten in einem Wald, oder nach dem Dorf Dannewerk mit dem Wirtshaus Rothekrug. Manchmal begab sie sich auch allein dorthin. Der junge Petrejus schluckte; zuerst hatte er an einen Nebenbuhler gedacht und seine Geliebte beobachten lassen, aber dann war es auch für ihn eindeutig: Sie gab ihren Körper anderen hin. Er hatte schon so etwas munkeln gehört, aber es einfach nicht glauben können. Sie sah es ihm gleich an, dass etwas nicht in Ordnung war. Dann wiederholte sie vor ihm immer wieder, was sie schon zu einer Nachbarin gesagt hatte: „Ich will mit keinem anderen Mann als Petrejus zusammenleben, und wenn ich meinem Mann los bin, will ich ihn heiraten“, um dann hinzuzufügen: „Es bedeutet nichts, sie bedeuten mir gar nichts. Er weiß, wie unsere Lage ist. Er braucht nicht eifersüchtig zu sein. Wir haben uns doch die Ehe versprochen; mein Wort gilt.“ Und sie umarmte ihn.

Sie fragte sich, wie sein Vater reagieren würde, nun, da seine ernsten Worte und auch die Ermahnungen des Pastors nicht gefruchtet hatten. Doch was Hatto Petrejus als Nächstes tat, wäre ihr nicht in den Sinn gekommen. Im Oktober 1716 erwirkte er ein königliches Mandat. Bei Androhung von Strafe verbot es seinem Sohn jeglichen Umgang mit Dorothea Catharina Fischer. Der Aufenthalt bei ihr, Gespräche mit ihr, ja sogar die Korrespondenz mit ihr waren ihm von nun an nicht mehr erlaubt. „Wenn er mir schon nicht gehorcht: Er wird es nicht wagen, sich der allerhöchsten Obrigkeit zu widersetzen“, dachte Vater Petrejus. Sein Sohn jedoch ging trotzdem weiter zu ihr.

Eines Nachts dann, im trunkenen Zustand, verschaffte sich Hatto Anthon Petrejus mit einem Nachschlüssel Zugang zum väterlichen

Haus. Er wusste, wo die Geldschatulle stand, auf die er es abgesehen hatte. Als er am nächsten Morgen das Zimmer Dorothea Catharinas verließ, war ihm speiübel, gestützt musste er zu seiner Unterkunft gebracht werden. Auf dem Tisch lagen die seltenen Gold- und Silberstücke aus der Schatulle, schnell, aber nicht schnell genug mit einem Tuch bedeckt, als jemand das Zimmer betrat. Sie nahm einen Teil der Münzen, versteckte sie an ihrem Busen und reiste in Begleitung einer anderen Frau nach Kiel. Mit einer Lade voll Kleingeld kehrte sie zurück. Die dringendsten finanziellen Probleme waren erst einmal aus dem Wege geräumt; wenigstens ein paar Kleider konnten ausgelöst werden. In banger Ungewissheit erwarteten die beiden die Folgen dieser Tat; sie hofften, dass Hatto Anthons Vater die Sache als eine Familienangelegenheit behandeln würde.

Nachdem sich Hatto Petrejus in Kiel wieder in den Besitz der raren Münzen gebracht hatte, ließ er die „liederliche Ehebrecherhure", wie er sie nun nannte, verhaften. Niemand anders als sie konnte seinen Sohn zu einem Diebstahl am Gut des eigenen Vaters überredet haben. Sie war die große Verführerin, die alle Gesetze brach, von den Regeln des Anstands gar nicht zu sprechen. Sie wurde zum Stadtvogt gebracht, nur diesmal nicht in seine Wohnung, sondern in die Büttelei gleich nebenan. Der Fiskal begann seine Untersuchungen. Ihr drohte nun der Prozess wegen Ehebruchs, Hehlerei, und anderer Verbrechen, wobei die Prostitution in den Hintergrund trat und natürlich auch nicht nach den werten Kunden gefragt wurde.

Es war nicht der einzige Prozess, der gegen sie geführt wurde. Anfang des Jahres hatte ihr Mann beim Oberkonsistorialgericht eine Klage auf Scheidung wegen Ehebruchs eingereicht, die sie ihrerseits mit einer genauso begründeten Klage beantwortete. Das Gericht entschied, dass beide Parteien ihre Anschuldigungen beweisen sollten. Dorothea Catharina fand wiederum einen geschickten Anwalt, den Hof- und Landgerichtsadvokaten Peter Diedrichsen. Der bat zunächst dreimal um Aufschub, dann überrumpelte er die Gegenpartei, indem er die Vernehmung von 47 Zeugen mit 489 Fragen forderte. Die andere Seite war empört, ihr war klar, was Diedrichsen im Sinn hatte. Der aber wusste sich noch zu steigern, auf 54 Zeugen und 720 Fragen. Ihr Mann hatte unter hohen Kosten gerade einmal 17 Zeugen befragen lassen können. Er beschwerte sich über die Verzögerungstaktik, sie aber bat um weiteren Aufschub und erhielt ihn auch. Da einige Zeugen im Ausland beheimatet waren, sandte Diedrichsen erneut ein Gesuch um mehr Zeit ein. Er erhielt noch acht Tage, überschritt aber geringfügig die festgesetzte Frist. Nun musste das Gericht beraten, was zu tun war. Dorothea Catharina war klar: Würde sie schuldig geschieden, ginge damit ein Verbot einher, wieder zu heiraten.

Vater Petrejus sah angesichts des völligen Misserfolgs aller Bemühungen, seinen Sohn zur Räson zu bringen, nur noch eine Möglichkeit: Er drohte, ihn ins Zuchthaus zu stecken, und wenn es ihm das Herz bräche. „Es wird geschehen, es muss geschehen, es gibt so keine Hoffnung auf kindlichen Gehorsam mehr." Es war die einzige Erziehungsmaßnahme, die noch blieb, der einzige Weg, seinem Sohn noch Zucht und Ordnung beizubringen.

*

Aus der Büttelei schreibt Dorothea Catharina an ihren „allerliebsten Herzens Mons. Petrejus" in dem Glauben, es werde ihr letzter Brief sein. Sie nimmt für immer Abschied von ihm: „Mein Seelen Mons. P. tausend mahl gute Nacht, tausend Dank für alle gute Liebe und Treue, tausend Dank für alles – ach, ach, ein harter Abschied!" Aber ihre Hauptbotschaft ist eine andere. Sie wiederholt sie mehrere Male: Er müsse handeln, und zwar so schnell wie irgend möglich, innerhalb von 16 Stunden, sonst sei alles zu spät. Er soll seinen Vater um Vergebung bitten und schwören, sie für immer zu verlassen. Sie selbst habe seinen Vater bitten lassen: Wenn er seinen Sohn wieder annehme, könne er sie gerne ins Zuchthaus werfen lassen, denn ihr Leben wäre ihr für seinen Sohn nicht zu lieb. Seinem alten Vater seien die Tränen über die Wangen geflossen; er habe sich umgewandt und sei gegangen. Noch hege sein Vater viel Liebe für ihn, nachdem der erste Zorn verflogen sei. „Ach ich bitte ihn um das Blut Jesu, um sein Leiden willen", schrieb die „sehr gottlose Person", wie ihr Ehemann sie nannte, „schlage er meinen getreuen Rat nicht aus, denn ich meine es Ja so gut mit ihm als meine Seele, ich liebe ihn mehr als mein Leben, folge er meinen Vorschlag oder wir sind ja beide verloren." Er solle auch daran denken: Sein Vater sei ein alter Mann, er könne sterben, und dann hätte er es mit seiner harten Stiefmutter zu tun. Die habe kein Interesse an seiner Entlassung aus dem Zuchthaus, wenn er erst einmal darin säße. Für vier Jahre wollten sie ihn ins Zuchthaus in Hamburg setzen lassen. „Überwinde er sich." Denn wenn er sich jetzt beuge, dann könne er auch ihre Unschuld retten und ihren Kindern und Verwandten helfen.

Die Trennung werde ihre zärtliche Liebe nicht sterben lassen, schreibt sie. Sie werde nie vergehen, denn sie sei nicht geblendet gewesen durch Geschenke oder seinen vornehmen Stand. Ihre Liebe komme aus ihrem tiefsten Herzen, weshalb auch kein Unglück „capabel sein soll für meine Treue bis ins Grab wankend zu machen gegen meinen SeelenFreund, der Ruhm der Treue und Beständigkeit soll meine Grabschrift sein." Sie habe die Möglichkeit gehabt zu fliehen, aber das habe sie als Verrat an ihm empfunden. Nun rechne sie mit Zuchthaus. Selbst das habe aber auch sein Gutes: Dann brauche sie nicht anzusehen, wie jemand anderes in seinen Armen ruhe. Aber einen ganz starken Wunsch hege sie noch: „Vergeße Er mir nicht, so lange er lebt." Und dann: „bitte um alle treue Liebe willen, daß Sie mir in ihr getreues Hertz, bis Sie sterben, ein klein Eckchen behalten, ein Loch will ich nicht verlangen."

*

Hatto Anthon Petrejus jedoch überwand sich trotz ihrer flehentlichen Bitten nicht, und auch sein Vater blieb hart: Er ließ ihn ins Zucht- und Werkhaus in Hamburg – in den Herzogtümern gab es keines – einweisen, allerdings nicht nur wegen Dorothea Catharina Fischer. Er wollte auch vermeiden, dass sein Sohn wegen krimineller Taten vor Gericht gestellt werden würde. Einen Diebstahl silberner Löffel konnte er gerade noch außergerichtlich bereinigen. Für ihn hatte das Zuchthaus seine ursprüngliche Funktion als Erziehungs- und Besserungsanstalt noch nicht ganz verloren, wenn er es auch nur als Ultima ratio ansah. Ihm war allerdings auch klar, dass immer mehr Verbrecher zur Abbüßung ihrer Strafe dort eingewiesen wurden. Auch andere Eltern schickten ihre Kinder dorthin, wenn sie weder ein noch aus wussten, oder Männer ihre Ehefrauen (oder umgekehrt), damit sie endlich zu Vernunft kamen. Genau wie er gaben sie hartnäckigen Ungehorsam als Grund an. Eine Privateinweisung kostete Geld, schließlich musste die Leitung den Insassen speisen und notfalls kleiden. Der alte Petrejus war bereit zu zahlen, um das Schlimmste zu verhüten. Aber nur die Armenspeise und keineswegs sollte sein Sohn *a parte* essen.

Gleichzeitig enterbte er ihn. Während Hatto Anthon Petrejus im Zuchthaus saß, ein Sonderfall unter Hunderten von Straftätern, und Dorothea Catharina in der Büttelei in Schleswig, starb der alte Petrejus, aus Kummer und Herzeleid, wie alle meinten. Die übliche, den Verstorbenen würdigende Leichenpredigt hatte er sich verbeten, ebenso alles Gepränge und unnötige Kosten. Kandierte und eingemachte Früchte sollte es beim Leichenschmaus nicht geben. Seinem Sohn entzog er auch die letzte kleine väterliche Gunst: „Vom Tag meines Todes an soll meine Frau nichts mehr für ihn an das Zuchthaus zahlen. Er soll sich dort sein Brot selbst verdienen, wie ein normaler Straftäter." Das waren seine letzten Worte.

Kaum war sein Vater tot, versuchte Hatto Anthon Petrejus aus dem Zuchthaus herauszukommen. Es gelang ihm aber erst im zweiten Anlauf, als seine Stiefmutter nach einem halben Jahr nicht mehr für ihn zahlen wollte. Zu ihrem Entsetzen kehrte er nach Schleswig zurück – er hätte sich doch woanders eine neue Existenz aufbauen können! Schande, Scham und Spott hatten sie doch schon genug durch ihn erfahren. Er ging als erstes zu seiner Geliebten in die Büttelei, in Frauenkleidern. Noch aus dem Zuchthaus hatte er ihr Galanterien geschickt – Stoffe, Spitzen, Bänder. Als er sich mit seiner herrischen Stiefmutter nicht über eine Abfindung einigen konnte, focht er das Testament an.

Formfehler lassen sich oft finden, wenn man nur genau genug hinsieht, das wusste er und fand sie auch. Gleichzeitig forderte er zwei Zimmer im Haus seines Vaters, einen Diener und einen seinem Stande entsprechenden Lebensunterhalt. Mit heller Empörung wurde ein solches Ansinnen von seiner Stiefmutter zurückgewiesen. Nicht nur, dass sie noch 200 Reichstaler für unbezahlte Weinrechnungen und anderes für ihn hatte begleichen müssen – so ein Filou hatte nichts zu fordern, schon gar nicht von einer Witwe mit neun Kindern.

Inzwischen versuchte der eingesetzte Fiskal Dorothea Catharina Fischer verschiedene Delikte nachzuweisen: Ehebruch, Hehlerei, Anstiftung zum Diebstahl. Er vernahm fast zwanzig Zeugen. Die ehebrecherische Liebe ließ sich leicht nachweisen. Schließlich wurde sie zur Stadt- und Landesräumung verurteilt. Dorothea Catharina Fischer, stets gut informiert, hatte zuletzt nichts anderes erwartet. Schuldig fühlte sie sich dennoch nicht. Ihr Mann dagegen war höchst erfreut über das Urteil. Das Angebot des Gerichts, sie lebenslang einzuschließen, kam für ihn aber nicht in Frage; dann hätte er ja für ihren Lebensunterhalt sorgen müssen. Ihn freute vielmehr, dass er nun einen weiteren Grund hatte, sich endlich von ihr scheiden zu lassen. Das hatte er schon seit Jahren gewollt – wie sie auch –, aber der Prozess war immer noch nicht zu seinem Ende gekommen. Zum Ehebruch war nun die Stadt- und Landverweisung gekommen, die seine Frau unehrlich machte. Unehrlichkeit durch ein schweres Verbrechen war für führende Juristen ein Scheidungsgrund.

Ein paar Tage vor dem Urteil über Dorothea Catharina Fischer hatte Hatto Anthon Petrejus Frieden mit seiner Stiefmutter geschlossen. Gegen 250 Reichstaler, davon waren 150 sofort in bar sofort auszuzahlen, verzichtete er für alle Zeiten darauf, das Testament anzufechten und seine Stiefmutter auf welche Weise auch immer zu belästigen.

Zusammen gingen Hatto Anthon Petrejus und Dorothea Catharina Fischer nach Altona vor den Toren Hamburgs. Nahe dem gerade erweiterten Fischmarkt fand sie unter dem Namen Mademoiselle de Blancken eine Stube. Das dänische Altona und das benachbarte Hamburg boten ihnen Möglichkeiten und bargen zugleich Gefahren. Hier konnten sie untertauchen, in den beiden Städten eine Verdienstmöglichkeit finden. Keiner der Einheimischen kannte sie hier. Aber die Städte waren auch regelrechte Nachrichtenzentren, vor allem die Börse in der Hansestadt. Dort lebten auch viele Anhänger des Herzogs, die vielleicht von ihrer Sache gehört hatten. Über Hamburg liefen schließlich viele Geldtransfers aus den königlichen und herzoglichen Gebieten, und Hatto Anthon Petrejus hatte noch Geld zu bekommen.

Nachdem der Vermieter auf die Lebensweise der Fischerin aufmerksam geworden war, warf er sie hinaus. Sie mietete daraufhin eine Stube für sich allein bei einem Perückenmacher nahe am Hamburger Berg vor den Mauern der Stadt, einer berüchtigten Gegend. Petrejus hielt sich aber ständig bei ihr auf. Die 250 Reichstaler waren schnell verbraucht; sie versuchten, sich durchzuschlagen, verkauften zuerst Vergoldetes als Gold, dann begannen sie zu stehlen: Taschenuhren, goldene Ringe, Spangen. Sie reiste in Manneskleidern nach Kiel und verkaufte die Sachen dort. Es ging eine Zeitlang gut. Bei einem Gelddiebstahl in einer berühmten Gastwirtschaft bezog Hatto Anthon Petrejus Prügel und büßte seinen Degen ein, das Zeichen seines herausgehobenen Standes. Er war nun bekannt. Danach entwendeten sie einer alten Frau ein sehr teures Stück Leinen, das diese für andere zum Verkauf herumgetragen hatte. So kam man ihnen auf die Spur und schickte die Gerichtsdiener los. Doch sie waren schneller. Bevor sie aus Hamburg flohen, schrieb Petrejus noch eine Mitteilung an einen Gläubiger: Aufgrund der unverhofften Abreise hätten sie ihre Schulden leider nicht begleichen können. Er brauche sich aber keine Sorgen zu machen; spätestens nach Ablauf von vier Wochen werde alles bis auf den letzten Sechsling beglichen sein. Nur solle er sie nicht blamieren. „Schließlich empfehle sie dem Schutz des Allerhöchsten und nechst dienlichen

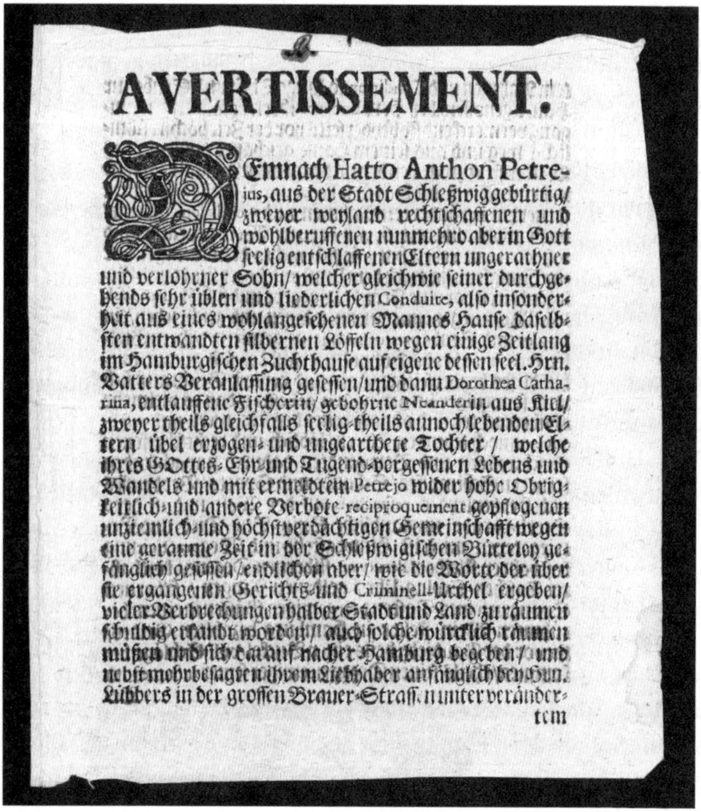

AVERTISSEMENT.

DEmnach Hatto Anthon Petrejus, aus der Stadt Schleßwig gebürtig/ zweyer weyland rechtschaffenen und wohlberuffenen nunmehro aber in Gott seelig entschlaffenen Eltern ungerathner und verlohrner Sohn/ welcher gleichwie seiner durchgehends sehr üblen und liederlichen Conduite, also insonderheit aus eines wohlangesehenen Mannes Hause daselbsten entwandten silbernen Löffeln wegen einige Zeitlang im Hamburgischen Zuchthause auf eigene dessen seel. Hrn. Vatters Veranlassung gesessen/ und dann Dorothea Catharina, entlauffene Fischerin/ gebohrne Neanderin aus Kiel/ zweyer theils gleichfalls seelig- theils annoch lebenden Eltern übel erzogen- und ungearthete Tochter / welche ihres GOttes- Ehr- und Tugend-vergessenen Lebens und Wandels und mit ermeldtem Petrejo wider hohe Obrigkeitlich- und andere Verbote reciproquement gepflogenen unziemlich- und höchstverdächtigen Gemeinschafft wegen eine geraume Zeit in der Schleßwigischen Büttteley gefänglich gesessen / endlichen aber/ wie die Worte der über sie ergangenen Gerichts- und Criminell-Urthel ergeben/ vieler Verbrechungen halber Stadt und Land zu räumen schuldig erkandt worden / auch solche würcklich räumen müßen und sich darauf nacher Hamburg begeben / und nebst mehrbesagten ihrem Liebhaber anfänglich bey Hrn. Lübbers in der grossen Brauer-Strass. n unter veränder-

tem

Abb. 5: Die erste Seite des Avertissements, das eine Belohnung auf eine Nachricht über Hatto Anthon Petrejus und Dorothea Catharina Fischer aussetzt

Gruß von der Mademoiselle an sie beyderseits und dero Tochter.“ Der Empfänger ließ sich durch die schönen Worte nicht blenden: Es wurden zwanzig Reichstaler für Hinweise zur Ergreifung des „heillosen Geschmeißes“ ausgesetzt, dazu ein *Avertissement* in der Börse aufgehängt.

Ihr Ziel war die dänische Hauptstadt: eine neue Stadt, neue Möglichkeiten. Aber Kopenhagen war ein teures Pflaster. Kaum angekommen, wandte Dorothea Catharina sich unverzüglich an den König, um gegen ihren Mann vorzugehen. Ihr wurden das Armenrecht und die Nachzahlung des rückständigen Lebensunterhalts zugestanden. Das empörte Philipp Fischer, der sich gerade bei der Ersteigerung der Pacht für den Ratsweinkeller in Kiel finanziell völlig übernommen hatte. Es war schon schlimm genug, dass er von ihr immer noch nicht geschieden war. Wie lange sollte es noch dauern, bis er von dieser gottlosen Ehebrecherin geschieden war, die anfangs hoch und heilig versprochen hatte, auf eine Wiederherstellung der ehelichen Beziehung hinzuarbeiten? Und was hatte sie getan? Ein wüstes Leben geführt. Da das Gericht darauf bestand, auch sie zu hören, bat er stattdessen um einen Spruch der Kopenhagener Theologischen Fakultät. Gleichzeitig versuchte sie, eine Klage gegen das Schleswiger Stadtgericht anzustrengen, das sie verurteilt hatte. Die Voreingenommenheit des Gerichts konnte sie nicht hinnehmen. Und da ihr alter Anwalt nicht mehr zur Verfügung stand, bat sie, durch jemand anders vertreten zu werden: durch Hatto Anthon Petrejus. Das Obergericht, von oben um eine Stellungnahme gebeten, urteilte Ende 1720, die Alimente stünden ihr nicht zu. Und was eine Klage gegen die Schleswiger Richter anbetraf: Welche Konsequenzen würde die Genehmigung eines solchen Prozesses haben!

***

Danach schweigen die Quellen. Nur für 1737 lässt sich noch eine Notiz aufspüren. In jenem Jahr wurde in der Nikolaikirche in Kopenhagen ein Mädchen getauft, das seine Vornamen nach denen seines Vaters und seiner Mutter erhalten hatte. Sie hieß Antonette Elisabeth Hattugsen. Sein Vater war Hatto Anthon Petrejus, Procurator, seine Mutter Elisabeth Fossum.

Wer Unrecht hasset samt der Habgier
und seine Hände abzieht,
dass er nicht Geschenke nehme,
der wird in der Höhe wohnen und Felsen
werden seine Feste und Schutz sein.
Gabriele Wohmann, Habgier;
Jesaja 33, Verse 15 und 16

KORRUPTION

Halb unterbewusst hatte er es wahrgenommen, anfangs aber nur flüchtig darüber nachgedacht. So etwas kommt nun mal vor: reiner Zufall. Ein paar seiner Kollegen der Regierungskanzlei hatten flüsternd beisammengestanden und waren auseinandergegangen, als er kam. Einer beugte sich tief über ein Schreiben, als er in das Zimmer trat, sagte nur: „Ja, guten Morgen" und las weiter. Andere hingegen sprachen wie immer mit ihm. Einige fassten sich jedoch neuerdings betont kurz. Vor allem einer grüßte ihn nur mit Kopfnicken und ohne ein Lächeln, wenn er ihm auf der Straße begegnete: Pohlmann. Das Verhältnis zu ihm war nun schon seit drei Jahren gestört. Der musste sich gerade an den König wenden, so eine schmutzige Weste wie der hatte. Erst arbeitet er als Hamburger Syndicus mit der Opposition zusammen, und dann geht er nach einer brandenburgischen Zwischenstation hierher in dänische Dienste.

Wo doch jeder weiß, dass das Königreich die Hansestadt immer noch nicht als freie Reichsstadt anerkennt und oft genug bedroht hatte. Er war gebeten worden, die Anfrage Pöhlmanns an den König unter der Hand zu regeln, und nach oben zu berichten, alles sehr zum Ärger Pohlmanns, der ihn seitdem schnitt. Beim Diskutieren über diese oder jene Rechtsstreitigkeit hatte Jacob Breyer manchmal das Gefühl, aus den Augenwinkeln ganz genau beobachtet zu werden. So langsam wurden die Anzeichen so dicht, dass er meinte, irgendetwas stimme nicht. Er sprach einen Kollegen an. „Nein, nein, es ist nichts, alles bestens, das bildet Er sich nur ein, das ist ein Irrtum."

Früh am nächsten Morgen baute sich eine Militärwache vor seinem Haus auf.

„Der Herr Justizrat stehen ab sofort unter Arrest!" Der diensthabende Leutnant warf sich in Pose. „Sie dürfen das Haus nicht verlassen. Es wird rund um die Uhr bewacht werden."

„Was?" Breyer schnappte nach Luft. „Was soll das? Was soll ich denn getan haben?"

„Er wird beschuldigt, seine Stimme für 2000 Reichstaler verkauft zu haben", sagte einer seiner Kollegen, die den Leutnant begleiteten, mit spöttischem Lächeln.

Heftiges Kopfschütteln. „Nein, niemals. Das stimmt nicht, das habe ich nicht gemacht, das ist völlig aus der Luft gegriffen."

„Er hat von dem Rat Temming 2000 Reichstaler angenommen, damit er in seinem Rechtsstreit mit dem Baron von Kielmansegg für ihn stimmt. Zwei andere sollte er noch dazu gewinnen. Der Rat Temming hat es in einem Brief angezeigt."

„Das ist nicht wahr. Das habe ich nicht gemacht. Ich habe nichts gefordert, ich habe keine Abmachung getroffen, und ich habe nichts bekommen!" Seine Stimme war laut geworden.

Und dann sagte er ganz entschieden: „Das wird man mir nie nachweisen können."

„Die Untersuchung wird wohl anderes zeigen."

Seine Frau kam gelaufen, fiel ihm um den Hals: „Ich steh' zu dir, was auch kommen mag."

Kurz danach, am 17. Juni 1702 folgte der nächste Schlag: Hausdurchsuchung. Pohlmann war auch mit von der Partie; vielleicht hoffte der, einen Entwurf des Schreibens gegen ihn zu finden, das er als Schmähschrift bezeichnete. Breyers Arbeitszimmer und seine Schreibtischschublade mussten erbrochen werden. Er ging gewöhnlich nur zweimal die Woche zu den gemeinsamen Beratungen in die Kanzlei. Gleichsam unter den Füßen fanden sie Akten aus dem Archiv der Kanzlei. Auch in seinem Bücherzimmer kamen noch einige zum Vorschein. Sie wollten daraufhin seine gesamten Papiere beschlagnahmen und mitnehmen. Die Kanzleibote machte schon ein langes Gesicht: so viel! Das war mit einem Mal nicht zu schaffen.

„Das geht nicht. Das geht zu weit", rief Breyer erregt. „Da sind auch die Papiere meiner anderen Geschäfte dabei. Die müssen hierbleiben. Die haben mit der Sache nichts zu tun. Es befinden sich auch private Briefe anderer darunter." Wie andere Staatsbediener ging auch er noch anderen Tätigkeiten nach: Er führte die Bücher von verwitweten Gutsbesitzerinnen, vertrat sie vor Gericht und engagierte sich in der Schifffahrt.

„Ja, und?" Feindselige Blicke trafen ihn. „Wir müssen alles durchsehen."

„Die Bothkampschen Papiere müssen auf jeden Fall hierbleiben."

Überraschend gaben sie in diesem Fall nach. Die Dokumente betrafen einen jahrzehntelangen Erbschaftsstreit zwischen den Mitgliedern einer adligen Familie, in dem Breyer die mit einem Reventlow verheiratete Tochter des Erblassers vertreten hatte.

„Die Schuld- und Pfandprotokolle von Kollmar sind auch dabei. Die muss ich noch prüfen."

„Er wird überhaupt nichts mehr prüfen." Und dann: „Aber er kann sicher sein. *Wir* werden jedes Blatt zweimal umdrehen." Sie nahmen seine Feder und die Tinte an sich: „Schreibverbot." Bevor sie gingen, versiegelten sie noch dic Räume.

*

Jacob Breyer hatte es weit gebracht. Zur Zeit seines Arrests war er Justiz- und Regierungsrat in Glückstadt. Dort hatte die dänische Regierungskanzlei ihren Sitz, allgemein Glückstädter Regierung genannt. Sie war zuständig für die deutschen Gebiete des dänischen Königs. Gleichzeitig fungierte sie in verschiedenen Zusammensetzungen auch als Gericht. Angefangen hatte er dort vor 17 Jahren als Sekretär; gleichzeitig war ihm das Archiv anvertraut worden. Davor war er Domestik beim Geheimen Rat Speckhahn gewesen, dem aus Bremen vertriebenen Bürgermeister. Nach einer Referendarszeit in herzoglich-gottorfischen Diensten war er in königlich-dänische getreten und dort zum Assessor bei dem Pinnebergischen und Altonaischen Oberappellations-Gericht aufgestiegen. Die Regierungskanzlei übte auch diese Funktionen aus. Schließlich war er zum königlich-dänischen Regierungs- und Kanzleirat in den Fürstentümern Schleswig und Holstein zur Verwaltung der Justiz in den verschiedenen Gerichten – dem adligen Landgericht, dem kirchlichen Oberkonsistorialgericht und anderen hohen Gerichten – bestellt worden. Dazu musste man warten, bis eine Stelle frei wurde; dann wurde nach Alter befördert. Außerdem war ihm der Titel eines Justizrats in Kopenhagen verliehen worden.

Aus der dänischen Hauptstadt erhielt die Regierungskanzlei in den nächsten Monaten Instruktionen für das weitere Vorgehen: Man befahl die Stellung von zwei „Advokaten Fisci", so etwas wie Staatsanwälten, welche die Sache genauer untersuchen sollten. Zwei waren unüblich, aber in einer solchen Sache waren vier Augen besser als zwei. Sodann wurde die Bildung einer Untersuchungskommission gefordert, der die Advokaten Bericht zu erstatten hatten. Die Kommission sollte dann ihre Schlüsse aus den Untersuchungsergebnissen ziehen und der Deutschen Kanzlei in Kopenhagen als ihrer vorgesetzten Zentralbehörde Vorschläge für ein Urteil oder das weitere Vorgehen unterbreiten. Das letzte Wort würde dann der König haben. Am 24. Oktober 1702 wurde die Kommission eingesetzt.

Anna Magdalena Breyer handelte schnell. Kaum waren 14 Tage vergangen, schickte sie schon eine erste Bittschrift nach Kopenhagen. Sie bat um die Freilassung ihres Mannes; er müsse mit jedermann frei kommunizieren können, in seinen Privatsachen mit seinen Auftraggebern und in seinem Prozess, um seine Verteidigung zu organisieren. Weiterhin wünschte sie sich eine unparteiische Kommission.

Ein Vierteljahr später war sie selbst in der dänischen Hauptstadt. Die große Welt des Hofes war ihr nicht fremd. Vor ihrer Heirat hatte sie zwölf Jahre der Königinmutter Charlotte Amalie als Kammerjungfrau gedient, die mit ihren Diensten sehr zufrieden gewesen war und ihr das eine oder andere Schmuckstück geschenkt hatte. Inzwischen hatte sie einen 16-jährigen Sohn, um dessen Zukunft ihre Gedanken oft kreisten.

Breyers Frau versuchte mit hochgestellten Persönlichkeiten zu sprechen, insbesondere natürlich mit der Mutter des Königs. Es war schwierig, einen Termin für eine Audienz zu bekommen. In ihrer Unterkunft dachte sie darüber nach, an wen sie schreiben sollte, um ihrem Mann in Glückstadt zu helfen. Sie entschied sich für eine Bittschrift an den Etatsrat und Obersekretär der Deutschen Kanzlei, Christian Sehestedt. Mit ihm hatte ihr Mann schon des Öfteren korrespondiert. Und er saß an der richtigen Stelle: Doch was sollte sie schreiben? Für sie war klar: Söhlen, der Justizrat und Pietist, war ihr Feind und Verfolger. Nun rafft er auf abscheuliche Weise alles Erdenkliche gegen meinen Mann zusammen, was er nur irgend finden kann. Er fordert auch Leute auf, gegen ihn zu klagen. Sie griff zur Feder und schrieb genau das in dem Brief an Sehestedt. Butter, Stockfisch, Nacken und Klippfisch wie der Flensburger Magistrat im Jahr zuvor konnte sie allerdings nicht mitschicken. Es bot sich in der Situation auch nicht unbedingt an.

Christian Sehestedt war etwas erstaunt über ihre unverblümte Rede – dass sie ihre Feinde beim Namen nannte. Er lächelte mild über ihre eigenwillige Rechtschreibung, die gerne ein G hinter ein Ch setzte: „‚Rachge' wollten ihre Feinde an ihrem Mann nehmen, so, so."

Inzwischen legten sich die Advokaten des Staates ins Zeug. Sie waren entschlossen, Breyer zu Fall zu bringen. Darin sahen sie ihren Auftrag. Zuerst befragten sie natürlich den königlichen Rat Adrian von Temming, Gutsherrn auf Kohöved, nordöstlich von Eckernförde gelegen. Genau dieses Gut stand auf dem Spiel, denn der Baron von Kielmansegg, der Sohn des Verkäufers, forderte es von Temming zurück. Dieser hatte es für 75 000 Reichstaler erworben. Sein Sohn Detlef habe über eine dritte Person in dieser problematischen Situation die Vereinbarung mit Breyer getroffen und ihm dann alles erzählt, sagte er aus.

Wann denn sein Sohn aus dem Ausland zurückkehre, fragten die staatlichen Ankläger.

„Das weiß ich nicht. Irgendwann; er ist auf seiner Kavalierstour. Er will nach Paris noch andere Städte und Höfe sehen." Das war für die Advokaten mehr als ärgerlich, stellte er doch die zentrale Figur dar.

„Aber er hat doch alles in einem Brief geschildert", meinte Temming.

„Ja, ja", erwiderten die Untersuchenden, „der Brief ist nichts wert, er ist nicht beeidigt."

Dann sagte der alte Temming völlig unerwartet: „Das Geld ist wieder zurückgeflossen." Verblüfft schauten sich die beiden Beamten an. Auf dem Kieler Geldmarkt Anfang 1703 sei es ihm wieder zugegangen, fuhr Temming fort. Erst schüttelten sie ungläubig den Kopf; dann aber zeigten sie sich entschlossen: Das ändere gar nichts. Das zeige doch nur, dass tatsächlich Bestechungsgeld im Umlauf gewesen sei.

„Wie ist es denn auf den Kieler Umschlag gekommen?“, fragten sie. „Über einen Grafen, der der benachbarten fürstlichen Regierung angehört, dann über eine Adlige, und schließlich über die Frau eines Hamburger Kaufmanns.“ Dass diese Frau seine Schwester war, vergaß Temming ganz zufällig zu erwähnen.

Also galt es erst einmal, an die Regierung des benachbarten Herzogtums Schleswig-Holstein-Gottorf und an den Hamburger Senat Gesuche um Amtshilfe zu stellen, damit der Graf und die Frau oder ihr Mann verhört werden konnten. Die Adlige ließen sie erst einmal aus dem Spiel. Amtshilfe von Gottorf war nicht leicht zu erreichen; Misstrauen durchdrang die Beziehungen, denn drei Jahre zuvor erst hatte Dänemark das kleine, zersplitterte Herzogtum überfallen. Der Versuch, sich den schleswigschen Teil einzuverleiben, war allerdings an der mangelnden Unterstützung durch die Verbündeten gescheitert. Daher konnte man eher verdeckte Obstruktion erwarten als freundlich-nachbarschaftliches Entgegenkommen.

Während die Advokaten des Staates sich durch die privaten Papiere Breyers wie durch die Akten des Archivs wühlten und immer neue Zeugen aufzutreiben versuchten, lief eine Reihe von Briefen ein, teils in Kopenhagen, teils in Glückstadt: Es handelte sich um Bitten um Herausgabe beschlagnahmter Privatpapiere. Die Gräfin Beata Elisabeth von Königsmarck, verwitwete de la Gardie, beschwerte sich bei der Deutschen Kanzlei, dass die Kommission ihre Dokumente, die in Breyers Besitz gewesen waren, nur auf königlichen Befehl ausliefern wolle. Der schönen schwedischen Gräfin mit deutschen Wurzeln gehörten nicht nur Güter in Schweden, sondern auch in den Herzogtümern. Breyer vertrat sie seit 1695; zuletzt hatte er in einem Erbschaftsprozess gegen den Grafen Leuenhaupt ihre Interessen verteidigt. Nun, nach seiner Verhaftung, brauchte sie einen anderen Vertreter ihrer Rechte und dieser die Akten. Sie wählte den Schleswiger Anwalt Hatto Petrejus, der damals im Begriff war, sich einen Namen zu machen. Unterlagen aus Breyers Besitz forderte auch der Graf selbst. Der Generalmajor wollte gern die Kontrolle über die Güter Nehmten und Perdöl zurückgewinnen. Seine Frau hatte ihm Ende 1700 geschrieben: „Wenn Du bis Neujahr nicht 20 000 Taler anschaffst, so werden die Güter unsern Gläubigern zugeschlagen, wodurch wir einen Verlust von 6000 Talern erleiden." Niemand anders als Breyer war inzwischen auf den Gütern als Besitzer eingesetzt worden: Er hatte die Obligationen aller Gläubiger aufgekauft. Nun saß Breyer im Hausarrest; eine Chance für seine Gegner, seinen Ruf weiter zu schädigen. „Er ruiniert die Güter, richtet Unheil an, nur um sich zu bereichern", schrieb der von Geldnöten geplagte Leuenhaupt – als ob das nicht eine Hauptbeschäftigung vieler adliger wie bürgerlicher Regierungsmitglieder war. Bald darauf wandte sich die verwitwete Besitzerin des adligen Marschgutes Kollmar, südlich von Glückstadt an der Elbe gelegen, mit einer Forderung an die Regierungskanzlei. Die Witwe war mit einem Reventlow verheiratet gewesen wie auch Benedicta Margaretha von Reventlow, deren erbliche Ansprüche auf das Gut Bothkamp Breyer vertreten hatte. Sie schrieb allerdings von dem Gut Schmoel in Ostholstein aus, wo vor weniger als zwanzig Jahren ein großer Hexenprozess stattgefunden hatte: Wie jedes Jahr um diese Zeit müssten die Schuld- und Pfandprotokolle durchgesehen werden. Sie habe ihre Breyer anvertraut und brauche sie nun.

Anna Magdalena Breyer beklagte sich bitter über ihre Lebensumstände. „Wir haben kein Geld – wovon sollen wir leben? Wir sind nicht reich, die gegenteilige Behauptung ist nichts als ein bösartiges Gerücht. Es sieht nur so aus. Wir haben gerade einmal zehn Taler Bargeld im Haus!" „Ja", dachte Sehestedt bei der Lektüre mit leichtem Schmunzeln, „in Bittschriften gibt es selbstverständlich nur arme Leute. Aber mit ihrem Mann habe ich in der Vergangenheit vertrauensvoll zusammengearbeitet."

„Das Wohnhaus und der Bauernhof, der Bunte Hof, die wir haben, nützen uns nichts", schrieb sie weiter.

„Da habe ich doch von mehr gehört", meinte Sehestedt zu sich selbst. „Die Glückstädter schreiben, sie hätten 400–500 Reichstaler im Jahr, dazu noch stattliche Möbel und Pretiosen."

„Man will uns nicht gestatten, eine Hypothek darauf aufzunehmen", schrieb sie. „Und Geld zu leihen ist uns auch verboten worden. Die Herren von der Kommission sagen kühl: ‚Lass Sie doch Ihren Sohn was leihen.' Und machen keine Unterschiede zwischen dem, was mir und was meinem Mann gehört. Ich habe mir einiges erspart in Diensten und da auch einiges geschenkt bekommen. Das zählen sie unter das Vermögen meines Mannes."

Wiederum scheute sie sich nicht, Ross und Reiter zu nennen: Der junge Wasmer sei schlimm. Johann Jacob Wasmer stand noch am Anfang seiner Karriere; in der Kommission hatte er deshalb nur eine nachrangige Position inne. Er versuchte sich zu profilieren, um möglichst schnell Geld zu verdienen – wie andere Beamte wurde er zu Anfang seiner Tätigkeit nicht bezahlt. Und eines schönen Tages wollte er in die Fußstapfen seines Vaters treten, des Landkanzlers Conrad von Wasmer, der nun schon über siebzig war. Er hatte im jahrzehntelangen Erbschaftsstreit um das Gut Bothkamp zeitweise auf der Seite der Mutter und einer Tochter gestanden. Breyer dagegen hatte kurz vor seiner Verhaftung die Sache der anderen Tochter und deren Ehemann Christian Detlev Reventlow vertreten.

„Das ist kein unparteiischer Richter", schimpfte Anna Magdalena Breyer über Wasmer. „Der arbeitet mit unseren Feinden zusammen. Mal sagt er, er muss erst die Kommission befragen und kann nichts entscheiden, dann aber entscheidet er auf der Stelle allein. Wie sollen wir bloß durchkommen?"

„So dringend ist es im Augenblick wohl noch nicht, aber man muss doch dafür sorgen, dass die Familie Breyer standesgemäß über den Winter kommt", dachte Sehestedt. „Das muss den Glückstädtern geschrieben werden."

Breyer selbst war seinerseits nicht untätig. Er beschwerte sich über die Behinderung seiner Verteidigung. Erst hatte es lange – fast ein Jahr –

gedauert, bis er Verteidiger benennen konnte. Dann versuchte man durchgängig, ihm Knüppel zwischen die Beine zu werfen. Nachdem er nach zwei Monaten die von ihm benötigten Akten immer noch nicht erhalten hatte, protestierte er. Er forderte die Vorlage des von Temming eigenhändig verfassten Briefes, der alles ausgelöst hatte. Sie wurde ihm verweigert. Er forderte Einsicht in die Untersuchungsakten. Sie wurde ihm ebenfalls verweigert; das sei nicht üblich. Zugang zum Archiv wurde ihm nur gestattet, wenn die Ankläger dabei zusahen – und so gleich in Erfahrung bringen konnten, worauf er seine Verteidigung stützen würde. Auch eine Kopie des Verhörs des Grafen von der Nath, mit dem der junge Temming seiner Aussage nach gesprochen hatte, wurde ihm nicht ausgehändigt.

„Alles ist doch ganz einfach zu klären, wenn man die entscheidenden Personen einander gegenüberstellt", argumentierte er. „Temming, von der Nath und mich". Darauf ging man nicht ein.

Bald darauf schloss Anna Magdalena Breyer ihren Mann noch einmal in die Arme, in Altona, der großen dänischen Stadt vor den Toren Hamburgs. Sie war auf der Durchreise und hatte um ein Treffen gebeten. „Fiat", hatte es geheißen: Es war genehmigt worden. Sie hatte erreicht, dass die Königinmutter sie für ihre Reise ins Bad nach Aachen wieder in ihre Entourage aufgenommen hatte. Nun würde die Reise auf dem Wasser weitergehen, den Rhein hinauf. Sie würde nun ihrem Mann und ihren Sohn einige Zeit nicht sehen. Aber dafür hoffte sie auf Möglichkeiten, mit Menschen aus der Umgebung der verwitweten Königinmutter und vor allem mit dieser selbst zu reden. Es musste doch möglich sein, ihrem Mann in seinem Unglück zu helfen! Und gleichzeitig ein bisschen Geld in ihrer misslichen Lage zu verdienen.

Nach einem Jahr, Anfang Oktober 1703, lag immer noch keine Anklageschrift auf dem Tisch. Das empörte Johann Hugo von Lente, der zudem zu einer Kommissionssitzung nicht eingeladen worden war.

Er war erst lange im diplomatischen Dienst tätig gewesen, nun aber Kanzler der Glückstädter Regierungskanzlei und ranghöchstes Kommissionsmitglied. Drei Jahre zuvor hatte er den Traventhaler Frieden mit ausgehandelt, der nach dem erfolglosen Überfall Dänemarks auf das benachbarte Herzogtum Schleswig-Holstein-Gottorf geschlossen worden war. Mit dem Schneckentempo der Staatsanwälte war er überhaupt nicht zufrieden. Er lehnte jede Verantwortung für eine weitere Verzögerung energisch ab. Das laufe dem königlichen Willen und Befehl entgegen, schrieb er nach oben, und mit einem Mal kam Leben in das Handeln der Staatsanwälte und in der Folge auch in das der Kommission. Entschuldigungen gingen nach Kopenhagen: Die Untersuchung sei so schwierig. Alles sei im Geheimen abgelaufen, durch dunkle Kanäle, *in rebus occultis.*

Lente hatte in der Beratung über die Rechtfertigung gegenüber Kopenhagen ab und zu eine geschliffen-scharfe Bemerkung gemacht, dann aber geschwiegen und sich seinen Teil gedacht. Man sei immer wieder auf Amtshilfe angewiesen, das verzögere die Beweisaufnahme.

„Ja, aber doch nicht in diesem Maße", sagte Lente.

Einige Kommissionsmitglieder wiesen darauf hin, dass sie weit auseinander wohnten. Das sei nun mal bei Kommissionen so, besonders bei größeren. Es gebe aber auch genug Mitglieder, die sich lange genug in Glückstadt aufhielten. Und das Reisen innerhalb der Herzogtümer dauere allenfalls ein paar Tage, wandte Lente ein. Zur Not könne man in einem Gewaltritt von Glückstadt bis zum Schloss Frederiksborg in Kopenhagen in drei Tagen gelangen. Sie hätten auch noch andere Kommissionen, argumentierten einige.

„Und warum wird diese hintangesetzt?" Beide Staatsanwälte seien krank geworden und hätten nicht arbeiten können. Lente zuckte mit den Achseln. Schließlich hatte er mit allen anderen zusammen unterschrieben, an erster Stelle, seinem Rang gemäß.

Für Breyer allerdings war klar, was die Kommission mit ihrer Verschleppungstaktik anstrebte: seine ökonomische Vernichtung. Nie hatte er finanziell gut dagestanden. Und jetzt bezog er kein Gehalt und konnte auch seinen Privatgeschäften nicht nachgehen. Statt Einnahmen drohten ihm nun Kosten in unbekannter Höhe. Er würde die militärische Wache bezahlen müssen und jede einzelne Kopie der Akten, die er zu seiner Verteidigung benötigte. Obendrein mussten seine eigenen Verteidiger ihren Lohn erhalten. Aber das würde nur ein Pappenstiel sein gegen die Prozesskosten, die er auf sich zukommen sah.

Nach der Kritik ging es plötzlich schnell. Innerhalb weniger Tage lag die langerwartete Anklageschrift endlich parat. Zu ihrer Verlesung öffnete man Fenster und Türen des Gerichtsgebäudes, des am Hafen gelegenen alten Schlosses, das sich in einem bedauernswerten Zustand befand. Glücklicherweise gab es einige Räume, die noch Fenster hatten und wo die Fledermäuse nicht ein- und ausflogen. Menschen unterschiedlichen Standes strömten aus allen Ecken der Stadt zu diesem baufälligen Gebäude: Breyer Wohlgesonnene sprachen von einem regelrechten Schauspiel. Das mache man immer so, sagte die Kommission. Nur konnte sich keiner der Zuschauer, so alt er auch war, daran erinnern, jemals so etwas erlebt zu haben. Die Kommission schob deshalb eine weitere Begründung nach: Öffentliche Verbrechen erforderten Öffentlichkeit. Breyer hörte die Anklage mit großer Alteration an – er war zutiefst erschrocken und verwirrt zugleich. Er fühlte sich bloßgestellt, wie am Pranger. Diese öffentliche Anklage kam ihm vor wie ein vorweggenommener Schuldspruch.

Zuerst entwickelte sich zwischen dem Ankläger und dem Verteidiger ein Wortgefecht. Der Ankläger war Henricus Jönsen, Doktor beider Rechte – des Kirchen- wie des weltlichen Rechts –, ein prominenter Glückstädter Advokat und Breyer nur zu gut bekannt; er und Jönsen waren erbitterte Gegner. Im Erbschaftsprozess um das Gut Bothkamp hatten sie sich schon gegenübergestanden. Jönsen hatte auch Anna Clarelia von Ahlefeldt vertreten. Die Priorin des Frauenklosters Itzehoe, eines adligen Damenstiftes, das nach besonderen Regeln lebte, war eine streitbare Frau. Breyer war ihr ein Dorn im Auge; sie bezeichnete ihn als parteiisch, wehrte sich gegen Kommissionen mit ihm und Schröder, einem Kollegen, oder mit ihm und dem Verbitter Reventlow, der das Kloster nach außen vertrat. Überhaupt waren ihr alle gelehrten Räte zuwider. Als Breyer mit der Überprüfung der Rechnungsführung einer Kirche des Klosters beauftragt worden war, hatte sie ihn umgehend der falschen Protokollführung bezichtigt. Das hatte sie der Regierungskanzlei gemeldet und damit die Untersuchung mit ausgelöst. Diese Klage war gleichzeitig mit der Temmingschen Anzeige eingekommen, hatte aber wenig Beachtung gefunden. Neben Dr. Jönsen genoss auch der Justizrat Söhlen – ein Mann, der mit dem führenden Pietisten August Hermann Francke korrespondierte – das Vertrauen der Priorin. Für Breyer und seine Frau war genau dieser Söhlen der Grund alles Übels.

Nun, wo ihr Mann samt seinen Verteidigern mit der Anfertigung seiner Defensionsschrift beschäftigt war, meldete sich Anna Magdalena Breyer wieder zu Wort. Sie beschwerte sich über den strengen und zermürbenden Hausarrest ihres Mannes. „Zuerst hat der Leutnant streng darüber gewacht, dass mein Mann mit niemandem sprach. Auch die dringendsten Privatgeschäfte konnte er deshalb nicht regeln. Als er dann endlich Verteidiger hatte, durfte er mit ihnen nur über rechtliche Dinge sprechen, auch das wurde genau kontrolliert. Mit meinem Mann wird härter umgegangen als jemals zuvor geschehen ist. Das ständige Patrouillieren lässt ihn nie zur Ruhe kommen; er schläft mitten unter der Wache. Jede Runde muss die Wache seine Anwesenheit überprüfen, ihn ansprechen und dem wachhabenden Leutnant Meldung machen. Auch die ganze Nacht über. Er wird immer wieder aus dem Schlaf gerissen. Und wenn er einmal ein wenig Ruhe gefunden hat und sich dann über die rechtliche Situation kundig machen will, wird ihm der Zugang zu seinem Bücherzimmer versperrt."

Im April 1704 war Anna Magdalena Breyer wieder in Kopenhagen; sie wusste, dass die Zeit der Entscheidung nahte. Sie hatte wieder

Schmuckstücke verkaufen müssen, um die Reisekosten zu begleichen. Schon seit einiger Zeit konnte sie nicht auf demselben Fuße leben wie vorher. Die Mittel für die Vorbereitung ihres Sohnes auf das Studium gingen zur Neige. Sie war weit weg von Glückstadt, aber ihr Kopf war immer noch voll von den hitzigen Auseinandersetzungen dort. Ihr Mann hatte im Rahmen seiner Verteidigung etwas gesagt, was die Gegenpartei als schwere Beleidigung empfunden hatte.

„Wenn ich ihn nicht schon verfolgen würde, dann hätte ich es jetzt spätestens getan“ war die Antwort seines Feindes gewesen.

Sie klagte: „Er hat nur ein Ziel: Den Prozess solange wie nur irgend möglich in die Länge zu ziehen. Deshalb hat er wieder angefangen, Zeugen zu vernehmen. Dazu hat er doch schon zwei Jahre Zeit gehabt. Im Hintergrund zieht der Rat Söhlen die Fäden; er steht uns mit kaum verdeckter Feindseligkeit gegenüber. Die Advokaten sind nur seine Schreiber, sie hängen völlig von ihm ab.“ Sie bat daher eindringlich, keine weitere Verzögerung zu gestatten und auf eine öffentliche Verlesung der Erwiderung auf die Verteidigungsrede zu verzichten, denn mit den Beleidigungen und Schmähungen ihres Mannes käme sie einer Vorverurteilung gleich. Man könne sie doch einfach gleich an den König schicken. Nach einer Bitte um Verzeihung könne man ihren Mann dann aus dem Arrest entlassen.

Nach dem Prozess mit seinen ritualisierten Stadien berichteten die staatlichen Ankläger der Untersuchungskommission. Sie begannen mit dem Pflichtenkatalog Breyers: „Er hat geschworen, die heilsame Justiz mit Mund und Herz aufrichtig zu fördern. Er hat geschworen, weder Gift noch Gabe noch Geschenk anzunehmen. Er hat geschworen, ohne Ansehen der Person zu urteilen. Sich weder durch Freund- noch durch Feindschaft beeinflussen zu lassen und gegen das Recht niemanden zu begünstigen oder für jemanden zu bitten. Er hat geschworen, sich in allen seinen Handlungen so aufzuführen und zu verhalten, wie es einem ehrliebenden und getreuen Rat und Diener

Seiner Majestät gebührt. Er hat geschworen, die Verordnungen Seiner Majestät allergehorsamst zu befolgen und sich stets so zu verhalten, wie seine Ihro Königlichen Majestät geleisteten Eidespflichten es erforderten. Er aber ist das genaue Gegenteil eines gewissenhaften und unparteilichen Richters gewesen."

Dann breiteten sie die schon bekannten Tatsachen aus, jedoch verfeinert mit neuen Details. So war bereits bekannt, dass der Vater Temming und der ältere Bruder gehört hätten, der jüngste Temming-Sohn habe mit Breyer einen Vertrag gemacht. Dies reicherten sie nun an mit der Information an, dass Breyer dem älteren Temming-Sohn beim Abfassen einer Bittschrift geholfen und ihm Ratschläge zum Vorgehen gegeben hatte. Bekannt war außerdem, dass der alte Temming mit Breyer auf dem Flensburger Landgericht zusammengetroffen war. Auch hier brachten sie eine Ergänzung vor: Breyer habe gestanden, dass ihm die Sache mit dem Versprechen empfohlen worden war, sich erkenntlich zu zeigen und dankbar zu sein.

„Ja", sagte er, als ihm das Gespräch mit dem alten Temming vorgehalten wurde, „es ist schon möglich, dass ich gesagt habe, ich würde mein Bestes tun, aber natürlich innerhalb der rechtlichen Grenzen." An etwas anderes hätte er nicht gedacht. Man müsse verbindlich sein gegenüber hohen Herren, man könne sie doch nicht vor den Kopf stoßen. Auf die Bemerkung Temmings, er wolle ihm dankbar sein, hätte er nicht geantwortet. Er habe sie lediglich als vorweggenommene Anerkennung guter Arbeit verstanden.

Neu war auch ein weiteres Argument, das die Ankläger vorbrachten: Breyer sollte im Gespräch mit Kollegen gesagt haben, das Recht stehe auf Seiten von Kielmansegg. Später habe er aber bezeichnenderweise seine Meinung geändert. Einmal darauf angesprochen, habe er sich dazu nicht äußern wollen. Außerdem sei auffällig, dass er Schulden in der Höhe von 2000 Kronen an einem gewissen Ort habe. Temming wollte diese Obligation in den Händen eines nicht genannten Dritten gesehen haben. Die Ankläger vermuteten, dass das Geld an den Gläubiger gegangen sei. So könne Breyer sagen, er habe nichts bekommen. Nach seiner Festnahme habe man kalte Füße bekommen und das Geld über mehrere Stationen zurückgeleitet. Doch außer neuen Details hatte die Anklage nichts weiter zu bieten.

Der Hauptzeuge, der junge Temming, hatte immer noch nicht vernommen werden können. „Warum", dachte ein Skeptiker in der Kommission, „hat man nicht Zwangsmittel genutzt, um ihn zur Rückreise zu bewegen? Er scheint so lange wie möglich im Ausland bleiben zu wollen. Auf Hörensagen kann man keinen Urteilsvorschlag aufbauen." Zeugen gab es auch immer nur einen einzigen, und das war auch immer einer zu wenig für eine rechtlich belastbare Aussage. Die Tatsache, dass Geld im Umlauf gewesen sei, besage ja nicht, dass Breyer es jemals empfangen habe. Vielleicht hatte es jemand eine Zeitlang für sich behalten und für eigene Zwecke genutzt. Außerdem behaupten sie, in dem Rechtsstreit um Kohövede habe Breyer so entschieden wie die Mehrheit der Stimmen, seine Stimme sei also nicht von Bedeutung gewesen, also zumindest unrechtmäßiges Handeln könne man ihm nicht vorwerfen.

Als Breyer gehört hatte, was die Ankläger zum Beweis des Kaufs seiner Stimme durch Temming anführten, begann die Angst von ihm zu weichen. Ihre großen Worte zu Anfang standen in krassem Gegensatz zu dem Vorgebrachten. Er hatte immer wieder gesagt: „Ich habe nichts gefordert, ich habe keinen Vertrag geschlossen, und ich habe kein Geld empfangen." Man hatte ihm in genau diesen drei Punkten das Gegenteil nicht nachweisen können. Auch sonst bewegten sich die Ankläger auf allzu dünnem Eis. Ihre Anklage konnte man eher als ein Eingeständnis ihres Versagens verstehen denn als eine Überführung. So manches beruhte auf Hörensagen und zweifelhaften Schlüssen aus nichtssagenden Aussagen. Auch sein Kontakt mit Temming besagte nichts. Denn solche Kontakte zwischen Richtern und Prozessparteien waren nicht selten. Die Räte und Assessoren in den Regierungskanzleien wurden immer wieder von Parteien besucht, die überzeugt waren, dass das Recht auf ihrer Seite sei. Manchmal fühlten sich die Beamten von ihnen regelrecht in ihrer Arbeit behindert. Bei den Richtern, welche die Kommissionen bildeten, war es nicht anders. Einen zweiten, späteren Brief von Temming, in dem er seine Beschuldigung zurücknahm, hatten die Ankläger mit der Begründung beiseitegeschoben, der sei gar nicht von ihm. Außerdem war wenig überzeugend, dass ein Gläubiger mit einem Betrag zufrieden sein sollte, der aufgrund des Währungsunterschiedes zwischen dänischen Kronen und Reichstalern zu niedrig war. Und ihn dann auch noch zurückgeben?

Breyer war klar, dass man ihn auf dieser Basis nicht würde verurteilen können. Letztlich war die Anklage in sich zusammengefallen wie ein Kartenhaus. Ihm stand die Möglichkeit eines Reinigungseides vor Augen. So ließ sich ein Prozess beenden, bei dem die Beweislage zu schlecht zur Überführung war, bei dem aber auch nicht jeder Verdacht ausgeräumt werden konnte. Wenn man ihn denn auf Gott und sein heiliges Evangelium schwören ließ, dass er in diesem Fall die Justiz nicht verkauft hatte, dann musste man ihn freilassen. Das war für ihn mehr als ein Silberstreifen am Horizont, der ganze Himmel hatte sich aufgehellt. Dann wäre er endlich frei, die beschämende Wache würde abgezogen, und er könnte sich nicht nur in seinem eigenen Haus ungehindert bewegen, sondern es auch nach seinem Willen verlassen. Dann könnte er wieder seinen zahlreichen Tätigkeiten als Anwalt nachgehen, wieder als Richter wirken und auf seinem Bauernhof nach dem Rechten sehen. Aber über das gute Gefühl legte sich ein Schatten des Unbehagens; ihm war einiges zu Ohren gekommen, was Zweifel in die Erleichterung streute.

Er hatte sich in der Tat gründlich getäuscht. Die Ankläger hatten das Netz gezielt so weit gespannt, dass sie den Fisch auf jeden Fall fangen konnten. Sie hatten keinen Aufwand gescheut, hatten allen, die gegen Breyer etwas vorbringen wollten, die Erstattung ihrer Kosten versprochen. Bis ins Kleinste hatten sie alles ausgeforscht, immer wieder nachgebohrt, in seinen Privatpapieren wie im Archiv der Kanzlei. Es war

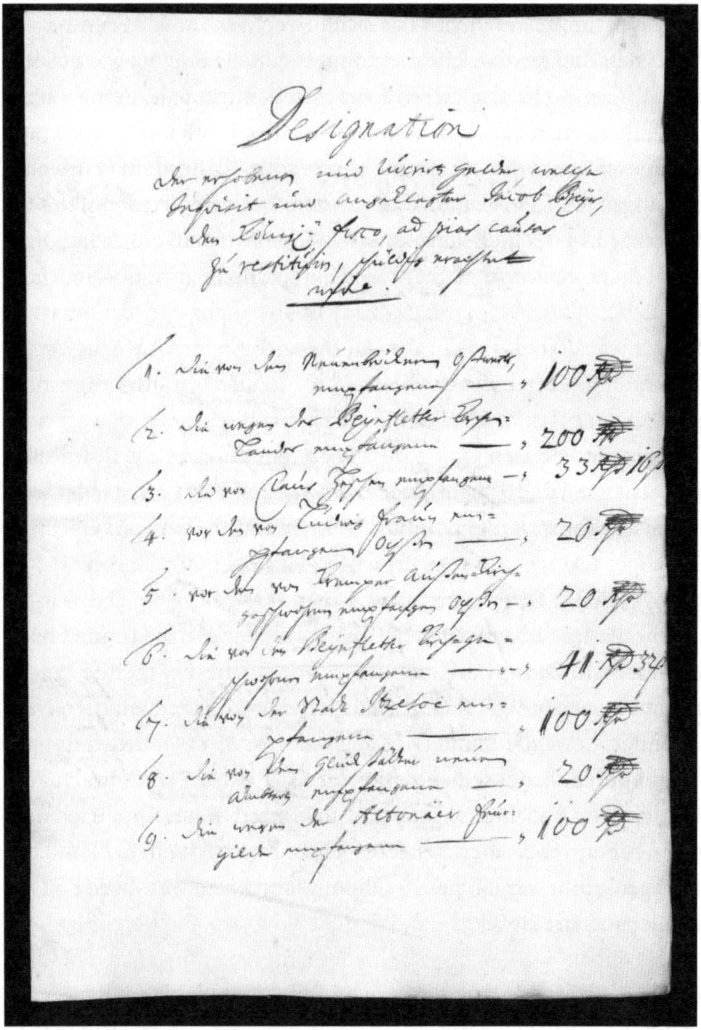

Abb. 6 Liste von neun der elf Beträge, die Jacob Breyer an den Staat zurückzahlen musste

ein Segen für sie gewesen, dass sie sich in den Besitz aller Breyerschen Papiere gebracht hatten. Diese erwiesen sich als eine wahre Schatzkammer. Verhöre hatten sich angeschlossen. Nichts hatten sie ausgelassen, alles genau unter die Lupe genommen, von vielen kleinen Geschenken Kenntnis erhalten. So hatten sie einen neuen Anklagepunkt aufgebaut. Der neue Anklagepunkt lautete: Er hat in zahlreichen Fällen ohne Unterschied von Hohen und Niedrigen Geld, Geschenke und Gaben angenommen. Sie waren entschlossen, daraus eine ganz große Sache zu machen, die Gesetze so buchstabengetreu zu interpretieren wie nie zuvor.

Sie brachten diese Fälle im Detail vor, nannten Namen, Summen, Zeitpunkte der Zahlungen, Urteile. Die gezahlten Beträge waren oft klein, wenn es sich um Privatpersonen handelte; bei Institutionen konnte es sich jedoch schon mal 100 oder 250 Reichstaler handeln. Die Gesamtsumme belief sich ihren Berechnungen nach auf über 800 Reichstaler.

Viele Fälle hatten sich im näheren Umkreis abgespielt. Meist war Breyer als Kommissionsmitglied benannt worden, um diesen oder jenen Rechtsstreit mit zu entscheiden, manchmal hatte er in dem betreffenden Bereich selbst die Richterstellung inne. Beim Streit um die Abgabe für die Neuenbrooker Schleuse waren die beiden streitenden Parteien mit ihren Zahlungen geradezu in einen Wettstreit getreten: Er habe sich dann von beiden bestechen lassen. Während man sonst alles kleinlich notierte, vergaß man geflissentlich, dass er mit dieser Sache nicht allein befasst gewesen war. Die Scheuklappen mussten unbedingt angelegt bleiben. Neben ihm war an der Untersuchung auch der Vizekanzler Schröder beteiligt gewesen. Die Priorin Ahlefeldt hatte gerade diese beiden Amtsträger der falschen Protokollführung bezichtigt und behauptet, in einer Kommission gehe es nur gerecht zu, wenn es gelinge, Schröder und Breyer als Mitglieder zu vermeiden. Die Ankläger warfen Breyer mitleidlose Habgier vor: Denn wenn Korporationen etwas gegeben hatten, dann müssten ja auch die Armen ihren Beitrag geleistet haben. Wessen Entschluss es gewesen war, Geld in die Hand zu nehmen, bedachten sie nicht. Um einen Nachweis, wer in den zur Regelung der Konflikte eingesetzten Kommissionen wie abgestimmt hatte, bemühte man sich ebenfalls nicht.

In einem anderen Fall, der vor dem Oberkonsistorium anhängig war – es wurde von der Regierungskanzlei unter Beiziehung von Geistlichen gebildet –, habe eine Partei Breyer 200 Reichstaler im Fall des Sieges versprochen und auch gezahlt. Ob aber seine Stimme überhaupt von Bedeutung gewesen war und warum das entsprechende Schreiben mit der Geldzusage für den Fall eines glücklichen Ausgangs an den Justizrat Masius adressiert war, ließ man unerörtert – genau wie man Vorwürfen nicht nachging, dass Masius seine Kompetenzen in einem anderen Fall überschritten habe.

Ein Wirt in Krempe, einer darnieder liegenden Stadt in der Nähe, hatte mit der Stadtobrigkeit um die Konzession für seine Gastwirtschaft gestritten und gedacht, Breyer könne ihm helfen. Die Sache hatte mit einem Vergleich geendet, der Wirt Breyer trotzdem bezahlt. So ging es auch in einer anderen Kremper Sache, in der zwei Bürger auf der einen und der Bürgermeister und Rat auf der anderen Seite standen. Auch sie endete mit einem Vergleich.

Breyer brachte seine Sicht der Dinge mit Nachdruck vor: „Da sieht man es! Es ist keine Bestechlichkeit gewesen, es ist nicht so gewesen, dass ich das Geld für den Fall eines Sieges bekommen habe; man macht mir in diesen wie anderen Fällen nur eine Verehrung für meine guten Dienste, unabhängig vom Ausgang. Die Leute zeigen ihre Dankbarkeit für meine Mühe. Es wäre ein Affront gewesen, sie zurückzuweisen." Für gute Dienste seien sie generell dankbar, ganz gleich ob man Richter sei oder Pastor.

Das sah in der Tat oft so aus. Bürgermeister und Räte von Städten, Kirchspielvögte und Kirchengeschworene, Hamburger Kaufleute und andere Privatpersonen – sie alle gaben diskret Geld, auch mal fette friesische Ochsen oder boten Heu für Pferde. Das Gesetz von 1676 gegen die Korruption schien das Papier nicht wert zu sein, auf dem es stand, jedenfalls für die Bestechenden. Und die angedrohten Strafen? Wer jemanden besticht, solle mit dem Doppelten der Bestechungssumme bestraft werden? Nicht einmal ein Schulterzucken wert. Und das Gericht selbst rührte nicht einmal den kleinen Finger, um irgendeinen der Bestechenden zu bestrafen. Allenfalls merkte es an, dass sie in einzelnen Fällen auch noch ausdrücklich geschworen hatten, sich nicht betrügerisch verhalten zu haben. Aber die Ankläger und die Kommission hatten sowieso nur einen im Auge.

Breyer war nach Meinung der Ankläger an allen möglichen Dingen schuld; und in einigen Fällen war er es in der Tat. Der Diakon Benjamin Stricker der Gemeinde Horst östlich von Glückstadt war vor einiger Zeit in Zahlungsschwierigkeiten geraten, angeblich wegen zwölf Reichstalern. Die hatte Breyer zu viel von ihm gefordert, wie sie feststellten. Stricker, zu jener Zeit noch Rektor der Glückstädter Stadtschule, war in eine wirtschaftliche Schieflage geraten, weil das Haus, das man ihm als Lehrer zur Verfügung gestellt hatte, nicht bewohnbar war. So hatte er drei Jahre lang hohe Mieten zahlen müssen. Darüber war der Streit mit der Kirchengemeinde entstanden, der zur Bildung einer Kommission mit Breyer geführt hatte. Da zahlen musste, wer ein Kommissionsmitglied benannt hatte, Stricker aber Breyer nicht gefordert hatte, war er ihm in der Tat nichts schuldig.

Und so folgte Punkt auf Punkt. Im letzten wurde ihm vorgeworfen, bei seiner Arbeit in der königlichen Schifffahrtskommission bei der Aushändigung von Hamburger Kautionsdokumenten hundert Dukaten empfangen zu haben. Hätte er sie unter seinen Kollegen verteilt, wären es außerordentliche Gebühren gewesen. Da er das aber nicht getan hatte, so folgerte man, müsse die Summe als ein heimliches und unzulässiges Präsent angesehen werden.

Breyer wollte endlich aus dem Arrest. Mit jedem Tag wurde ihm die Gefangenschaft im eigenen Haus unerträglicher, und mit jedem Tag verschlechterte sich seine wirtschaftliche Lage. Schließlich gab er klein bei.

„Ja, ich habe Geld und Geschenke angenommen. Nein, niemals ist die Justiz beeinträchtigt worden; die Gelder sind stets nach Beendigung eines Rechtsstreites gegeben worden. Und zwar immer freiwillig. Ich habe nie etwas gefordert. Vor etwa zehn Jahren haben wir hier über Reinkings Ordnung für unsere Kanzlei gesprochen. Er hat den Grund für sie gelegt; er war im ganzen Reich bekannt, und er hat gesagt: Geschenke geben oder annehmen ist an sich nicht unrecht. Das könne man tun, wenn die Justiz nicht beeinträchtigt wird. Darauf kommt es an. Lest doch nur in seinem Buch „Biblische Policey" nach, da habt ihr es schwarz auf weiß. Man soll mir erst einmal nachweisen, dass ich gegen geltendes Recht verstoßen habe. Wenn ich für die später Gebenden gestimmt habe, dann habe ich damit noch lange nicht das Recht verletzt. Erst recht nicht habe ich gegen die Interessen Ihrer Majestät verstoßen. Auch viele Rechtsgelehrte und Theologen sind der Meinung, dass solches Handeln in Ordnung ist. Und viele vertreten die Auffassung, dass man eine Verehrung annehmen könne, wenn man gute Dienste geleistet hat, und handeln danach." Auch in der Regierungskanzlei. Aber letzteres dachte er nur, sagte es nicht: Er wollte es sich nicht mit allen Kollegen verderben, er würde ja in Zukunft mit ihnen weiter zusammenarbeiten müssen. Er glaubte und hoffte fest auf eine Begnadigung.

„Außerdem bin ich fünf Jahre nicht bezahlt worden, und in solchem Falle gestatten die Rechtsgelehrten die Annahme von Geldern nach geendigtem Prozess erst recht. Die Gesamtsumme ist auch klein", betonte er, „ganze 300–400 Reichstaler in siebzehn Jahren sind es gewesen."

Die Ankläger, darauf bedacht, alles in dem schwärzesten Licht darzustellen, waren auf das Doppelte dieser Summe gekommen. Breyer fiel der Präsident des benachbarten Herzogtums ein. Von dem hatte er zu Anfang seiner Dienstzeit gehört, dass er sein Vermögen ins Unermessliche gesteigert habe. Für jede Amtshandlung habe er mindestens 500, oft aber 1500 Reichstaler gefordert. Der sei schließlich in Geld geschwommen. Bei ihm dagegen habe es sich um geringe Summen gehandelt, die er nicht ungerechtfertigt genommen habe. „Als ich dann Gehalt bekam, war es nicht die versprochene Summe von 550 Reichstalern. Sie wurde immer mal gekürzt, manchmal um mehr als die Hälfte. Das Geld für meine Arbeit als Archivar glich das nicht aus, und die Einnahmen durch die Gerichtsgebühren sind nur klein." Dann setzte er in der Hoffnung auf königliche Gnade hinzu: „Es war eine menschliche Schwäche." Die Ankläger zeigten sich davon nicht beeindruckt. Den Richtern war doch schon in der Bibel verboten, Geld anzunehmen; und Rechtsgelehrte, die gegen die *baratteria* Stellung bezogen hatten, gab es in Hülle und Fülle. Sie wollten aber unbedingt Nägeln mit Köpfen machen. Deshalb hatten sie vorsorglich auch noch einen dritten und einen vierten Anklagepunkt konstruiert. Mit der eigentlichen Anklage hatten beide nichts zu tun.

Sie hatten Breyers private Schifffahrtsgeschäfte ebenfalls überprüft, erfolgreich natürlich. Dabei hatten sie einen klaren Fall von Meineid aufgespürt. Breyer hatte in den neunziger Jahren ein Schiff gekauft, das er an einen Hamburger Kaufmann vermietet hatte. Der hatte es beladen und auf Fahrt gehen lassen, unter dänischer Flagge, wie es Hamburgern unter bestimmten Bedingungen erlaubt war. Da Dänemark in den Auseinandersetzungen mit Frankreich am Ende des vergangenen Jahrhunderts neutral geblieben war, konnten dänische Schiffe auch französische Häfen anlaufen. Breyer habe, so wurde ihm nun vorgehalten, viermal Seepässe für Frankreich beantragt, ohne dass die entscheidende Bedingung erfüllt war, nämlich dass das Schiff in erster Linie einem oder mehreren dänischen Untertanen gehörte. Die Verantwortung dafür, dass so viele dänische Schiffe aufgebracht worden waren, trage also niemand anders als Breyer. Dass auch eines von ihm selbst dabei war, hielten sie nicht der Rede wert. Sein Verhalten sei aber umso verwerflicher, da er Mitglied der Schifffahrtskommission war und mithelfen sollte, jeglichen Unterschleif zu unterbinden. Breyer antwortete darauf nur, andere vornehme Bediente und Untertanen hätten es genauso gemacht und für zulässig gehalten.

In einem vierten Punkt warfen sie ihm vor, die scharfe Trennlinie zwischen seiner Tätigkeit als Richter und Anwalt nicht beachtet zu haben. Er habe als Angehöriger der Regierungskanzlei Darstellungen und Gutachten in Sachen verfasst, bei denen er selbst Anwalt war. Und selbst bei seiner eigentlichen Anwaltstätigkeit habe er nicht rechtmäßig gehandelt: Er habe nicht die Interessen seiner Mandanten, sondern seine eigenen verfolgt. In dem Erbschaftsstreit um die Güter Nehmten und Perdöl war er der Vertreter der Gräfin de la Gardie gewesen und hatte den Gläubigern der umstrittenen Güter, darunter der alte Wasmer, ihre Forderungen abgekauft – das Geld dazu hatte er von dem Geheimrat und Propst Reventlow geliehen –, und somit deren Rechte erworben und sich selbst als Besitzer einsetzen lassen. Dass sei nicht im Interesse seiner Klientin gewesen, argumentierten die Ankläger.

Sie warfen ihm außerdem noch vor, sich durch Amtsmissbrauch unrechtmäßig bereichert zu haben. In einer Reihe von Fällen, so hatten sie festgestellt, hatten ihm Gläubiger ihre Schuldforderungen überlassen. Sie hatten keine Möglichkeit mehr gesehen, an ihr Geld zu kommen; alles Bitten und Mahnen war umsonst gewesen. Breyer hatte dann kraft seiner richterlichen Autorität die Zahlung erreicht, allerdings auch nicht immer vollständig. Anschließend hatte er den Gläubigern das Geld unter Abzug eines mehr oder weniger hohen Betrages für seine Arbeit zurückgezahlt. Genau das monierten die Ankläger. So habe er arme Gläubiger um Haus und Hof gebracht, klagten die Advokaten des Staates. Sie waren die Beschützer der Armen, er von unbarmherziger Habgier besessen.

Im späten Frühjahr 1704, nach seiner Verteidigung, nahte die Zeit des Urteils. Breyer sehnte eine endgültige Entscheidung herbei. Nur sie konnte ihn und seine Familie noch vor dem drohenden Ruin retten. Als er hörte, dass der König nach Norwegen reisen wollte, bat er um ein Urteil vor dessen Abreise: „Brot oder Tod“, schrieb er in seiner Verzweiflung. Der König reiste am 30. Mai ab. Am 2. Juni schickte die Kommission ihren Urteilsvorschlag ab. Sie sah einige Dinge anders als die Ankläger.

In ihren Augen war Breyer in der Temmingschen Sache nicht überführt, wohl aber in anderen Anklagepunkten. Sie schlug eine Fortführung des Prozesses wegen der Bestechung durch Temming und eine Verurteilung wegen der Verletzung seines Eides und seiner Pflichten als Richter vor. Die Annahme von Geschenken mache einen Richter verdächtig, das könne nicht geduldet werden. Sie würden ja bezahlt, bekämen ihren Anteil an den Gerichtsgebühren und hätten das Recht, auch andere Tätigkeiten zu übernehmen. Die Frage war nur noch, welche Strafe angemessen war. Sie erwog eine Geldstrafe, die man des Öfteren bei solchen Fällen in Betracht zog. Die Ankläger hatten die Klagen von Breyers Frau und ihm über ihre finanzielle Lage selbst nie ernst genommen: Geld hätten sie reichlich und Besitz sei genug vorhanden. Sie hatten ihn sogar gezwungen zu schwören, dass er nichts beiseitegeschafft habe. Dagegen meinte die Kommission, er sei von Anfang an hoch verschuldet gewesen. Deshalb käme eine Geldstrafe leider nicht in Frage, so gerne sie sie auch vorgeschlagen hätte. Ein Reinigungseid schied wegen gefährlicher Meineide aus.

Sie schlug daher vor, den Angeklagten aus dem Dienst zu entlassen und ihm alle Ehrentitel abzuerkennen. In der Temmingschen Sache sei die Lage anders. Die Aussagen beruhten zum Teil auf Hörensagen oder seien nur durch einen einzigen Zeugen gedeckt. Auch seien wichtige Zeugen noch nicht vernommen worden. Die Sache sei also nicht aufgeklärt; der Prozess müsse daher fortgesetzt werden.

Der Vorschlag der Kommission wurde gebilligt, das Urteil im Juli 1704 verkündet: Entlassung aus dem Dienst wegen Bestechlichkeit; Verlust aller Ehrentitel; Verbot, in Zukunft in königlichen Diensten ein Amt zu bekleiden oder eine richterliche Funktion zu übernehmen. Zudem Fortführung des Prozesses wegen Bestechlichkeit im Fall Temming, Rückzahlung der angenommenen Gelder, Erstattung der Prozesskosten in der Höhe von 3403 Reichstalern innerhalb von sechs Wochen.

Das Urteil war vernichtend für Breyer. Am härtesten traf ihn jedoch die Fortführung des Prozesses in der Temmingschen Sache. Das bedeutete: Er durfte Glückstadt nicht verlassen, in keine anderen Dienste treten, keine Korrespondenzen führen, nicht als Anwalt tätig sein. Der Hausarrest blieb bestehen; die militärische Wache zog wieder auf. Eine Kaution für sein Wohlverhalten wurde gefordert.

Breyer sah sich verurteilt wegen einer Sache, die nicht Gegenstand der Anklage gewesen war. Die Annahme von Geschenken war eine menschliche Schwäche gewesen, nur das. Es war unsinnig, den Prozess in der Hauptsache weiterzuführen: Er würde im Sande verlaufen. Das musste doch jedem klar sein. Man hatte ihm gesteckt, dass man auch in der Kommission an eine Beendigung durch einen Reinigungseid gedacht hatte. Sie hatte also selbst gesehen, wie gering die Hoffnung auf einen erfolgreichen Abschluss war. Es war heuchlerisch vorzugeben, man könne es wegen gefährlicher Meineide nicht tun. Wo war die Gefährlichkeit dieser angeblichen Meineide? Aus dem Hut gezaubert. Und man hatte auch daran gedacht, dass das Ganze nur eine Intrige sein könnte. Vielleicht war Geld im Umlauf gewesen, das jemand für seine eigenen Zwecke genutzt hatte, und er war dann fälschlich beschuldigt worden. Aber man wollte eben seinen vollkommenen Ruin. Die Weiterführung des Prozesses war doch nichts anderes als die konsequente Fortsetzung der Verschleppungstaktik zu genau diesem Zweck. Er setzte in dieser Situation ganz auf die Gnade des Königs. Er bat um die Wiedereinsetzung in sein Amt und den Erlass der enormen Prozesskosten. Erfolglos.

Noch hoffte er den finanziellen Kollaps durch die Prozesskosten abwenden zu können. Er bot eine Hypothek auf seinen Besitz an, auf sein Wohnhaus, den Hof und die Ländereien. Sie wurde abgelehnt. Er präsentierte eine Alternative: Der Bruder seiner Frau und ein Verwandter mit einem Bauernhof wären bereit, für ihn zu zahlen – abgelehnt wegen unzureichender Mittel. Würde er nicht innerhalb des anberaumten Zeitraums zahlen, schritte man zur Zwangsvollstreckung und würde alles angreifen, weder Haus noch Möbel, weder Hof noch Land verschonen. Breyer sah sein Ende vor sich. Sein Konkurs stand vor der Tür. Die Ideen zur Lösung gingen ihm aus. Ihm fiel nun nicht mehr ein, als rückständige Gelder für geleistete Dienste aus der Zeit vor seiner Verhaftung einzufordern – ein Tropfen auf den heißen Stein. Ihm wurde immer klarer: seine Gegner standen kurz davor, ihr schon lange verfolgtes Ziel zu erreichen: sein unumstößliches Ende durch Bankrott.

Die Rettung kam aus heiterem Himmel. Nicht ganz aus dem Himmel selbst, auch nicht vom allein herrschenden König von Gottes Gnaden, sondern von Dänemarks mächtigstem Politiker, dem Großkanzler Conrad von Reventlow. Der steinreiche Graf erkläre sich bereit, als Bürge die Prozesskosten für Breyer zu übernehmen – unter der Bedingung, dass dessen Besitz in keiner Weise angetastet und die Wache aufgehoben werde. Die Glückstädter Regierungskanzlei war alles andere als begeistert. Aber sie konnte die Übernahme der exorbitanten Prozesskosten durch so hohe Herren – ein Geheimrat im *Conseil* hatte sich angeschlossen – nicht ausschlagen. Sie kaschierte ihren Unwillen durch eine Belehrung des Großkanzlers: Eine Prozesskostenübernahme sei etwas anderes als eine Kaution; eine Bürgschaft beziehe sich auf Breyers Verhalten. Aber damit kam sie nicht weit: Selbstverständlich war der Großkanzler auch dafür einzustehen bereit.

Viele fragten sich, warum er eingegriffen hatte. Waren Familienbande entscheidend gewesen? Hatte Reventlow gebürgt, weil Breyer mit seinem verstorbenen Bruder gut zusammengearbeitet hatte? Der hatte ihm das Geld vorgeschossen, damit er die Obligationen der Güter aufkaufen konnte. Aber der Bruder war schon einige Jahre tot. Oder spielte der Streit um das Gut Bothkamp wieder eine Rolle? Der Sohn des Großkanzlers, Christian Detlev, war mit der Frau verheiratet, die sich als dessen rechtmäßige Erbin sah und deren Anwalt Breyer gewesen war. Nachdem Christian Detlev einen von ihm zustande gebrachten Vergleich abgelehnt hatte, war Breyer mit ungeheurer Vehemenz aufgetreten und hatte sich so erbitterte Feinde geschaffen. War dieses Auftreten von hoher Seite gedeckt worden? Und nicht vergessen? Die Mutter der Erbin, die auf der anderen Seite stand, hatte er des heimlichen Verlassens ihres Ehemannes bezichtigt (was bei einer Verurteilung wegen Ehebruchs viel Geld einbringen konnte). Empört über diese unerhörte Respektlosigkeit einer adligen Dame gegenüber, hatte sie mit einer Beleidigungsklage gedroht. Zu guter Letzt hatte er heftig gegen eine Verfahrensweise im Prozess opponiert, was seine Gegner als Sakrileg betrachtet hatten.

Also wurde der Prozess weitergeführt, wie üblich im Schneckentempo. Dem Vater Temming wurde unter schwerer Strafandrohung befohlen, seinen Sohn Detlev nach Hause zu beordern. Als dieser endlich zurückgekommen war, musste Breyer auf die Ankläger einwirken, damit er so schnell wie möglich von den Räten des benachbarten Herzogtums verhört wurde. Die Gottorfer reklamierten ihn nämlich als ihren Untertanen.

Als der König im Sommer 1705 nach Glückstadt kam, bat Breyer um Gnade oder Freiheit, um Wiedereinsetzung in sein Amt oder die Möglichkeit, woanders sein Brot zu suchen. In der Hauptsache würde man ihm in Ewigkeit nicht nachweisen können, dass er etwas gefordert habe. Was die kleinen Geschenke angehe, so hätten andere sie auch angenommen und seien nicht verfolgt worden. Seine wirtschaftliche Lage sei bedrohlich; entweder müsse er den Gläubigern nicht das geben, was ihnen zustünde, oder zu verzweifelten Mitteln greifen. Eine Antwort blieb aus – vorerst.

Die Kommission wurde nun jedoch unter Druck gesetzt, ein Urteilsvorschlag für Anfang 1706 gefordert. Während des Kieler Umschlags, bei dem sich alle trafen, solle man ihn fertigstellen. Breyer standen zu dieser Zeit sein Konkurs, Verzweiflung und Tod vor Augen. Die Kommission schaffte es wie üblich nicht, den Termin einzuhalten, aber um eine Entscheidung kam man nun nicht mehr herum. Man musste der Sache ins Gesicht sehen. Als erstes suchte und fand sie Ausreden für ihre Langsamkeit. Nachdem man den jüngsten Sohn Temmings endlich vernommen habe, sei die Untersuchung nur noch komplizierter geworden, klagte die Kommission. Schuld an den schlechten Ergebnissen sei die benachbarte fürstliche

Regierung, die ihn vernommen hatte. Obwohl der Fragenkatalog ohne explizite Aufforderung nachzubohren aus Glückstadt gekommen war, warf man den fürstlichen Räten vor, genau das nicht getan zu haben. Detlev Temmings Aussage war ausweichend gewesen. Sie belastete Breyer nicht. Temming musste beachten, dass sich sein Vater von der ganzen Sache distanziert hatte. Und bei dem Verhör von der Naths, der von vielen „Dernath" genannt wurde, hätten die Gottorfer Formfehler begangen, weshalb seine Aussage nicht zu den Akten genommen worden sei. Man spielte so die Tatsache herunter, dass Breyer durch den Grafen nicht belastet worden war. Der Graf und Generalmajor Dernath hatte einen Brief an Temming geschrieben, der seinen Zweck wie auf einem Schild demonstrativ vor sich hertrug: Er solle seinen Bruder Breyer, wie er ihn nannte, von aller Schuld reinwaschen. In dieselbe Richtung ging ein Schreiben des alten Temming, das man angeblich erst am Tag vor der Abfassung des Urteilsvorschlags in die Hände bekommen hatte. In diesem schrieb er, dass Breyer von ihm nicht das geringste bekommen habe, zumal es kein Brauch sei, in dergleichen Sachen das Geld im Voraus zu geben. Es müsse einer seiner Sinne beraubt sein, bei einer Streitlage, die so klar als die Sonne sei, 2000 Reichstaler wegzugeben. Angesichts der Tatsache, dass Temming sich in dieser Zeit immer wieder noch größere Summen lieh, klang das für einige überzeugend. Denselben Brief hatte man vor zwei Jahren mit spitzen Fingern angefasst – nicht zu ganz zu Unrecht, nicht nur weil er an den Beichtvater der Königinmutter gerichtet gewesen war, sondern weil er Breyer ganz offensichtlich entlasten sollte. Nun aber passte er ins Konzept.

Die Kommission stellte sich eine Pseudofrage: Fortführung der Untersuchung oder Präsentation eines Urteilsvorschlags? In der ersten Alternative müsse man den Senat der Stadt Hamburg – dort war die Aussage verweigert worden – und die fürstlichen Räte in Gottorf noch einmal um Verhöre ersuchen, auch die Adlige vernehmen, die das Geld weitergeleitet haben sollte. Das sei alles mit großen Schwierigkeiten verbunden, und die Hoffnung auf positive Ergebnisse sei gering. Das könne man angesichts des hohen Respekts, dem man dem König schulde, nicht tun. Also war die Beweislage für einen Urteilsvorschlag zu würdigen. In einigen Punkten liege genügend Belastungsmaterial gegen Breyer vor, in anderen sei es ungenügend, und in wieder anderen Punkten habe man gar keines. In dieser Situation entschied sich die Kommission nun für den Reinigungseid. Im April 1706 wurde Breyer aufgefordert ihn abzulegen. Dabei ging man äußerst kleinschrittig vor. Er musste schwören, dass er nichts empfangen habe; er musste schwören, dass er sein Votum abgegeben hatte, wie er es den Rechten gemäß erachtet hatte; er musste schwören, dass er keine andere Person dazu überredet hatte, mit ihm zu stimmen; er musste schwören, dass er sein Votum nicht mit Hinblick auf Gewinn abgegeben hatte – und, und, und. Er leistete den Eid. Damit war die Untersuchung beendet. Breyer war freigesprochen und saß dennoch in der Klemme: Das Urteil von 1704 blieb in Kraft. Er hatte keine Arbeit. Und konnte keine woanders suchen.

Er reiste nach Kopenhagen und bat erneut um die Wiedereinsetzung in sein Amt. Er wiederholte seine Argumente und fügte hinzu, wenn er wieder im Amt sei, könne er auch gegen Temming wegen des falschen Briefes ganz zu Anfang vorgehen. Das sei ihm ja gestattet worden. Ohne Erfolg. Nochmals nannte er Namen: Vizekanzler Schröder, Justizrat Söhlen, inzwischen von Söhlenthal. Deren Entgegennahme von Verehrungen lasse sich eindeutig nachweisen. Seine Frau hatte schon lange vorher geklagt: „So viele königliche Bediente handeln genauso wie mein Mann, warum wird nur er verfolgt?" So wie sie auf taube Ohren stieß, so prallten seine Bezichtigungen in Kopenhagen wirkungslos ab. Er wies wahrheitsgemäß darauf hin, dass auch andere wiedereingesetzt worden seien. Es kam keine Antwort. Sein einziger Trost: Der alte Großkanzler Reventlow charakterisierte ihn als einen treuen Diener.

Monate verflossen. Man mahnte Breyer zur Geduld. Aber wenn er eines nicht hatte, dann war es Zeit. Ihm stand das Wasser bis zum

Halse. Der Aufenthalt in der dänischen Hauptstadt war teuer; Geld konnte er während dieser Zeit keines verdienen, und gleichzeitig musste er seinen finanziellen Verpflichtungen nachkommen. Selbst die Zinsen für geliehenes Geld, bei einem günstigen Zinssatz von drei Prozent, konnte er nicht mehr aufbringen. Dann kam doch noch eine Antwort. Es solle alles beim dem Urteil bleiben, keine Wiedereinsetzung, verbunden mit dem Verbot, im Ausland Dienste zu suchen. Obwohl in Kopenhagen alles so viel kostete, blieb er vor Ort. Nur so konnte er vielleicht trotz allem noch etwas erreichen.

„Das geht nicht", klagte er seiner Frau. „Entweder muss man mich wieder einsetzen oder mir erlauben, im Ausland mein Brot zu suchen."

„Dir ist doch klar", erwiderte sie, „warum sie so handeln. Du weißt zu viel."

Eine Schweigepflicht über alles, was er im Dienst erfahren hatte, war ihm schon viel früher auferlegt worden.

Am 23. Februar 1707, Breyer war gerade in der Deutschen Kanzlei zugegen, wurde ihm verkündet, dass er sich in fremder Herren Dienste, die mit Ihrer Majestät in gutem Einvernehmen stünden, begeben möge.

***

Im Sommer 1707 wurde Breyer im benachbarten Schleswig-Holstein-Gottorf als Kanzlei- und Justizrat eingestellt. Die Beziehungen zwischen dem Königreich und dem Herzogtum waren gerade nicht durch herzliche Harmonie geprägt, sondern immer wieder einmal sehr gespannt. Kopenhagen brachte denn auch seinen Unwillen zum Ausdruck. „Wenn ihr fürstliche Beamte einstellt, können wir auch königliche in unseren Dienst nehmen", war die Antwort. Der Protest der eigenen Kanzlei in Gottorf gegen Breyer wurde ebenfalls beiseitegeschoben. Breyer hatte mit führenden Persönlichkeiten des Herzogtums, mit Wedderkop und Pincier, am Verhandlungstisch gesessen. Nun hatte er seinen Lebensunterhalt gesichert, und das in einem Territorium, das erst wenige Jahre zuvor eine scharfe Anti-Korruptionsgesetzgebung auf den Weg gebracht hatte.

ALTERSREICHTUM

JVRGEN PETERS: MVLLER J:W:B:/ MARGARETA PETERS: 1689.
GOTT SEI MIT UNS BEIDEN JN TRVBSAL UND JN FREUDEN. -
GOTT ZU EHREN!

Inschrift auf der Kirchturmkugel der Kirche zum Heiligen Kreuz in Windbergen

I. Von Freuden konnte nicht die Rede sein. Trübsal aber wollte Jürgen Peters nicht an sich kommen lassen. Das half in seiner Lage auch nicht weiter – der Müller von Windbergen war hoch verschuldet. 1675 hatte er die Mühle am Rande des kleinen Dorfes übernommen, ein Haus gekauft und dazu noch Land. Er hatte den Erwerb als einen Wendepunkt in seinem Leben angesehen: den Sprung nach oben. Nun war er wer im Dorf und in der Umgebung. Später sollte er seinen Namen und das Jahr des Mühlenkaufs auf einem Krugdeckel eingravieren lassen. Aber die Dinge hatten sich anders entwickelt, als er gehofft hatte.

Das Dorf Windbergen lag am Rande des Geestrückens ganz im Osten der weiten, flachen und fruchtbaren Marsch Dithmarschens, unweit von dem Flecken Meldorf. Es hatte nur ungefähr 200 Einwohner, aber trotzdem neben der Windmühle sogar eine Kirche. Seine Mühle lag ein wenig südlich der Höfe und Häuser, die das Dorf ausmachten. Sie stand auf einem Gestell; es war eine Bockmühle, wie alle anderen zu jener Zeit auch. Der Bock machte es möglich, sie in den Wind zu drehen, aber unmöglich, darinnen zu wohnen. Deshalb hatte er ein Haus kaufen müssen. Vierzehn Jahre später hatte er es noch nicht abbezahlt. Aus diesem Grunde musste er Miete zahlen.

Müllersein war nicht einfach: Zwar war die Küste windreich, aber für Jürgen Peters stellte sich ein grundlegendes Problem genauso dar, wie es viel später in einem kurzen Gedicht festgehalten werden sollte.

Aus der Mühle schaut der Müller,
Der so gerne mahlen will.
Stiller wird der Wind und stiller,
Und die Mühle stehet still.
So geht's immer, wie ich finde,
Rief der Müller voller Zorn.
Hat man Korn, fehlt's am Winde,
Hat man Wind, so fehlt das Korn.

In Süderdithmarschen war Müllersein nicht nur deshalb nicht einfach. Es war dort sogar besonders schwer. Jürgen Peters musste sich nämlich gegen zahlreiche Konkurrenten durchsetzen. Im Gegensatz zu anderen Landschaften und Ämtern konnte in Süderdithmarschen jeder eine Mühle bauen lassen und betreiben. So hatte sich dieses Westküstengebiet zur mühlenreichsten Landschaft der Herzogtümer entwickelt. Bauern in anderen Gegenden waren gezwungen, eine bestimmte, nämlich die herrschaftliche Mühle zu benutzen. Das sicherte den Müllern dort einen festen Kundenkreis und stets wiederkehrende Einnahmen. So wurde mancher von ihnen wohlhabend. Jürgen Peters dagegen stand im Wettbewerb mit anderen Müllern der Umgebung. Das Dorf Windbergen hatte zwar eine große Flur, aber die Zahl der Bauern reichte nicht aus, um ihm eine auskömmliche Existenz zu sichern. Er musste Mahlgäste aus anderen Orten gewinnen. Doch die Bauern der Umgegend hatten die Wahl: Im Norden, nur neun Kilometer entfernt, in Meldorf, dem einstigen Hauptort der Bauernrepublik Dithmarschen, gab es allein drei Mühlen. Im äußersten Süden des Fleckens auf einem Hügel, seiner am nächsten, lag die eine; eine weitere befand sich näher am

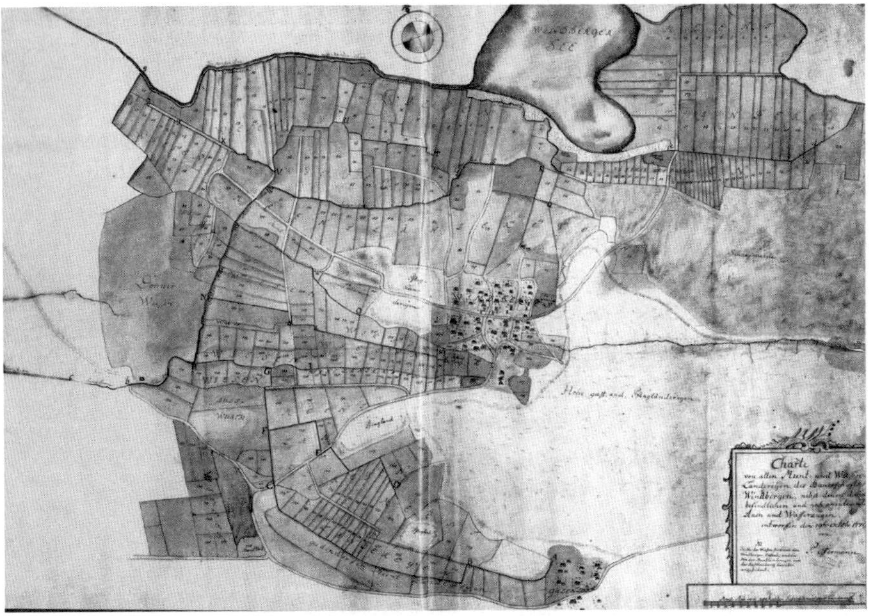

Abb. 7: Die Bauerschaft Windbergen 1779

Ortskern; sie gehörte vornehmen Herren, und im Norden stand eine königliche – eine große Ausnahme in der Landschaft. Deren Besitzer seufzte so sehr unter der Last der Konkurrenz und der Pacht, dass er zu unredlichen Methoden griff. Die Spannungen zwischen den Müllern waren groß; der von Dellbrück und einer der Meldorfer Müller gerieten so in Streit miteinander, dass sie vor Gericht zogen. Den Bauern in und um Meldorf war selbstverständlich der kürzeste Weg zur Mühle der liebste. Und wenn sie ihr Korn schon aus dem Flecken bringen wollten, dann lagen die Mühlen in Nindorf und am Deich in Elpersbüttel noch näher als die in Windbergen. Jürgen Peters holte auch Korn ab und brachte Mehl zurück – das war eine Möglichkeit, Kunden zu gewinnen. Aber das konnte er nur, wenn ihm der Mühlenbetrieb Zeit dazu ließ. Er versuchte es allen, die ihre Kornsäcke zu ihm brachten, recht zu machen. Er versprach ihnen schnelle – wenn der Wind es erlaubte – und ehrliche Arbeit, und bemaß die Entlohnung wie üblich nach den wirtschaftlichen Verhältnissen des Mahlgastes. Seine Mühle war, wie andere auch, ein Treffpunkt von Menschen aus der Umgegend. Hier wurde über die Geschehnisse in den Dörfern rundherum geredet; er selbst diskutierte lange die Getreidepreise mit Kunden. Manchmal beschloss er das Geschäft mit einem kleinen Trunk, wenn sie die Säcke voll Mehl abholten. Eine Gastwirtschaft an seine Mühle anzuschließen wie andere Müller, daran hatte er gedacht, aber Windbergen lag einfach zu schlecht. All seine Bemühungen nützten daher wenig. Mit der Mühle war kaum Geld zu machen. Auch hatte er immer mal wieder mit Reparaturen zu kämpfen und dann mussten das Material und die Handwerker bezahlt werden, auch wenn er vieles selbst machte. Immerhin wurde seine Mühle weder vom Sturm umgeworfen noch vom Blitz getroffen.

Um sich aus der misslichen Lage zu befreien, begann er nebenbei Handel zu treiben. Zuerst hatte er nur das Korn verkauft, das er als Entgelt für das Mahlen von seinen Kunden erhielt. Ungemahlen oder auch gemahlen hatte er den Roggen und den Weizen in die Kleinstadt Wilster in den Elbmarschen auf den Markt gebracht. Dann begann er Getreide aufzukaufen und damit zu handeln. Tran, Teer und anderes hielt er ebenfalls zum Verkauf bereit. Schließlich sollte noch der An- und Verkauf von Vieh hinzukommen.

Aber auch der Handel lief nicht gut. Die Preise für Getreide entwickelten sich nicht zu seinen Gunsten: Sie blieben bis in die beginnenden neunziger Jahre stabil. Da war wenig Gewinn zu machen. Manchmal zahlten seine Kunden nicht, manchmal konnte er selbst nicht gleich zahlen. Er tendierte nämlich dazu, große Mengen auf eine kleine Anzahlung hin zu kaufen. Aber irgendwann wurde dann der große Rest gefordert. Er hatte gelernt, solche Situationen zu meistern. Er stopfte ein Loch, indem er ein anderes aufriss. Er nahm schnell Geld bei jemand anderem auf. Das war nicht schwer, schließlich wussten alle, dass er nach der nächsten Ernte wieder verdienen würde. Seine Versprechen zu halten war ihm wichtig. Aber manchmal kamen die Rückforderungen doch zu früh für ihn. Trotz allen Laufens und Redens und Bittens wurde die Lage gelegentlich so bedrohlich, dass er sogar seine besten Kleidungsstücke verpfänden musste, um an Geld zu kommen. Schulden nicht zum vereinbarten Termin zurückzuzahlen konnte einem den Kredit rauben und die Ehre schmälern. Nicht immer konnte er die Pfänder einlösen. Andererseits verlieh er seinerseits Geld, wenn er welches hatte. Sehr verwunderlich war sein Schuldenmachen für seine Bekannten allerdings nicht. Schließlich war es auf dem Lande wie in der Stadt durchaus üblich und konnte sogar gewisse Vorteile haben: Von einem Schuldner redeten die Gläubiger meist nur Gutes – schließlich wollten sie ihr Geld wiederhaben. Dinge zu verpfänden war ebenfalls nicht völlig ungewöhnlich. Auch andere verpfändeten, was sie gerade nicht unbedingt benötigten. Auch verlieh der Müller gern einmal die Halsketten aus seinem Besitz, die er alten Frauen abgekauft hatte. So trug Jacob Peters Tochter die mit dem Marienbildnis zu ihrer Hochzeit und die mit der Justitia am andern Tag. Das besänftigte ihren Vater, der den Müller einst einmal wegen Mietschulden verklagt hatte.

Es galt alle Mittel zu nutzen, um über die Runden zu kommen, schließlich musste Jürgen Peters seine Frau und seine Tochter ernähren – er hatte erst spät, neun Jahre nach dem Erwerb der Mühle, geheiratet –, seinen Gesellen bezahlen und die staatlichen Abgaben entrichten.

Da es nicht einfach war, verschuldet zu sein und gleichzeitig kreditwürdig zu bleiben, lag ihm sein Ruf besonders am Herzen. Wenn er unter Leute ging, legte er Wert darauf, stets sauber und reinlich gekleidet zu sein, trotz seiner Verhältnisse. Er wäre er auch gern in die alte Gilde in Meldorf aufgenommen worden. Kaufleute und Handwerksmeister, Beamte und Advokaten, der Pastor und die Schulmeister – sie alle gehörten ihr an. Ihr Zweck war zuallererst die Hilfe bei Brandschäden, aber sie veranstaltete auch das Vogelschießen in dem

Flecken, bei dem alle Welt zusammenkam und anschließend ein festlicher Tanz abgehalten wurde. Nur weil ihm eine Feuerleiter fehlte, hatten sie ihn nicht aufgenommen. Noch nicht! Denn einen Fuß hatte er doch schon in der Tür; er hatte sein Biergeld überbringen lassen und sie hatten es angenommen.

Einmal war sein Ruf ernsthaft bedroht: Er war von einem Mann aus Thalingburen als Hexenmeister bezeichnet worden. Peters reagierte sehr energisch – das konnte er unmöglich auf sich sitzen lassen. Es stand mehr als sein guter Name auf dem Spiel; das konnte wirklich gefährlich werden. Eigentlich versuchte er den Gang zum Gericht grundsätzlich zu vermeiden, aber in diesem Fall gab es keinen anderen Weg. Ein Prozess kostete Geld, aber das war ihm egal. Er gewann, und seine Kosten musste der Verurteilte tragen.

In den Dörfern Süderdithmarschens wurden oft Bürgen gebraucht. Es kam immer wieder zum Streit über Pferde, Rinder oder andere Nutztiere, die Schaden auf den Feldern eines anderen angerichtet hatten und so lange einbehalten wurden, bis er beglichen war. Auch Jürgen Peters selbst war einmal betroffen. Andererseits bürgte er auch für Freunde unter den Nachbarn. Als Reinhold Petersens Pferde in einem fremden Roggenfeld geweidet hatten und der Besitzer mit dem festen Satz der Entschädigung nicht einverstanden war, stand Jürgen Peters mit allem, was er besaß – so lautete die Standardformel –, für seinen Dorfgenossen ein. Später lieh ihm Reinhold Petersen Geld und begleitete ihn auf Reisen.

Um 1690 ging das Gerücht, der Müller wolle sich um den Posten des Vogts im Nachbarkirchspiel Süderhastedt bewerben. Ein Vogt war in einem Kirchspiel der wichtigste Mann mit einer Vielzahl von Aufgaben, da er auch für alle weltlichen Bereiche, angefangen bei der Justiz, zuständig war. Ein Schreiber stand ihm für die Führung der Akten und die Ausstellung der Urkunden zur Seite, denn studiert brauchte ein Kirchspielvogt nicht zu sein. Sein Vater, Jürgen Frentz Peters, hatte sich einmal in die Dorfpolitik eingemischt, als er sich an die Spitze der Kätner gegen die Bauern gestellt und versucht hatte, deren Lage im Dorf zu verbessern. Den Sohn reizte es, noch höher hinauszukommen. Nicht umsonst hatte er die Inschrift auf der Kirchturmkugel anfertigen lassen. Das Amt des Kirchspielvogts erforderte allerdings erhebliche Mittel und ging dazu noch oft vom Vater auf den Sohn über. Er hatte keine wirklichen Chancen, auch wenn ihm Hilfe aus Wilster versprochen worden war.

Stattdessen häufte er weiterhin Schulden an. Keiner wusste, wie hoch sie tatsächlich waren. Vielleicht konnte er es selbst nicht genau sagen, obwohl er Notizen in einem Schreibheft machte. An fünf Fingern konnte er seine Gläubiger nicht mehr abzählen, nicht einmal an vier Händen. Am meisten schuldete er dem Kirchspielvogt Nicolaus Matthiessen in Buchholz, zuständig für Süderhastedt. Dieser hatte das Amt übernommen, auf das der Müller ein Auge geworfen hatte. Dem Amtsinhaber und großen Landbesitzer war er 800 Mark Lüb. schuldig. Auch eine ganze Reihe von Nachbarn gehörten zu seinen Gläubigern. Allein Claußß Nannen hatte er fast 320 Mark Lüb. zurückzuzahlen und dem Verwalter Wagner, der von auswärts nach Dithmarschen gekommen war und sich mit Peters angefreundet hatte, schuldete er nicht viel weniger: 300 Mark Lüb. Von den Dorfbewohnern drohte kaum die Gefahr einer energischen Rückforderung; sie kannten ihn gut, schließlich war er im Dorf geboren und betrieb nun als Müller eine der kompliziertesten technischen Anlagen, die es gab. Deren Funktionsweise verstanden sie nicht genau; wussten aber, dass eine Mühle für sie unentbehrlich war: ohne Mühle kein täglich Brot. Sie übten sich meist in Geduld, wenn es um die Einforderung von Schulden ging. Manch einem konnte es selbst einmal an Geld oder Gut mangeln. Die Witwe Dührsen aus seinem Dorf hatte den Gegenwert von 21 Tonnen Roggen von ihm zu fordern; das konnte sich je nach Marktlage auf 150 - 190 Mark belaufen. Bei einem anderen stand er mit 16 Tonnen in der Kreide. Zögerten Menschen, ihm Geld zu geben, verwies er auf seinen Kredit: Nicht nur Kirchspielvögte, auch Landgerichtsgevollmächtigte wie Peter Detleffs aus Windbergen hätten ihm Geld vorgeschossen, und vergaß dabei auch nicht zu erwähnen, dass er mit hoch angesehenen Personen Handel treibe, so mit dem Kirchspielschreiber Brehmer in Meldorf oder dem Advokaten Franck.

Murrten seine Gläubiger einmal, zahlte er kleine Beträge zurück oder gab ein Stück Vieh als Anzahlung. So bei der Witwe Dührsen, die ein altes Pferd als Abschlag übernahm. Dem Fourier Eberhardt in Meldorf zahlte er von den 300 Mark Lüb., die er ihm schuldig war, dreißig zurück. Er hatte damit seinen guten Willen bewiesen. Oder er kaufte etwas von seinem Gläubiger. Gefährlich wurde es allerdings, wenn Gläubiger, die aus anderen Dörfern stammten wie Hans Hennings aus Bardsfleth, wegen 100 Mark Lüb. vor Gericht zogen. Hennings hatte Jürgen Peters' Mühle pfänden lassen, um die Begleichung der Schuld zu erzwingen. Immer wieder einmal wurde die Zwangsvollstreckung oder Exekution, wie man sagte, von Fremden beantragt – so auch auf Ansuchen eines Händlers in Osterlinde bei Hadersleben, der Peters 22 Ochsen und vier Kühe für eine geringe Anzahlung verkauft hatte. Der Müller hatte ihm die Hand darauf gegeben. Die Exekutionen waren meist erfolglos; Geld war nie im Haus. Nur wenn Handelswaren noch nicht weiterverkauft waren, gab es etwas zu holen. Mit der Zeit kannte Jürgen Peters den Mann, der die Exekutionen durchführte, gut. Schwierig wurde es, wenn Steuern zu zahlen waren und er mal wieder kein Geld hatte. Dann kam er ganz schön in die Bredouille. Einmal dachte er, er wäre der drohenden Exekution schon entkommen, weil sein guter Freund Reinhold Petersen ihm ein Stück Gold geliehen hatte, aber ärgerlicherweise wollte der Kirchspielvogt Reyher es nicht annehmen. Er wollte ihm lediglich eine Woche Aufschub gewähren. In höchster Not galt es jemanden zu finden, der das Goldstück wechselte. Er lief von Pontius zu Pilatus und war letztlich erfolgreich. Es war die Admiralin, wie sie von jedermann genannt wurde, die Witwe des Vizeadmirals Held, die ihm Münzen für das Gold gab. Manchmal fragte er sich, wie lange er sich noch auf diese Weise würde durchschlagen können. Dann dachte er an die Männer, die in großen Städten auf Seilen liefen, von einer Seite des Marktplatzes zur anderen. Er war geschickt wie sie, davon war er überzeugt, aber fiel nicht doch irgendwann mal einer herunter? Andererseits: vielleicht würde er einmal einen Schatz finden und alles sich über Nacht zum Guten wenden.

II. Margarete Geerdts konnte mit ihrem Leben ganz zufrieden sein – eigentlich. Anfang der 1690er Jahre neigte es sich langsam seinem Ende zu. Sie war nun bald siebzig. Ihre Kräfte hatten abgenommen, sie hatte den einen und den anderen Zahn verloren, die Haare hatten sich grau gefärbt. Härchen hatten schon vor Jahren begonnen, in ihrem Gesicht zu sprießen. Sie konnte noch ganz gut sehen, und das Gehen machte ihr noch keine Schwierigkeiten. Ihre Hand war fest und sicher; sie schrieb mit großen, geraden, hohen Buchstaben. Aber nicht in Hoch-, sondern in Niederdeutsch. Die Falten in ihrem Gesicht hatten sich allerdings nicht nur durch das Alter gebildet. Sie hatte viel erlebt in ihrem Leben, viele Schicksalsschläge hinnehmen müssen.

Margaretes erster Mann war als Seemann nach Ostindien gefahren. Für Dithmarscher lag das Meer vor der Haustür und jenseits der See Amsterdam, das pulsierende Zentrum der größten Handelsmacht. Die Stadt zog Männer aus aller Herren Länder an, auch aus Dithmarschen. Viele heuerten bei der Ostindischen Kompanie an und fuhren bis nach Indien oder Batavia, dem heutigen Jakarta auf Java, und einige gelangten sogar von dort nach Japan. Die Rechnung war einfach: Dem großen Risiko stand ein hoher Gewinn gegenüber, wenn alles gut ging. Reichtum oder Tod hieß die Parole, denn viele kamen nicht zurück. Einige gerieten, bevor sie um Afrika herum waren, in die Sklaverei, in die Gefangenschaft in den Barbareskenstaaten, darunter war auch einmal ein Windbergener.

Ihr erster Mann starb früh. Sie erbte einen ostindischen Beutel mit vielen Münzen. Sie war noch jung und heiratete wieder. Auch Margaretes zweiter Mann fuhr zur See, aber als Kapitän. Er segelte in die andere Richtung, nach Westindien, ins karibische Meer. Der Landesherr Süderdithmarschens, der dänische König, besaß dort einige kleine Inseln wie Sankt Thomas und Sankt Jan. Sie war mit ihm gefahren.

Das taten sonst nur Frauen, die, über alle Ohren verliebt, als Mann verkleidet mit an Bord gingen. Die Leute hatten die Augenbrauen hochgezogen und hinter der Hand getuschelt: Was treibt sie sich in der Welt herum? Eine ehrbare Frau tut das nicht, auch wenn sie mit einem Kapitän verheiratet ist. Auch Kapitänsfrauen bleiben aus eigenem Antrieb zu Hause, das war eine feststehende Tatsache. Stürme auf See und an Land hatte sie durchgestanden, auch die bösen Blicke der Matrosen, die glaubten, eine Frau an Bord bringe Unglück, und die neugierigen der Einheimischen, die noch nie zuvor eine weiße Frau gesehen hatten. Sie hatte auch bemerkt, dass eine ganze Reihe von Männern Verhältnisse mit einheimischen Frauen hatte. Mit eigenen Augen hatte sie gesehen, wovon andere in immer wieder neu aufgelegten Reisebeschreibungen begierig lasen.

Dass die sturmerprobten und wettergegerbten Seeleute früher alterten und starben, dass einige auch über Bord fielen und ertranken, musste sie noch einmal zu ihrem Leidwesen erfahren. Auch die Ehe mit ihrem zweiten Mann wurde zu früh durch seinen Tod beendet. Der Verlust schmerzte sie sehr. Nachdem sie die vorgeschriebene Trauerzeit hinter sich gebracht hatte, heiratete sie ein drittes Mal, diesmal den Meldorfer Hans Geerdts, der mit der See nichts zu tun hatte. Die Ehe ging nicht gut. Sie trennte sich eigenmächtig von ihm, was weder die Kirche noch die weltliche Obrigkeit erlaubte. Trotzdem vermachte ihr dritter Mann ihr, bevor er starb, einen großen Teil seines Vermögens. Zu dem ostindischen Beutel mit seinen Litzen und Knöpfen waren noch zwei weitere gekommen. Sie wurden noch weiter gefüllt, als ihre Schwester starb. Margarete Geerdts war nun endgültig reich – und allein.

Die vermögende Matrone versuchte ihr Geld gewinnbringend anzulegen. Sie verlieh es gegen Zinsen und ließ sich Schuldscheine ausstellen. Dazu brauchte sie als Witwe rechtlichen Beistand durch einen Mann, besonders dann, wenn etwas schieflief und es vor Gericht ging. Kuratoren hießen diese Männer in den Herzogtümern. Ihre Kuratoren mussten Margarete nicht nur in Streitfällen vor Gericht

Abb. 8 Darstellung einer 60-Jährigen auf der Lebensaltertreppe von Lunden (Dithmarschen)

vertreten, sondern sich auch um ihre Geld- und Immobiliengeschäfte kümmern. Wenn jemand nicht zahlen konnte oder gar in Konkurs ging, galt es ihre Rechte zu sichern. Das konnte lange Wege bedeuten, bis ins Kirchspiel Marne im Süden zum Beispiel. Dass sie Kuratoren nehmen und auch entlohnen musste, ärgerte Margarete Geerdts. Ihre Männer hatte sie nie in ihre Geldbörse blicken lassen; nur einem von ihnen, Dierich Jansen, hatte sie halbwegs vertraut. Und nun sollte sie immer die Zustimmung eines rechtlichen Vertreters einholen. Das tat sie aber beileibe nicht jedes Mal. So war ihr Verhältnis zu den Kuratoren denn auch gespannt; einen entließ sie, hatte er doch tatsächlich für zwei kurze Wege die unerhört hohe Summe von zehn Reichstalern gefordert. Ein zweiter ließ sich von seinen Pflichten entbinden. Einen weiteren Wechsel ihrer Rechtsvormünder zogen ihre Wohnortswechsel nach dem Tod ihres letzten Mannes nach sich: Zunächst ging sie von Meldorf nach Heide – und damit im Verständnis nicht nur der Meldorfer und aller Süderdithmarscher ins Ausland, denn der Landesherr von Norderdithmarschen war der Herzog von Gottorf. Dann von Heide nach Wöhrden in die nordwestliche Ecke von Süderdithmarschen und von Wöhrden schließlich wieder zurück nach Meldorf. In dem Flecken mit seinen etwa 400 Häusern lebte sie dann in der Süderstraße in einem Haus mit zwei Wohnungen und Stallungen, das sie eigentlich an den Kleinschmied Harm Dithmer verkauft hatte. Als dieser ihr 1688 den großen Betrag von 550 Mark Lüb. immer noch nicht bezahlt hatte, hatte sie den Kauf rückgängig machen lassen und wohnte fortan selbst dort. Im Burgviertel, wo ihr Haus lag, hatten auch einige prominente Persönlichkeiten wie der Pastor Voß, der Kirchspielschreiber Brehmer oder der Advokat Francke ihren Wohnsitz, mit denen der Müller Jürgen Peters Geschäfte machte. In dem Flecken genoss Margarete Geerdts das Vertrauen von angesehenen Handwerkern, so von dem Bäcker Hans Klinck, der zeitweise ihr Kurator war, und dem Färber Hans Martens.

Nach dem Tod ihres dritten Mannes musste sie die Erben Hans Geerdts' ausbezahlen und die Eigentumsverhältnisse regeln, Haus, Grundstücke und anderes verkaufen. Darüber kam es zu einer Reihe von Prozessen. Ein erstes Verfahren strengten die anderen Erbberechtigten kurz nach dem Tod ihres Mannes an. Sie versuchten ihr ihren Anteil streitig zu machen, indem sie mit dem Argument vor Gericht zogen, sie habe sich nicht wie eine Ehefrau verhalten. Sie sah dem Ausgang der Klage mit einem gewissen Bangen entgegen. Erleichtert nahm sie zur Kenntnis, dass die Kläger damit scheiterten. Aber ihre Gegner blieben hartnäckig. Sie appellierten, wurden jedoch mit der Begründung abgewiesen, ihr Ehemann habe die Angelegenheit nie vor Gericht gebracht. Das machte es Margaretha einfacher, sie zu einem Vergleich zu bewegen. Sie zahlte ihnen eine große Summe aus. Als einige von ihnen dann Dithmarschen verließen, unter anderem um nach Holland zu gehen, dachte sie: „Geschieht ihnen recht, dass die Obrigkeit eine zehnprozentige Steuer auf Erbschaften erhebt, die ins Ausland gehen – so wie sie mir zugesetzt haben."

Bei normalen Geschäften schien es ihr, als ob die Männer ihr gegenüber die Spielregeln des geregelten Geschäftsverkehrs gezielt missachteten. Anfangs hatte sie noch geglaubt, es sei eine Ausnahme, als ein Schuldner nicht zahlte. Sie hatte darauf das Haus des verstorbenen Barbiers Harder Harders als Druckmittel pfänden lassen. Aber bald wurde ihr klar: Es war kein Einzelfall. Zu ihrem Ärger zahlten Männer immer wieder die vereinbarte Kaufsumme nicht, so auch der alte Barbier Detlef Wohld, der sechs Grundstücke von ihr erworben hatte. Wie schon bei Harm Dithmer so blieb auch bei ihm nach der vereinbarten Frist eine größere Summe offen. Sie hatte das Gefühl, die Männer würden denken, sie sei doch nur eine Frau: Mal sehen, ob die sich gegen ihr Verhalten zur Wehr setzen würde. Sie jedoch hielt dagegen; zu den geforderten Fristverlängerungen war sie nicht bereit und zog ein ums andere Mal vor Gericht – mit der vorgeschriebenen Hilfe eines Mannes allerdings.

Das Meldorfer Gericht sah Margarete Geerdts im Recht und entschied immer wieder zu ihren Gunsten, so in der Sache mit der Stute. Sie hatte sich sehr darüber aufgeregt, wie mit ihrem Eigentum umgegangen wurde. Das konnte man mit ihr nicht machen. Sie hatte das Pferd für mehr als 48 Mark Lüb. verkauft, und der Käufer hatte es weiterveräußert, ohne sie vorher zu bezahlen. Nicht zu glauben. Inzwischen stand das Pferd beim Wöhrdener Hafen zur Fütterung und drohte abermals verkauft zu werden. Was blieb ihr übrig, als vor Gericht zu ziehen und entweder die sofortige Bezahlung oder die Rückgabe der Stute zu fordern?

Die Schuldner waren über ihr Verhalten wenig erfreut: Konnte die reiche Matrone nicht etwas Geduld zeigen und warten oder vielleicht sogar etwas vom vereinbarten Preis ablassen? Sollten Christen nicht eine gewisse Milde an den Tag legen? Die Frau hatte Haare auf den Zähnen. Hatte sie nicht schon früher, als sie noch verheiratet war, wegen einer frechen Äußerung vor Gericht eine Strafe zahlen müssen? Nun hatte sie das Geld Prozesse anzustrengen, ihnen aber war das Erscheinen dort abträglich.

Geld, das Margaretha Geerdts nicht für den Alltag brauchte und was sie nicht angelegt hatte, verwahrte sie nicht in einem Strumpf unter dem Kopfkissen, sondern in drei Beuteln zusammen mit ihren Wertgegenständen, selbstverständlich weggeschlossen. In einem befanden sich silberne Löffel, die man als Notgroschen schätzte. Sie ließen sich jederzeit in bare Münze verwandeln. In einem anderen bewahrte sie 80 *Ducatons* auf. Die holländischen Silbermünzen mit einem Ritter zu Pferde auf der einen Seite erinnerten sie an die ostindische Vergangenheit ihres ersten Mannes. In einem dritten schließlich steckten Münzen ganz unterschiedlicher Art: *Ducatons*, Kronen oder auch Viermarkstücke. Ein Lächeln huschte über Margarete Geerdts' Gesicht, wenn sie ihren Schatz betrachtete: Das würde leicht reichen für das Alter. Sie lebte kärglich und tastete ihre Münzbeutel nicht an. Schließlich hatte sie ja noch laufende Einkünfte.

Dachte sie an ihre Beutel, dann tauchte regelmäßig auch die Frage auf: Was ist, wenn sie mir gestohlen werden? Den in Meldorf stationierten Soldaten war so einiges zuzutrauen. Es gab keinen Ort, keine Institution, zu der sie ihr Geld bringen konnte. Der Gedanke an einen möglichen Verlust ließ sie nicht los. Gab es ein besseres Versteck als die verschlossene Truhe? In ihrem Haus hatte sie einmal die Beutel in einen alten Grapen, der zum Kochen nicht mehr taugte, gelegt und vergraben wollen, als ihre Dienstmagd darüber hinzukam. Die Beutel blieben, wo sie waren.

Ein Jahr nachdem sie in die Süderstraße gezogen war, 1689, ärgerte sie sich über ihre Nachbarin, die Witwe Schulenburg, die nun Jürgen Kann geheiratet hatte. Nicht ein Zaun war der Anlass des Streites, es war das Abwasser, das auf ihrer Seite den engen Gang zwischen beiden Häusern hindurchlief: Es stank. Nicht das Regenwasser aus der Dachrinne, sondern was die Nachbarin da hineinkippte. Sie erwirkte bei der Obrigkeit ein Verbot. Die Nachbarin erklärte sich daraufhin bereit, kein Stockfisch- oder sonstiges übel riechendes Wasser mehr in die Wasserrinne im Gang zu schütten. Margarete Geerdts war damit nicht zufrieden. Das war doch selbstverständlich, schließlich handelte es sich nicht um einen Rinnstein. Auch die Regenrinne am Dach sollte verschwinden, schließlich sorgte ihr Wasser erst dafür, dass die Nachbarin alles in die Bodenrinne hineingießen konnte! Sie war zwar schon vor einigen Jahren angelegt worden, ihr aber nun ein Ärgernis. Die Nachbarin war jedoch zu weiteren Zugeständnissen nicht bereit, und so zog sich der Streit über zwei Jahre hin. Die Fleckensvorsteher kümmerten sich nicht um so etwas; sie sorgten lediglich dafür, dass die Misthaufen nicht zu nahe an der Straße lagen, oder schritten ein, wenn jemand wagte, einen Schweinestall direkt an den Straßenrand zu bauen. Selbst der Abstand der Dunghaufen zu den Brunnen interessierte sie nicht. Das Gericht aber musste tätig werden. Nach einer Ortsbesichtigung entschied es 1691, dass die Dachrinne bleiben, doch nicht vergrößert werden dürfe; der Nachbarin wurde auferlegt, kein Wasser in dem strittigen Gang auszugießen. Margarete Geerdts war nicht glücklich über das Urteil – es war doch nur ein Vergleich. Solange das Wasser der Regenrinne durch ihren Gang lief, solange konnte sie missbraucht werden. Sie hoffte zwar, dass die Prozesse, die sich nun über mehr als ein halbes Jahrzehnt abgewechselt hatten, ein Ende finden würden. Aber notfalls war sie bereit, weiter das Ihrige mit Händen und Füßen zu verteidigen.

III. Es war ein großer Trost für Margarete Geerdts, dass der Müller Jürgen Peters in dieser Zeit immer wieder einmal vorbeikam. Denn Frieden und Freundschaft, sprich gute Nachbarschaft, herrschten nun nicht mehr zwischen ihr und dem Nachbarsehepaar. Auch andere schätzten sie aufgrund der Prozesse nicht. Mit der reichen Matrone sei nicht gut Kirschen essen, sagte man. Den Müller kannte sie schon als Kind, war aber lange Zeit nicht gut auf ihn zu sprechen gewesen. Sein Vater hatte zu seinen Lebzeiten seine Schulden bei ihr nicht beglichen. Wenn der Sohn in Meldorf war, versuchte sie immer wieder, deren Rückzahlung zu erreichen. Er versuchte ihre Forderung mit dem Hinweis beiseitezuschieben, dass er nicht Alleinerbe gewesen sei, und hoffte, dass seine zwar sauberen, aber armseligen Kleider ihr klarmachten, dass es ihm wirklich nicht möglich war zu zahlen. Er beklagte seine schlechte wirtschaftliche Lage und sagte, wenn einige ihre Schulden bei ihm zurückzahlten, könne sie ihr Geld sofort haben. Sie jammerte über den Prozessausgang: Es sei ja nur ein Vergleich; sie habe nicht Recht bekommen.

„Der Vergleich war nicht optimal, das stimmt, aber du hast doch viel erreicht", sagte er, beschwichtigend, „mehr war nicht möglich. Und es ist endlich vorbei – nach fast zwei Jahren!"

Sie murrte: „Aber die Dachrinne muss weg, es ist doch meine Seite!"

„Es riecht doch nicht mehr. Das war doch dein Hauptziel. Und jetzt kann die Kann sehen, wo sie mit ihrem Dreckswasser bleibt. Du hast es ihr gezeigt!"

Ihr Gesicht begann sich langsam aufzuhellen.

„Jetzt haben sie Respekt vor dir, in Zukunft werden sie sich nichts mehr herausnehmen!"

Ein Lächeln flog über ihr Gesicht. Der Ärger verflüchtigte sich. Es war ein Geschenk, dass es ihn gab. Er sah zwar nicht gut aus, aber er fand immer die richtigen Worte. Kein Wunder, dass er so viele überzeugen konnte. Mit ihm konnte sie über alles reden; über die neuesten Ereignisse im Flecken, über das Unwohlsein, das sie manchmal überfiel – er tröstete sie, das werde schon vorüber gehen –, oder über den Pastor der Domkirche und seine letzte Predigt. Sie lobte sie, und er stimmte ihr zu. Der Gleichklang der Ansichten bewirkte ein Wohlgefühl in ihr.

Wenn er auf seine finanziellen Verhältnisse zu sprechen kam und um Hilfe bat, gab sie ihm kleine Beträge – gegen ein Pfand. Nur damit er aus dem momentanen Engpass komme. Neun Reichstaler erhielt er für zwei Ketten und ein Brustgeschmeide. Kaum war er aus dem Haus, dachte sie: „Was er wohl von mir hält? Ist er nur wegen des Geldes so freundlich?" Doch schon bald musste sie sich zwingen, ihr Geld nur gegen ein Pfand zu verleihen. Seine Gegenwart tat ihr gut – sie hatte ihr ganzes Leben in Gesellschaft eines Mannes verbracht. Und nach Jahren des Streits mit ihrem letzten Mann war der Müller eine Wohltat. Sie begann, auch einiges über ihre finanziellen Geschäfte preiszugeben. Er gab ihr Ratschläge, was am besten zu tun sei. Sie hörte sie sich an, blieb aber zurückhaltend. War er gegangen, fing sie schon an, auf seinen nächsten Besuch zu warten. Bald sah sie niemanden lieber kommen als ihn. Die Einlösung der Pfänder forderte sie nicht mehr; stattdessen fing sie an, ihm auch ohne Sicherheit Geld zu geben. Schließlich bezahlte sie ihm sogar die Schnürsenkel, wenn er welche brauchte. Er hatte nun ihr volles Vertrauen; sie machte ihn zu ihrem Kurator. Selbstverständlich, sagte er, brauche sie ihn dafür nicht zu bezahlen. Das gefiel ihr sehr. Er tue das ihr zuliebe. Sie empfing ihn fortan mit strahlenden Augen, wenn er wiederkam. Als ob ein Engel komme. Ihr Engel.

Als eines Tages ein anderer Besucher seine Kleidung in ihrem Haus sah, sagte sie, er müsse sich doch umziehen, wenn er von seinen Reisen komme.

IV. Eines Tages klopfte es an ihrer Tür. Verblüfft schaute sie auf einen jungen Mann. Er wollte Wolle verkaufen, zu einem sehr günstigen Preis. Margarete Geerdts konnte nicht widerstehen; zu gut war das Angebot. Die Freude über die billig erworbene Wolle währte allerdings nicht lange. Es stellte sich heraus, dass sie gestohlen und der junge Mann ein Soldat in Zivil gewesen war. Aus Angst vor Strafe war er danach geflohen. Nun war sie in einen Fall von Desertion verwickelt. Ihr wurde sogar vorgeworfen, dem jungen Mann mit Kleidern ihres verstorbenen Mannes zur Flucht verholfen zu haben. Sie wurde von dem Fourier, dem für die Versorgung der Kompanie zuständigen Unteroffizier einer der zwei in Meldorf stationierten Einheiten, bedrängt. Aus Furcht vor einer hohen obrigkeitlichen Geldstrafe gab sie nach und zahlte, um Schlimmeres zu vermeiden. Aber ob sie ihn damit los war – sie war sich nicht sicher. Sie erzählte es dem Müller.

„Ich halte es hier einfach nicht mehr aus; der Unteroffizier erpresst mich. Ich will nicht noch mehr zahlen."

„Komm nach Windbergen", sagte er blitzschnell, „da hast du Ruhe vorm Militär."

Das war die Lösung. Das war genau, was sie sich wünschte. Aber dann müsste sie wieder umziehen und das Haus vermieten oder verkaufen, und vieles anderes regeln. Sie zögerte einen kleinen Moment mit der Zusage. Sofort schob er ein Argument nach:

„Einquartierungen gibt es auf dem Land nicht." Das war ihr wichtig, das wusste er.

„Außerdem hast du dann die Kanns nicht mehr vor der Nase. Jürgen Claußen und Boye Detlef, mein direkter Nachbar, sind sehr freundliche Leute. Johann Claußens Frau Höbcke ist besonders nett, sie ist mir schon manchmal behilflich gewesen. Darüber hinaus ist man in Gottes schöner Natur; du kannst an unseren See gehen, den Enten zuschauen."

„Das interessiert mich wenig", dachte sie. „Dem Fourier Eberhardt zu entkommen und bei ihrem Engel zu sein, das wäre wunderbar. Aber sein Haus war nicht gerade in gutem Zustand; verfallen nannten es einige. Weit problematischer war: Was würde seine Frau sagen? Wie würde sie mit ihr auskommen? Für sie wäre eine weitere Person im Haus mehr Arbeit, denn eine Dienstmagd hatte der Müller nicht. Was, wenn sie misstrauisch würde? Seine Frau würde wohl dennoch eher nichts sagen, denn sie hatte sich ja auch die Teilnahme an der Beerdigung ihrer eigenen Mutter von ihm verbieten lassen. Dann kam der alte Gedanke wieder hoch: „Er will nur seine Schulden loswerden. Das soll mir recht sein, solange er nur zu mir kommt. Aber ich darf die finanzielle Seite nicht aus den Augen verlieren."

„Außerdem ist Windbergen nicht voll von Gastwirtschaften", setzte der Müller hinzu, „bei uns wird kein Nachtschwärmer deine Ruhe stören. Und dann das Gelaufe der fremden und einheimischen Kaufleute und der Bauern jeden Freitag, wenn Markt ist – das brauchst du nicht mehr zu ertragen. Die Luft ist bei uns auch gesünder. Die Pest kann wiederkommen. Dann ist man auf dem Lande sicherer."

Das leuchtete ihr zwar ein, aber von der Pest war im Augenblick nirgendwo die Rede. Manchmal redete er doch einfach zu viel. Das mit den Krügen, das stimmte zwar schon. Der Markt bot aber andererseits immer auch günstige Einkaufsmöglichkeiten – „Naja, dann muss er für mich da hin."

„Die Kirche im Dorf liegt ganz in der Nähe von meinem Haus, nicht einmal eine halbe Viertelstunde entfernt. Du kannst sie immer problemlos besuchen, auch wenn es mit dem Gehen schlechter werden sollte."

Das war ihr in der Tat wichtig. Die Kirche in Windbergen, viel kleiner als der Meldorfer „Dom", trug einen ungewöhnlichen Namen: zum Heiligen Kreuz. Jemand hatte ihr erzählt, dass vor undenklichen Zeiten einmal ein Bauer beim Pflügen ein altes, wundertätiges Kruzifix gefunden hatte und die Kirche deshalb so hieß. Ob es wohl dem Seelenheil ganz besonders zuträglich war, in eine solche Kirche zu gehen? Lag nicht alles Heil im Kreuz, ganz besonders in einem mit solcher Geschichte? Bis zu diesem Zeitpunkt war sie regelmäßig zum Gottesdienst in der großen Meldorfer Kirche gegangen, der steinernen Erinnerung an die einstige Bedeutung des Fleckens. Dort hatte sie bedächtig Gottes Wort gelauscht, gepredigt durch den Magister Voß. Der gelehrte Mann war auch ihr Beichtvater. Abends pflegte sie den Psalm „Verlass mich nicht, Gott, im Alter" zu beten.

„Aber wo soll ich wohnen?"

„Du kriegst unsere beste Stube, den Pesel."

Das war nicht schlecht. Besser als ein Sessel in der Ecke, wie er schlimmstenfalls einem alten Elternteil zugewiesen wurde – ein ganzer Raum; auch wenn ihr klar war, dass der bei dem Müller alles andere als ein Pracht- und Prunkraum war wie bei vornehmen Familien.

„Was ist mit der Beheizung?“, fragte sie.

Ja“, sagte er gedehnt, „einen Ofen, den hab’ ich nicht.“

„Na ja“, dachte sie, „das ist bei seinem Pesel eben so. Aber manchmal haben Leute doch einen Ofen mit schönen Zierkacheln darin stehen.“

„Gut. Dann bezahle ich den. Aber nur einen eisernen, versteht sich.“

„Torf kannst du von mir haben“, beeilte er sich zu sagen.

Da entschied sie sich endgültig, nach Windbergen zu ziehen.

„Du musst aber für den Umzug sorgen. Und den Ofen nehme ich mit, falls ich wieder ausziehen sollte. Ein Bett ist sicher auch nicht in deinem Pesel. Das musst du stellen, das gehört dazu.“

„Ich hab’ aber keins. Wenn du es kaufst, zahl’ ich es dir im Herbst zurück. Und was das Essen betrifft, so kannst du bei uns essen, wenn es etwas gibt, was du gern magst.“ Und mit einem Lächeln „Und ich bei dir.“

„Gut. Ich ziehe nach Ostern ein und bezahle dieses Jahr und das nächste im Voraus.“ Sie erwiderte das Lächeln. „Danach zahle ich für jedes Jahr fünf Taler.“

Er versprach seinerseits, ihr das Geld zu überlassen, das der Mann aus Thalingburen ihm schuldig war. Damit sollten seine Schulden bei ihr abgegolten sein.

„Fünf Taler sind nicht viel“, sagte sie noch, „aber wenn ich vor dir sterbe, kriegst du hundert. Du wirst allen Grund haben, mir dankbar zu sein.“

Bald nach Ostern zog sie um. Sie war mehr als zufrieden mit dem Arrangement. Sie fühlte sich wohl in Windbergen. Ihr Haus war zwar besser gewesen, aber hier kümmerte er sich um sie, holte ihr Leckereien aus dem Flecken oder ritt für sie zur Apotheke. Auch um ihre finanziellen Angelegenheiten kümmerte er sich. Meldorf, der Ort des Militärs und des Gerichts, war für sie in weite Ferne gerückt. Es ging ihr gut, und sie sah, dass auch er von der getroffenen Vereinbarung profitierte.

Bald nach Pfingsten verbesserten sich seine finanziellen Verhältnisse noch einmal schlagartig – zumindest für den Augenblick: Sie hatte ihm zusätzlich zu ihrer Miete 80 *Ducatons* verehrt, jeder davon war drei bis viermal so viel in Lübscher Mark wert. Er wusste, wie man das Geld gut anlegte. Er ließ sich in Meldorf aus den Münzen silberne Knöpfe für seinen Rock machen. Margarete Geerdts gab ihm noch ein Futterhemd – unter der Weste, aber über dem Hemd zu tragen, wie es Mode war. Sie wollte, dass er was herzeigte. So prächtig gekleidet erschien er zum ersten Mal bei der Donner-Gilde, wie sich der freiwillige Zusammenschluss von Hausbesitzern gegen Brandschäden nannte. Die Gildebrüder waren beeindruckt. Als er dann auch so gekleidet zum Gottesdienst erschien, zusätzlich noch mit feinem Damast angetan, blieben den anderen Kirchgängern die Münder offen stehen. Beim Hinausgehen aus der Kirche tuschelten sie. Er bemerkte es, drehte ihnen sein Hinterteil zu und hob den Rock darüber. Mit den Knöpfen war nicht genug getan, er ließ noch einen Krug mit einem silbernen Deckel versehen, der seinen Namen und das Jahr des Mühlenerwerbs trug, und kaufte eine silberne Geldbüchse, die er bei Mühlengeschäften präsentieren konnte. Ein paar Ringe kamen noch hinzu. Er vergaß seine kleine Tochter nicht: Für sie ließ er zwölf silberne Knöpfe machen – alle von dem Goldschmied in Meldorf aus den restlichen *Ducatons* angefertigt. Über die Grenzen Windbergens hinaus bis in andere Kirchspiele verbreitete sich die Nachricht, dass er im Besitz dieser wertvollen Münzen sei. Der Kirchspielvogt von Norderhastedt schrieb und bat um welche, doch da hatte der Müller schon keine mehr. Er lud alle Dorfgrößen ein, Margarete zu Ehren, und bewirtete sie hochherrschaftlich – mit ihrem schönen Silbergeschirr. Ihr gefiel es. Er sollte doch jemand sein, und das nicht nur in ihren Augen.

Er weitete seinen Handel kräftig aus, handelte nun auch in großem Stil mit Vieh. Dazu reiste er in das weit entfernte Osterlinde bei Hadersleben in Nordschleswig und kaufte dort Ochsen und andere Tiere. Vieh ließ sich auch anders nutzen als nur zum Weiterverkauf: Er wollte ein Haus erwerben und gab statt der vereinbarten hundert dänischen Kronen zwei Pferde. Auch sein Geschäft mit Getreide nahm nun beachtliche Dimensionen an: Auf hundert Tonnen schätzten die Nachbarn die von ihm erhandelte Menge.

Aus Meldorf kommend, traf er einmal auf dem schmalen Fußsteig auf Hans Heinrich Wagner, seinen guten Freund, der des Öfteren bei ihm übernachtete, was die Nachbarn sonderbar fanden. Jürgen Peters wollte nach freundlichem Lächeln und Gruß und einem knappen „Geht's gut?" weitergehen, aber Wagner hatte ihn schon angeredet:

„Sag mal, hast du einen versteckten Schatz gefunden?"

„Was soll die Frage? Margarete Geerdts hat sich bei mir eingemietet. Weißt du doch."

„Und davon kannst du dir die großen Ausgaben leisten, Silbersachen hier, Ochsen dort?"

„Sie gibt mir auch sonst noch Geld."

„So?"

Der Müller lächelte verschmitzt.

„Was grinst du so?"

„Auch alte Frauen haben Bedürfnisse …"

„Was? Dann ist also wahr, was viele im Dorf wissen, aber keiner anzusprechen wagt? Du treibst Unzucht mit ihr!"

Der Müller drehte sich um und ging weiter, ohne ihn einer Antwort zu würdigen.

Im Spätsommer begann Margarete wieder der Gedanke zu quälen, ihre Beutel könnten gestohlen werden. Eingraben war immer noch das Beste. In Notzeiten war es doch immer so gemacht worden, und mit Erfolg. Schlösser zeigten doch nur an, dass sich etwas Wertvolles dahinter verbarg. Der Müller hatte ihr zugeraten. Es stehe wieder einmal eine Zwangsvollstreckung bevor, und man müsse dafür sorgen, dass ihr Eigentum da nicht mit einbezogen werde. Sicher sei sicher, auch wenn er den Fourier aufgrund von früheren Exekutionen schon kenne. Sie fing an, ein Loch in den Lehmboden des Pesels zu graben, unter dem Bett. Es wurde ihr zu schwer, sie rief den Müller, der unter der Mühle saß und mit seinem Gesellen die Segel flickte. „Unter dem Bett ist keine gute Idee“, meinte er, und grub an der Vorderseite des Zimmers bei der Lade ein Loch, spatentief. Sie kam mit einem Kasten, der aussah wie ein Schweinetrog.

„Was ist darin?“

„Das geht dich nichts an,“ erwiderte sie schroff.

Über ihre finanziellen Verhältnisse pflegte sie zu schweigen. Wenn Leute sagten, sie sei reich, fragte sie, ob sie ihr Geld gesehen hätten.

„Nein.“

„Na also.“

Er setzte den Kasten in das Loch hinein, legte Heide darauf und schaufelte es zu. Wir brauchen noch Lehm, um das Loch im Boden zu verschließen. Sie ging ihn holen, kam aber mit dem Nachbarn in ein Gespräch. Er stand wartend in der Tür und ging ihr entgegen, als er sah, dass es ihr zu schwer wurde. Als er den Lehm ausgebreitet hatte, setzte er ihren gelben Koffer darauf. Es war nicht mehr zu erkennen, dass hier gegraben worden war. Die Beutel waren perfekt versteckt.

Einige Zeit später hörte sie zufällig, wie er mit einem seiner Mahlgäste von ihr sprach, als sei sie nur eine Geldquelle. Das stieß ihr bitter auf. Sie hatte ihm inzwischen noch mehr Geld gegeben; verärgert forderte sie es nun zurück. Er gab es sofort heraus, sagte, das sei ein Missverständnis gewesen. Er sprach liebevoll auf sie ein, er würde doch alles für sie tun, das wisse sie doch, und legte den Arm um sie.

Dann kam der Winter, ein langer, kalter, wie es noch viele in dem Jahrzehnt sein sollten. Sie mussten mehr heizen als sonst, der Torfstapel schrumpfte schneller als üblich. Sie aß manchmal mit dem Müller und seiner Familie zusammen; und manchmal saß er auch bei ihr am Tisch und blieb noch einige Zeit.

*

V. Im Frühjahr 1693 reiste Jürgen Peters ein zweites Mal nach Osterlinde, um Ochsen zu kaufen. Die Gelder für die Reise hatte er auf seine Weise organisiert: Er hatte von Reinhold Petersen 16 Tonnen Getreide geliehen und in Meldorf dem Advokaten Franck weiterverkauft. Während seiner Abwesenheit erstattete Margarete Geerdts Anzeige gegen ihn wegen Diebstahls: Sie habe einen Kasten, der mit ihren Münzen und Wertgegenständen gefüllt gewesen sei, leer aufgefunden. Nur der Müller könne der Dieb sein. Sie bestand auf einer Hausdurchsuchung, er müsse doch etwas von ihrem Eigentum an anderer Stelle vergraben haben. Die Obrigkeit ließ sie durchführen. Der Boden wurde überall aufgerissen, es wurde alles durchsucht, aber nichts gefunden. Sie bat darum, den Müller festzunehmen. Die Bewohner Meldorfs und Windbergens, mit denen die beiden zu tun hatten, teilten sich in zwei Lager. Die einen glaubten ihm, die anderen ihr.

Die alten Windbergener sagten: Ich kenne ihn von Kindesbeinen. Er hat sich nie was zuschulden kommen lassen. Ja, Schulden habe er schon, aber einen Diebstahl, nein, den traue man ihm nicht zu. Das sagten auch viele in Meldorf, die ihn kannten. Schulden seien eine Sache – ein Diebstahl etwas ganz anderes. Ein Dieb stelle sich außerhalb der Gemeinschaft, ein Schuldner wie er sei einer von ihnen. Und warum sollte er Margarete die Münzen und Wertgegenstände gestohlen haben? Man habe gehört, sie habe ihm den Kasten für den Fall ihres Todes versprochen. Er hätte sich bis zu ihrem Tod leicht über Wasser halten können, das habe er auch sonst doch immer geschafft. Außerdem sei der Müller nicht so dumm, etwas in seinem eigenen Haus zu stehlen; der Verdacht könne doch nur auf ihn fallen. Und das Vieh, das er zuletzt gekauft hatte, habe er doch noch gar nicht bezahlt. Und als er aus dem Gefängnis entlassen worden sei, sei er nicht geflohen.

Ihr sei nicht zu trauen, hieß es weiter. Und wer war dabei, als sie die Kiste ausgrub? Niemand sei dabei gewesen. Also hätte sie damit machen können, was sie wollte. Bestimmt habe sie alles herausgenommen und woanders vergraben. Warum? Weil ihr Verhältnis zu ihm sich so verschlechtert hätte, dass sie ihm nichts mehr gegönnt habe. Längst sei er für sie nicht mehr der geliebte Müller gewesen, für den sie alles getan hatte. Sie hätte begonnen, ihm zu misstrauen. Es sei zu Streitigkeiten gekommen. Sie sei anderer Meinung gewesen über seine Großeinkäufe, hatte er in Meldorf geklagt. Sie habe sie als nicht seriös bezeichnet. Davor hätte sie sich auch gegen seinen Plan ausgesprochen, sich um den Posten eines Kirchspielvogts zu bewerben. Er hatte seinen Freunden gegenüber angedeutet, dass sie immer das Sagen haben wolle.

Ihre hartnäckige Behauptung, er habe etwas von ihren Sachen vergraben, hätte sich doch als falsch erwiesen. Sie hätten das ganze Haus aufgegraben und nichts gefunden. Sie hätte auch gesagt, er habe etwas von den Gütern des verstorbenen Pastors zu Windbergen bekommen und ebenfalls vergraben. Margarete habe einen schlechten Charakter, sie könne mit niemandem auskommen, sagten einige in Meldorf, sie sei hart gegen jedermann. Erst sei der Müller ihr Liebling gewesen, auch ihr Liebhaber, nun ein Verbrecher. Das sei typisch für sie. Sie leide unter fixen Ideen; das sehe man an dem Tick, dass alles vergraben sein müsse. Obendrein sei sie im Alter etwas schwach im Kopf geworden. Eine schwarze Katze sei aus dem Kasten gesprungen, habe sie gesagt. Das spreche doch Bände: Wie kann eine Katze in einem Kasten sein, der vergraben ist? Und dass nur er es getan haben könne, das stimme auch nicht. Jeder wisse, wie leicht man in das verfallene Haus des Müllers eindringen könne. Und der gelbe Koffer sei doch auffällig. Sicher, er habe sich nicht gewehrt, als sie ihn auf dem Markt vor jedermann einen Dieb schalt. Zugegebenermaßen sei das ungewöhnlich. Aber sein Anwalt habe ihm geraten, keine Klage wegen Beleidigung anzustrengen: Es sei nicht hilfreich, noch mehr Aufsehen zu erregen.

Andere glaubten ihr. Sie hätte ihnen viele Male erzählt, als er nach Osterlinde abgereist war, sei sie durchs Haus gegangen, hätte sein Ein- und Ausgabebuch auf dem Tisch liegen gesehen und einen Blick hineingeworfen. Hundert *Ducatons* hätte er einer Person ausgeliehen, einer Frau, was sie besonders ärgerte. Hundert *Ducatons*, hätte sie sich gefragt – woher sollte er hundert *Ducatons* haben? Ein Schreckgedanke habe sie durchzuckt: aus ihrem Kasten! Mit viel Mühe habe sie ihn freigeschaufelt und mit noch mehr Mühe herausgezogen: Er sei leer gewesen. Es gäbe nur einen, der das getan haben könnte. Viele von ihnen waren in der Meldorfer Kirche gewesen, als sie den Diebstahl Gott klagen ließ, in der Hoffnung, dass Reue den Täter übermannen würde. In Windbergen hatten die Kirchgänger dasselbe erlebt. Natürlich hatte sich der Müller nicht zu der Tat bekannt, die sie und andere ihm zuschrieben. Sie verbreitete auch eine Erklärung dafür, dass er immer noch arm war. Er habe viel Geld in Wilster auf Zinsen stehen.

Einen Prozess von Amts wegen hatte sie nur erreicht, indem sie Armut vorgeschützt hatte. Entsprechend hatte sie die Angaben über das Vergrabene heraufgesetzt. Dann aber wurde sie schwer krank. Ihre Freundinnen besuchten sie.

„Der Müller ist der Nagel zu meiner Totenkiste", sagte sie bitter. „Er hat mich ruiniert. Erst hat er meine Ansprüche im Konkurs von Peter Paulsen aus dem Marner Kirchspiel nicht vertreten, dann hat einfach vorgegeben, ich hätte kein Interesse an dem alten Haus und den Ländereien, und nun behauptet er frech, ich hätte ihm viel Geld geschenkt; dabei habe ich es ihm nur geliehen! Und jetzt noch der Diebstahl! Er ist ein Ausbund an List und Tücke. Ich habe es zu spät bemerkt." Nach einer kurzen Pause fügte sie bitter hinzu: „Ich habe ihm immer geholfen, und er bestiehlt mich."

„Siehst du", erwiderten ihre Freundinnen, „wir haben noch nie etwas von ihm gehalten."

„Warum hängt man Müller nicht wie andere Diebe?", fragte eine von ihnen.

„Das weiß doch jeder", sagte eine andere, „weil sonst das ganze Handwerk ausstürbe. Aber er hat unsere liebe Margret bestohlen; das ist viel schlimmer."

Als nächstes kam der Pastor und fragte, ob es mit ihrer Beschuldigung seine Richtigkeit habe oder ob sie jemanden ins Verderben stürzen wolle. Die Empörung gab ihr noch einmal Kraft. Sie verneinte jegliche böse Absicht so heftig, dass der Pastor sie ermahnte, sich christlich zu verhalten.

Mit Spannung hatten viele in Windbergen und Meldorf die Nachrichten von dem Prozess verfolgt. Es sickerte durch, dass die Akten an die Universität nach Kiel gegangen seien, als Margaretes Erben ein Ende des Verfahrens erreichen wollten. Doch die Kieler Juristenfakultät lehnte eine Einstellung ab und ordnete eine weitere Untersuchung mit erneuten Verhören an, mit denen geklärt werden sollte, ob die Folter in diesem Fall anwendbar sei oder nicht. Danach sah sie die Bedingungen als gegeben an und ordnete das Vorzeigen der Folterinstrumente an. Als das Margarete das zu Ohren kam, hatte sie gesagt, er habe die Folter neunmal verdient, das Vorzeigen reiche nicht. Der Müller ließ sich durch die Daumenschrauben und den spanischen Mantel nicht beeindrucken. Er blieb bei seiner Aussage. Als er aber aus der Haft entlassen wurde, stand er vor dem Nichts: Seine Frau und seine geliebte Tochter waren tot; auch Margarete Geerdts war gestorben. Die Mühle musste er wegen der hohen Prozesskosten und seiner Schulden verkaufen. Eigentlich war es nun an der Zeit, Trübsal zu blasen ...

Das Elltern die kinder zur Ehe nicht zwingen noch hyndern,
Und die kinder on der elltern willen sich nicht verloben sollen
Titel einer Schrift Martin Luthers aus dem Jahre 1524

ZWANGSHEIRAT

I. MARIA ELISABETH DREYER

1741, Ende Juni. Es traf sie wie ein Schlag. Fassungslos starrte sie ihre Mutter an. Sie konnte es einfach nicht glauben: Ihre Eltern hatten einer Heirat mit Köhler zugestimmt. Jetzt brauchten sie nur noch ihr Einverständnis. In ihrer Bestürzung wusste sie nicht, wie sie sich verhalten sollte. Sie hatte überhaupt noch keine Heiratsgedanken gehegt; mit sechzehn hatte das doch noch Zeit. Sich offen gegen Vater und Mutter zu stellen, kam ihr nicht in den Sinn. Sie verstummte daher und gab keine Antwort von sich.

Das erzürnte ihre Mutter. Sie schalt sie eine halsstarrige, ungehorsame Tochter und fuhr damit unaufhörlich fort. Drohungen folgten und wiederholten sich. Die Tränen schossen ihr immer wieder in die Augen. Aber ihre Mutter gab nicht nach.

„Kennst du das vierte Gebot nicht? Hast du vergessen, dass du deinem Vater und mir Gehorsam schuldest?"

Sie war immer eine gehorsame Tochter gewesen.

„Wir suchen den Mann aus, das haben Eltern schon immer so gemacht. Du bist eigensinnig!" Sie fühlte sich getroffen; Eigensinn, das war ein Laster. Sie fand durchaus nicht, dass sich ihre Eltern einzig und allein nach ihrer Meinung richten sollten. Wie denn auch. Genau das wäre Eigensinn, ihrer Meinung nach. Sie wünschte sich nur, dass ihre Stimme Gewicht haben sollte – in diesem Fall viel. Es konnte doch nicht nur um ihre Familie gehen, es war doch auch ihre eigene Zukunft.

„Alle folgen ihren Eltern. Und du wirst es auch."

Sie biss sich auf die Lippen, schwieg und schob die verlangte Zustimmung weiterhin auf. Sicher, sie kannte Jürgen Otto Köhler, den jungen Sattlergesellen. Vor zwei Jahren, Ende der 1730er Jahre, als die Sattlerherberge in Kiel noch im Haus ihres Vaters ihren Sitz hatte, hatte sie ihn öfter gesehen. Sie war ihm freundlich begegnet wie allen anderen jungen Handwerksgesellen auch; irgendeine Neigung zu ihm hatte sie nie verspürt.

Jürgen Otto Köhler hatte zuerst ihre Mutter angesprochen, das wusste sie nun. Warum hatte er sie nicht zuerst gefragt? Dann musste irgendwann auch ihr Vater zugestimmt haben. Das wunderte sie. Während ihre Mutter stets sehr streng mit ihr war, hatte er doch immer ein liebevolles Wort für sie. Sie mochte seine mild-freundliche Art sehr. Ihr galt nun die ganze Aufmerksamkeit der Eltern, denn ihr älterer Bruder Andreas war längst erwachsen und hatte schon vor Jahren das Bürgerrecht seiner Vaterstadt erworben.

Sie hatte zwar einmal von ihrem Vater gehört, dass es lange vor ihrer Geburt in ihrem Haus zum Streit unter den Gästen ihres Großvaters gekommen war und anschließend einer von ihnen auf dem Heimweg von anderen Gästen überfallen und so geschlagen worden war, dass er bald darauf starb. Doch ihr Vater hatte nichts damit zu tun gehabt, er war damals noch ein Kind gewesen. Arend Dreyer war aber durchaus ein Mann, der sich zu wehren wusste – und ein Mann der schnellen Entscheidungen. Sieben Jahre zuvor war er wegen einer kleinen Strafe kurzerhand aus der Weißgerber-Zunft ausgetreten, hatte sich den Beutlern, die hauptsächlich lederne Handschuhe machten, angeschlossen und so Zerrüttung, Uneinigkeit und Streit unter seinen ehemaligen Genossen verursacht. Das hatte sie damals mitbekommen, wenn auch nicht ganz verstanden; ihre Eltern und die Zunftgenossen hatten im Haus oft darüber geredet. Doch zu Hause war ihr Vater eher ruhig und auf seinen Frieden bedacht. Vielleicht hatte er ihrer Mutter kurzerhand zugestimmt, damit er sich wieder hinter die Rauchwolke seiner Tabakspfeife zurückziehen konnte. Sowieso war die Anbahnung von Ehen Frauensache; die Aufgabe der Männer war es, die rechtlich-offiziellen Dinge zu regeln, was anschließend erfolgte. Nur so konnte sie sich erklären, wie die Zustimmung ihres Vaters zustande gekommen war. Aber sie merkte, dass ihm selbst auch nicht ganz wohl dabei war.

Inzwischen setzte ihre Mutter ihre herben Reden unentwegt fort. „Seine Mutter hat mir gesagt, dass schon drei Frauen ihr ihre Töchter als Bräute für ihren Sohn angepriesen haben. Siehst du nicht, welches großes Glück du hast? Nutze es gefälligst!“

Da rutschte ihr die Antwort heraus: „Soll er doch eine von denen nehmen. Dann bin ich ihn los!“

Die Hand ihrer Mutter auf ihrer Wange hinterließ einen brennenden Schmerz. „Ich werde dich lehren, gehorsam zu sein!“

Sie musste einsehen, dass sie praktisch keine Möglichkeit hatte, der Verheiratung zu entkommen, wenn es ihr nicht gelänge, ihre Eltern von deren Entschluss abzubringen. Aber wie sollte sie die dazu bewegen? Sie hatten ihr Wort gegeben. Davon würden sie nicht abgehen. Es war chancenlos. Sie saß in der Falle. Sie musste sich fügen.

Vier Wochen nach Johannis hörte sie, wie es klopfte und ihre Mutter Jürgen Otto Köhler hereinließ und in den Garten hinter dem Haus bat. Dann schickte ihre Mutter sie selbst dorthin. Mit bangem Herzen ging sie hinaus; sie ahnte, was ihr bevorstand. Sie sprach auf seinen Heiratsantrag hin die traditionelle Formel: „Ja, wenn Gott und meine Eltern es wollen“ – und dachte dabei: „Nur weil meine Eltern es wollen. Ich will es nicht.“ Mehr war ihr nicht möglich.

Als sie aus dem Garten in die hintere Stube traten, sah sie dort schon zwei Flaschen Rotwein auf dem Tisch stehen. Es sollte also ein Gläschen auf das neue Paar getrunken werden. Es fehlte aber das Gebäck. Froh über diese Gelegenheit, entschuldigte sie sich und lief schnell zum Bäcker.

„Warum so aufgeregt, Mademoiselle?“, fragte dieser.

„Ich musste Ja zu Jürgen Köhlers Antrag sagen.“

„Ach Gott, ach Gott! Aber es ist doch noch nicht aller Tage Abend!“

Mit dem gekauften Butterzwieback ging sie zurück; je näher sie aber dem Elternhaus kam, desto schwerer wurden ihre Schritte. Kaum war sie zu Hause, wiederholte er seinen Antrag vor ihren Eltern und sie gab dieselbe Antwort. Ihr wurde das Herz schwer, nun war alles besiegelt. Da sagte ihr Vater, zu seinem neuen Schwiegersohn gewandt: Er müsse erst auf Wanderschaft gehen, bevor die priesterliche Einsegnung und die Hochzeit stattfinden könnten. Am besten wäre es, er ginge nach Amsterdam. Köhler war einverstanden. Ein Stein fiel ihr vom Herzen; nun war erst einmal alles auf die lange Bank geschoben. Aber ihre Einwilligung lastete immer noch schwer auf ihren Schultern.

Einige Tage später sagte ihre Mutter froh: „Nun geht's zum Haus der Eltern deines Bräutigams.“ Ihr war nicht recht wohl bei dieser Ankündigung, auch nicht recht klar, warum es dort hingehen sollte. Eine Vorahnung hatte sie aber schon. Sie hatte mitgekriegt, wie ihre Eltern über seine sprachen, auch, dass ihr Vater abends nach der Arbeit noch aus dem Haus ging; zu seinen Eltern, wie sie annahm. Da nun auch ihr Vater mitkam, musste es schon um etwas Ernstes gehen.

Als die Familien im Haus der Köhlers zusammensaßen, wurde ihr klar, dass es um ihre Verlobung ging. Angst stieg in ihr hoch. Kam es dazu, war sie eine verheiratete Frau. Dann fehlte nur noch der Segen der Kirche. Als erstes forderte ihr Vater Zeugen. Sie war verwundert; warum wollte er der Verlobung einen möglichst offiziellen Charakter geben? Sie sah auf ihre Mutter: Die saß in vollster Zufriedenheit da.

Die Familie des Bräutigams erklärte sich mit dem Sattler Jochim Leetz als Zeugen einverstanden. Sie forderte nun ihrerseits Verwandte als Zeugen von der anderen Seite, insbesondere aber einen Pastor. Ihr Vater schien ein wenig überrascht; und verblüfft hörte sie ihn Zeugen aus seiner Verwandtschaft strikt ablehnen. Das entsprach ihren geheimen Wünschen; je mehr es bei einer privaten Verlobung blieb, desto besser. Als ihr Vater sagte, einen Prediger brauche man jetzt noch nicht, die öffentliche Verlobung solle erst stattfinden, wenn der Bräutigam aus Amsterdam zurückgekehrt sei, war sie erleichtert. Nun lag zumindest dieser Schritt noch in weiter Ferne. Dann sah sie die verstörten Blicke des Bräutigams und seiner Eltern, in denen sich Enttäuschung mit einem Schuss Entsetzen mischte. Ihr Vater schien nun selbst zu merken, dass er für eine heftige Verstimmung gesorgt hatte. Er versuchte sofort die Situation zu retten und sagte mit Blick auf den jungen Köhler: „Ich will nicht Gottes Kind sein, wenn er nicht mein Schwiegersohn sein und bleiben soll, und wenn ich auch kein Hemd mehr auf dem Leib habe." Er meine es wirklich gut mit ihm. So hatte sie ihren Vater selten reden gehört. Die Schwiegereltern verzichteten tatsächlich auf den Pastor. Nun musste sie nur noch vor beiden Elternpaaren wiederholen, was sie schon einmal getan hatte: Ja auf seine Frage sagen, dem Bräutigam die Hand reichen, was sie zögernd tat, und ihn küssen. Sie ließ ihn flüchtig ihre Lippen mit den seinen berühren, dann drehte sie den Kopf weg. Daraufhin gab ihr der Bräutigam die Handtreue. Sie war erstaunt: So viel war doch nicht üblich. Gut, ein mit Silber beschlagenes Buch – ein Gesangbuch –, das war nicht selten; auch Ringe gehörten dazu, es waren zwei goldene an einer silbernen Bügellasche. Aber dazu kamen eine silberne Goldbörse, ein doppelter Dukaten, ein doppelter Species-Taler, eine Krone, ein silbernes Schaustück, eine silberne Kette zur Schere und eine silberne Nadelbüchse. Trotz ihres inneren Widerstandes war sie beeindruckt und es stieg ein wenig Stolz in ihr hoch. So viele wertvolle Sachen! Sie galt etwas; ein Mann war bereit, so viel Geld für sie auszugeben.

Dann hörte sie ihren Vater, zu ihren Schwiegereltern gewandt, feierlich sagen: „Das ist nunmehr eure Tochter, und das ist nunmehr unser Sohn". Darauf schlossen sich die Ratschläge ihrer Eltern und

Schwiegereltern an: wie sie in ihrem künftigen Ehestand miteinander Glück und Unglück, Gutes und Böses, Liebes und Leid zu ertragen hätten. Sie war gerührt. Ein neuer Lebensabschnitt lag vor ihr – ob sie wollte oder nicht.

Einige Tage später waren ihre Verlobungsgeschenke für Jürgen Otto Köhler fertig. Sie hatte zwar gemerkt, dass sie sich nur geringfügig von dem unterschieden, was Frauen in den Wohnkellern Kiels ihren zukünftigen Männern gaben. Denn eine Tabaksdose schenkten auch die einfachen Frauen. Ihre war allerdings innen vergoldet. Dazu waren dann aber lediglich drei goldene Hemdknöpfe gekommen. Sie hatte sich bei der Übergabe entschuldigt, es war ihr peinlich gewesen. Wenn sie schon etwas überreichen musste, dann sollte es schon gern standesgemäß sein. Sie wunderte sich, warum ihr Vater nur so wenig hatte ausgeben wollen.

Nun war es geschehen, die Verlobung vollzogen, der weitere Weg abgesteckt. Aber es gab auch weiterhin Momente der Bitterkeit und den Gedanken an Widerstand. Mit ihrer einen Tante, der Schwester ihrer Mutter, hatte sie sich immer gut verstanden. Sie entschied sich, sie um Hilfe zu bitten. Die fromme Frau war empört: „Das ist doch gegen alle christlichen Gebote; deine freie Zustimmung ist notwendig! Die *freie* Zustimmung!“, betonte sie. „Ich weiß schon Hilfe für dich“, fuhr sie fort und setzte hinzu: „Ich werde dich nicht verraten.“ Sie blinzelte ihr zu. Tags darauf ging sie zu ihren Eltern. An der Tür lauschend, hörte Maria Elisabeth Dreyer ihre Tante sagen, dass die Verwandtschaft mit dieser Heirat nicht einverstanden sei. Das sei nicht deren Sache, argumentierten ihre Eltern.

„Das ist neu, es ist immer auch eine Sache der Verwandtschaft gewesen, und so ist es auch jetzt noch“, hielt sie dagegen.

Doch ihr Vater schnitt ihr das Wort ab: „Das ist nun alles geregelt. Mich interessieren die Preise für weißes und gelbes Leder.“

Am nächsten Tag kam die Tante wieder und redete erneut von der Verlobung. Diesmal wurden die Stimmen immer lauter, es kam zum Streit. Ihren Eltern wurde es zu viel: „Wir lassen uns von niemandem reinreden, die Sache ist entschieden. Niemand darf ein bestehendes Verlöbnis stören, auch du nicht!“ Der Tante wurde die Tür gewiesen. Alles umsonst, dachte Maria Elisabeth.

„Es ist ein Kreuz mit meiner Schwester! Immer will sie das Gegenteil von dem, was ich will. Aber vielleicht steckt tatsächlich jemand aus der Verwandtschaft dahinter?“ hörte sie ihre Mutter noch sagen.

Als sie in die Stube trat, schimpften ihre Eltern immer noch über ihre Tante. „Das lassen wir uns nicht gefallen.“ Sie erzählten den Eltern des Bräutigams von der Einmischung der Diedrichsen. Diese hatten nichts Besseres zu tun, als diese Neuigkeit eiligst der kirchlichen Obrigkeit zu hinterbringen, worauf Pastor Franck von der Nicolaikirche die Diedrichsen ermahnte, sich nicht in die Eheverabredung einzumischen. Ihre letzte Hoffnung war nun dahin. Maria Elisabeth Dreyer weinte nachts im Bett.

Köhler kam nun allabendlich. Sie versuchte ein freundliches Gesicht aufzusetzen. Er wollte sie gleich am ersten Abend in den Arm nehmen, sie aber entzog sich ihm. Darauf fing er an, von gemeinsamen Bekannten zu reden, und machte Scherze. Sie reagierte mit freundlich-höflicher Zurückhaltung. Er legte den Arm um sie, sie stand auf und ging zum Fenster. Ein Abschiedsküsschen konnte sie ihrem Bräutigam aber schlecht verwehren. Eines anderen Abends nahm er ihre Hand und streichelte sie. Sie ließ ihn gewähren. Er sagte: „Du bist so schön!“ Sie errötete. Sie war nicht besonders schön, das wusste sie, aber den meisten Menschen gefiel sie trotzdem. Wenn sie in den Spiegel blickte, sah ihr ein ovales Gesicht entgegen, mit lebhaften blauen Augen, strohblondem Haar und einem Mund, der weder zu groß noch zu klein war, mit roten, anmutig geschnittenen Lippen.

Langsam gewöhnte sie sich an seine Besuche und freute sich bald sogar darauf. Zum ersten Mal in ihrem Leben schenkte ihr ein Mann seine volle Aufmerksamkeit, machte sie zu seinem Mittelpunkt. Wenn er nun seinen Arm um sie legte, tat sie dasselbe, wenngleich auch anfangs nur leicht, und sie lächelte, wenn er durch ihr dichtes Haar strich und sie „mein Engel“ nannte.

Er schenkte ihr ein Band mit goldenen Blumen und einen englischen Hut aus blauem Taft – genau das, was sie sich gewünscht hatte. Sein Vater gab ihr ein seidenes Schnupftuch und gestickte Kniebänder mit silbernen Schnallen und seine Mutter so viel Samt, wie man für ein Paar Müffchen brauchte. Obwohl sie wusste, dass Geschenke für die Braut üblich waren, fühlte sie sich geehrt. Sie freute sich: so hübsche Sachen!

Sie machten gemeinsame Ausflüge aufs Land. Sie genoss sie: einmal weg von den Fellen und ihren Gerüchen. Sie hatte die kleine, fast ganz von Wasser umschlossene Stadt mit ihren vielen adligen Häusern vorher nur selten verlassen. Von der Neustadt im Süden vor dem doppelten Holstentor ging es auf die andere Seite der Förde. Durch das Dorf Garten, wo ihr Großvater gewohnt hatte und ihr Vater geboren war, fuhren sie zum romantischen Schwentinetal. Dort spazierten sie Hand in Hand in den lichten Buchenwäldern am Rande des Flusses entlang. Er versuchte ihr die Arbeitsweise der Mühle, die sie dort ansahen, zu erklären. Sie verstand es nicht ganz, aber das machte auch nichts. Sie fühlte sich wohl in seiner Gegenwart. Aber immer wieder, sie wusste nicht, wie es kam, überfiel sie zwischendurch das Gefühl, gefangen zu sein. Dann verstummte sie plötzlich.

Ein anderes Mal fuhren sie nach Wulfshagen nordwestlich von Kiel auf den Dänischen Wohld. Es ging durch einen Wald mit uralten Eichen zum Herrenhaus, das durch die Einfachheit seiner Architektur ihre bewundernden Blicke auf sich zog. Sie dachte an ein eigenes Haus und sagte es.

Er stimmte zu: „Aber das wird noch dauern."

„Vielleicht sogar auf der anderen Seite der Holstenbrücke, in der Altstadt, wo die feinen Leute wohnen." Er nahm sie in den Arm und gab ihren einen Kuss auf die Stirn.

Nach etwa zwei Monaten war sie ihm so nahe gekommen, war er ihr so vertraut geworden, dass sie ihn um das Du als Ausdruck ihrer Zuneigung bat. Wenn er dann beim Teetrinken wieder in das alte Sie verfiel, ärgerte sie das, und sie ermahnte ihn. Sie war inzwischen stolz

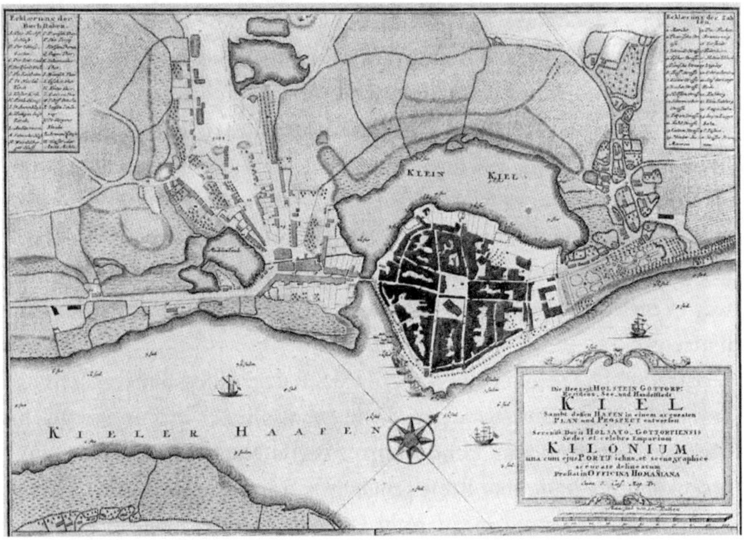

Abb. 9: Stadtplan von Kiel von Johann Baptist Homann, ca. 1740

darauf, schon einen Mann zu haben; die engen Freundinnen, denen sie es erzählt hatte, beneideten sie. Sie stellte sich vor, die Würde einer Hausfrau zu erlangen, einem Haushalt vorzustehen, eine Dienstmagd zu haben, der sie Anweisungen gab, statt von ihrer Mutter herumkommandiert zu werden.

Doch schon im November trat er seine Reise nach Amsterdam an. Sie gab ihm ein Schaustück zum Andenken an sie mit. Betrübt blickte sie ihm hinterher, als er wegritt. Als er in Tönning wegen ungünstiger Winde festlag, bewegte sie ihren Schwiegervater, dorthin zu reiten und sich zu erkundigen, ob alles in Ordnung sei. Für lange Zeit spürte sie danach eine Leere: Seine Besuche hatten ihre Abende gefüllt, die sommerlichen Ausflüge ihr Freude bereitet. Sie hatte begonnen, sich in seiner Gegenwart wohl zu fühlen und sich eine Ehe mit ihm auszumalen. Es war doch gut mit ihm.

Das Gefühl der Leere hielt den ganzen Winter über an. Dann begann sie langsam wieder mehr sie selbst zu sein. Er würde Jahre weg sein.

Sie hatte auch schon mal von Gesellen gehört, die nie wiederkamen. Hatte sie sich nicht eine Zukunft mit ihm nur schön ausgemalt, weil alles andere hoffnungslos schien? Ihre Tante brachte die alten Argumente wieder vor: Das sei doch alles nicht gut christlich gewesen, sie habe die Verbindung doch gar nicht gewollt. Sicher, Maria Elisabeth sah das genauso, aber was sollte das jetzt? Sie wurde missmutig und ein wenig verwirrt. „Es gibt doch auch noch andere Möglichkeiten", sagte ihre Tante verschmitzt lächelnd. Sie sah keine, und selbst wenn, war es nicht besser, zu ihm zu halten? Alles andere war doch unrealistisch.

Ihre Schwiegereltern verlangten nach der Abreise ihres Sohnes von ihr, sie täglich zu besuchen. Sie hatte, als ihr Schwiegervater nach Tönning geritten war, schon einmal eine Nacht in dessen Haus geschlafen. Sie hatte aber keine große Lust, immerzu dorthin zu gehen. Doch ihre Mutter setzte sie unter Druck – so musste sie es tun. Im Laufe der Zeit spürte sie das Misstrauen ihrer Schwiegereltern immer deutlicher. Der Verdacht, der dahinterstand, war ihr zuwider, auch weil ihr halbbewusst war, dass es gute Gründe dafür gab. Sie merkte auch, wie die Zwangsbesuche der entstandenen Zuneigung zu Jürgen Otto Abbruch taten. Besonders ihre Schwiegermutter fragte sie immer wieder aus und gab ihr ständig Anweisungen, wie sie sich verhalten solle. Ansonsten erzählten die Köhlers nur die letzten Neuigkeiten von ihrem Sohn. Sie konnte die meiste Zeit nur zuhören. Aber sie tat es geduldig den ganzen Winter über und den Frühling hindurch. Mit der Zeit wusste sie im Voraus, was sie zu hören bekommen würde. Die Besuche ödeten sie an. Der Weg vom Kuhberg auf der Seite des Walkerdamms bis zum Haus ihrer Schwiegereltern hinter der Malzmühle am Mühlbach war nicht weit, doch er wurde immer länger für sie.

Eines Tages im Sommer nahm sie an einem Fest teil und tanzte auch. „Etwas Ablenkung in Gesellschaft von alten und jungen Leuten wird mir guttun", dachte sie. Ihr Tanzpartner gefiel ihr. Als sie am nächsten Tag zu ihren Schwiegereltern ging, bekam sie eine Gardinenpredigt zu hören, die sich gewaschen hatte: Was ihr denn einfalle, als verlobte Person auf ein Fest zu gehen und dazu auch noch zu tanzen? Ob sie überhaupt nicht wisse, was sich gehöre! Zwischen ihr und ihrem Sohn bestehe eine Ehe, auch wenn sie noch nicht vollzogen sei. Sie habe sich wie eine tugendsame Ehefrau zu verhalten. Ehen seien von Gott gesetzt, seien heilig! Sie könne nicht allein Feste besuchen, es sei besser, sie verbringe ihre Zeit zu Hause, es gebe viel zu spinnen, zu nähen, zu sticken für die Zukunft. Wolle sie die Ehre ihres Sohnes und des ganzen Sattler-Handwerks aufs Spiel setzen? Sie verbaten ihr den Besuch solcher Veranstaltungen ein für alle Mal. Sie saß mit gesenktem Kopf da und schwieg, während der Widerwille gegen ihre Schwiegereltern anschwoll. Auf dem Rückweg dachte sie: „Wie soll das weitergehen? Immer nur Verweise, Vorschriften, Maßregelungen. Wie für ein kleines Mädchen. Und das über Jahre! Und was würde später sein? Wie sollte sie sich dann diesen verdrießlichen, sie ständig kontrollierenden Schwiegereltern entziehen? Und ihr Mann? Was würde sein, wenn er dem Rat seiner Eltern folgte? Schließlich würde er nach der Meisterschaft finanziell noch nicht unabhängig sein." Sie hatte mit der Ehe bis jetzt Selbständigkeit im eigenen Haushalt verbunden. Nicht immer nur gesagt zu bekommen, was zu tun sei, und gemaßregelt zu werden! Was für eine Zukunft!

Sie entschloss sich, die Besuche einzustellen. Ihre Mutter machte ein großes Geschrei, bestand darauf mit aller Strenge.

„Ich kann sie einfach nicht ertragen."

„Das wirst du aber müssen!" Eine Ohrfeige unterstrich die Entschlossenheit ihrer Mutter. Sie wusste genau, dass ihrer Tochter das Fest gefallen hatte.

Es dauerte nicht lange, da tauchten Meister Köhler und seine Frau bei ihren Eltern auf und forderten mit aller Vehemenz die Wiederaufnahme der Besuche. Ihr Vater war gerade nicht zu Hause; er kaufte auf den umliegenden Gütern Felle ein. Sie hörte, wie ihre Mutter sagte, sie habe schon alles versucht, auch Schläge.

„Weiter so", bestärkten sie die Schwiegereltern. „Sie muss gebeugt werden. Wenn sie nicht hören will, muss ihr Eigensinn mit Gewalt gebrochen werden". Ihre Mutter versprach, dass ihre Tochter die Besuche wieder aufnehmen werde. Letztlich sei alles in Ordnung. Ihre Tochter liebe ihren Bräutigam.

Am Nachmittag desselben Tages legte ihre Mutter ihr einen Liebesbrief vor: „Du schreibst ihn ab, und dann geht er nach Holland."

Mehr als widerwillig folgte sie dem Befehl: Es ging sehr langsam voran. Beim Abschreiben tauchten die Szenen auf den Ausflügen und die langen Abende mit ihm wieder vor ihr auf. Doch schnell wurden die zarten Gefühle für ihn von ihrem Ärger über seine Eltern überdeckt. Hatte er nicht manchmal dieselben Verhaltensweisen gezeigt wie seine Eltern? Würde er ihnen gehorchen, oder würden sie beide als Paar von ihnen unabhängig und einvernehmlich leben können? Dann stand ihr das Bild des jungen Mannes von dem Fest vor Augen. Ein Lächeln glitt über ihr Gesicht.

Ihr Vater kam zurück und erkundigte sich nach den Neuigkeiten. Ihre Mutter klagte daraufhin bitter: „Das Kind ist unregierbar. Jetzt weigert sie sich, zu den Köhlers zu gehen."

„Sie sind unerträglich!", schrie sie dazwischen. „Sie behandeln mich wie ihr Kind! Ich will ihn nicht, ich will ihn nicht, ich will ihn nicht! Ich habe ihn noch nie gewollt. Nie."

„Jetzt ist aber Schluss", sagte ihr Vater. „Ende der Verlobung."

Diedrich Diedrichsen, der Bäcker, wie sie immer sagten – offiziell war er Hof-Reise-Konditor, ein Status, der ihm Auseinandersetzungen mit der Bäckerzunft einbrachte –, übernahm die Zurückbringung der Handtreue. Diedrichsen war ein Mann der Tat, der auch mit seiner Meinung über die untergeordneten Kollegien der Stadt Kiel nicht hinter dem Berg hielt: „Stadtochsen" nannte er sie. Er hatte von Anfang an gewusst, wie die Haltung Maria Elisabeths war. Am 15. November sah sie ihn spätabends mit den wertvollen Geschenken ihres Bräutigams davongehen. Der Tag würde ihr in Erinnerung bleiben. Bald schon kam er ziemlich aufgeregt zurück und berichtete, die Annahme sei verweigert worden; es sei ihm aber gelungen, die

Geschenke auf dem Tisch abzulegen. Darauf habe er das Haus schleunigst verlassen. Bange wartete sie nun auf die Reaktion der Schwiegereltern – würden sie ihre ablehnende Haltung aufgeben, die Rückgabe seiner Geschenke akzeptieren und ihre zurückbringen?

Am nächsten Morgen klopfte es. Der Gastwirt Krafft und der Weißgerber Peter Porath standen vor der Tür. Sie wollten im Auftrag der Schwiegereltern seine Verlobungsgeschenke zurückbringen. Sie erschrak.

Ihr Vater sagte nur: „Die bleiben, wo sie sind", und schlug ihnen die Tür vor der Nase zu. Da standen sie nun mit den Geschenken.

Nach dem Dreikönigsfest, zur Zeit des Kieler Umschlags, des großen Geldmarkts der Region, kehrte Köhler zurück. Sie hatte zwar gehört, dass er kommen würde, aber keine Ahnung gehabt, wann. Als er dann im Januar plötzlich vor der Tür stand, war sie vollkommen verwirrt, rannte weg und verschloss die Tür hinter sich. Hinter der Tür hörte sie ihre Mutter sagen: „Es ist nicht mehr so wie früher. Meine Tochter ist anderen Sinnes geworden; sie will dich nicht mehr haben."

„Ich will sie sprechen, ich will sie sprechen!", beharrte Köhler. Die eindeutige Stellungnahme ihrer Mutter hatte ihr Mut gemacht. Sie ging mit einem Ruck hinaus.

„Ich will dich jetzt und nimmer haben! Niemand kann mich zwingen, dich zu nehmen! Du brauchst nicht wiederzukommen, ich will nichts mehr von dir wissen!"

Er ging. Doch abends kam er wieder und drohte indirekt mit Problemen in der Zukunft. Jetzt bot sie ihm gleich die Stirn: „Du kannst tun und lassen, was du willst, bei allem werde ich dir Contra geben. Ich bin dazu gezwungen worden."

Damit hatte sie ihm in aller Deutlichkeit die Ursache genannt, nach der er gefragt hatte. Trotz der Konfrontation hoffte sie immer noch darauf, dass alles ohne großes Aufsehen zu Ende gebracht werden könne. Vielleicht würde er sich beruhigen und einsichtig werden. Sie sorgte sich um ihren Ruf. Um eine Einigung in Güte zu erreichen, trafen Mutter und Tochter Jürgen Otto Köhler im Haus von Maria Elisabeths verwitweter Großmutter. Alle drei Frauen versuchten, ihn davon zu überzeugen, dass es das Beste sei, seine Geschenke zurückzunehmen, ihre zurückzusenden und damit die ganze Sache für beendet zu erklären. So würde die Sache ohne Lärm und Aufsehen aus der Welt geschafft. Sie fragten ihn, ob er in einem Zustand des Grolls und der Feindschaft verharren und nicht zum Abendmahl gehen wolle. Ihre Tochter könne guten Herzens zum Tisch des Herrn gehen. Er entgegnete, das könne er erst recht. Er würde sich an alles halten, was abgemacht sei. Wenn es so bleibe, müsse er klagen. Angst vor dem, was kommen könnte, beschlich sie. Aber sie blieb bei ihrer Haltung.

Wochen vergingen; sie war in der ehegleichen Verlobung gefangen; er wollte den Vollzug der Ehe, konnte ihn aber nicht erreichen. Fast zwei Jahre, nachdem er ihrer Mutter den Vorschlag einer Heirat gemacht hatte, kam der Stadtbote mit der Vorladung. Sie musste vor dem Konsistorium erscheinen, dem für Ehesachen zuständigen Kirchengericht. Ihr graute vor einem öffentlichen Auftritt.

II. JÜRGEN OTTO KÖHLER

Wochenlang hatte er unter Hochspannung gestanden, bis er endlich ihr Jawort hatte. Dabei hatte er es klug eingefädelt, wie er meinte. Aber es hatte gedauert. Er war auch für kurze Zeit unsicher geworden; die Möglichkeit einer Ablehnung hatte ihm vor Augen gestanden. Das hätte ihm spöttische Bemerkungen vonseiten seiner Mitgesellen eingebracht. Nun würde sein heißer Wunsch in Erfüllung gehen. Er würde die Frau bekommen, die er wollte. Geschickt hatte er zuerst ihre Mutter gefragt. Er wusste, dass die Mütter die Fäden zogen. Sie hatte nicht gleich nein gesagt, im Gegenteil. Sie hatte sich Zeit zum Bedenken auserbeten, und das bedeutete, dass zumindest sie nicht dagegen war und dass die Dinge sich gut weiterentwickeln konnten. Die Familien waren standesgleich, das war wichtig: er ein Sattlergeselle, und die Frau, die er sich auserkoren hatte, die Tochter eines Weißgerbers. Vielleicht, spekulierte er, könnten sein Vater und er nach der Eheschließung ihr Leder billiger bekommen? Sein Vater Johann George war zwar aus Sachsen zugewandert, lebte aber schon so lange in der Stadt, dass ihn alle Hans Jürgen nannten. Längst hatte er ein Haus erworben und obendrein noch zwei Wohnungen. Oft hatte sein Vater ihm erzählt, wie schwer der Anfang gewesen war: Er habe nicht einmal das Bürgergeld auf einen Schlag bezahlen können. Seine Frau hatte ihm tüchtig geholfen. Die Nachbarn behaupteten, dass sie ihre Dienstmagd sogar habe Wasser von einem Brunnen holen lassen, für den sie kein Zugangsrecht hatte. Aber das glaubte er nicht. Seine Mutter, eine Frau, die es nicht nötig hatte, ihre Kleider selbst zu nähen? Ein Jahr vor Beginn seiner Werbung um Maria Elisabeth war sein Vater Altmeister der Sattlerzunft geworden: Bei ihm stand nun die Lade, beim ihm kam das halbe Dutzend Meister der Stadt zu seinen Treffen zusammen. Zusammen mit anderen vertrat sein Vater seinen Stadtteil, die Neustadt vor dem Holstentor, in den 32ern, dem größten und zugleich schwächsten Gremium der Stadt, dessen Mitglieder bei den Versammlungen stehen mussten.

Er hatte Maria Elisabeth zuerst in der Sattlerherberge gesehen und sie hatte ihm sofort gefallen. Sie war wohlgeformt, ein bisschen kleiner als er. In ihren Gesprächen war sie ihm freundlich begegnet. Gleichzeitig hatte er eine gewisse Widerspenstigkeit verspürt, die er für versteckte Attraktion hielt. Das zog ihn besonders an. Für ihn bestand kein Zweifel, dass sie eine besondere Zuneigung zu ihm hegte.

Dann kam die Antwort ihrer Mutter: Er müsse erst den Vater von Maria Elisabeth fragen. Es ging also weiter. Ihr Vater hatte geantwortet, er solle seine Tochter haben. Sein Herz hüpfte vor Freude über die Zusage. Doch dann fiel ein Tröpfchen Wermut in den Wein: Nur solle er solches vorerst niemand merken lassen, hatte der Vater nämlich hinzugesetzt. Der Zusatz machte ihn ein wenig stutzig. Warum sollte er schweigen, nun, da die Entscheidung gefallen war? Vorher pflegte man sehr diskret zu sein, um nicht in der Stadt ins Gerede zu kommen. Er hatte allerdings nicht einmal seinen Eltern etwas über seine

Heiratspläne gesagt, aus Furcht, sie würden sagen, er solle bis zur Meisterprüfung warten. Aber warum dann die Bitte des Schwiegervaters in spe? Hatten die Dreyers etwa noch nicht mit ihrer Tochter gesprochen? Das konnte doch kein Problem sein. Ihm war klar, dass sie ihn mochte. Gab es womöglich sonst irgendwelche Schwierigkeiten, vielleicht in der Verwandtschaft?

Drei Wochen später benachrichtigte ihn ihre Mutter, dass sie mit ihrer Tochter gesprochen habe. Sie wolle ihn wohl haben. Direkt darauf kam er wie verabredet in das Dreyersche Haus. Ihre Mutter komplimentierte ihn in den Garten hinter dem Haus. Dort fragte er sie selbst. Sie sagte, sie wolle es ihren Eltern sagen und deren Meinung hören, und ging sofort ins Haus, um es zu tun. Er nahm ihre Antwort für ein Ja. Ihm war die Meinung ihrer Eltern wohlbekannt. Freudig ging er eine kleine Zeit später selbst hinein in die hintere Stube, als ihre Mutter ihn rief und wiederholte seine Werbung in Anwesenheit ihrer Eltern. Ob sie ihn ehelichen wolle?

„Ja, wenn Gott und meine Eltern es wollen", war ihre Antwort. In seiner Freude hörte er nur die traditionelle Formulierung, sah aber nicht, dass in ihrem Gesicht keine Spur von Freude zu erkennen war, keine leuchtenden Augen, keine geröteten Wangen, nur ein verkrampftes, schwaches Lächeln.

„So soll es denn im Namen des Höchsten dabei bleiben", sagte ihr Vater feierlich.

Als sie ein Gläschen Rotwein auf die neue Verbindung trinken wollten, war kein Gebäck zum Wein da. Sie ging sofort zum Bäcker, um etwas zu holen. Ihm gefiel die Aufmerksamkeit und die Willigkeit seiner Braut, sofort dafür zu sorgen, dass alles in Ordnung kam – ein gutes Zeichen.

Am Tisch stellte sein Schwiegervater aber eine Bedingung: Er solle erst seine Ausbildung abschließen, dann solle die Ehe vollzogen werden. Damit war er einverstanden, denn so war es üblich. Meisterschaft und Heirat gingen Hand in Hand. Aber die Gesellenzeit eines Sattlers dauerte lange, schließlich musste nicht nur das Anfertigen der vielen verschiedenen Arten von Pferdesätteln erlernt werden, sondern auch das Beschlagen und Auspolstern von Wagen und Kutschen. Kaum hatte er mit voller Überzeugung zugesagt, als ihm klar wurde, wie riskant das für sein Verhältnis zu Maria Elisabeth war. Zwar war er sich ihrer Zuneigung sicher, aber gegenüber seinem Schwiegervater und dessen Verwandten blieb ein gerüttelt Maß an Misstrauen. Er sah keinen anderen Weg, als die Beziehung auf eine feste rechtliche Basis zu stellen. Er erbat sich daher, dass ihm vor seiner Abreise seine liebe Braut als Zeichen der Treue und des Vertrauens die traditionellen Verlobungsgeschenke, die Handtreue, reiche. Er selbst versprach, gleiches zu tun. Damit würde aus einer privaten Verabredung eine rechtmäßige Verlobung werden. Nach der Übergabe würde nur noch der nachträgliche Segen der Kirche für die Ehe fehlen – und das Hochzeitsfest. Der Brautvater stimmte zu. Aber bald zeigte sich, was von dieser Zustimmung zu halten war: Arend Dreyer rührte keinen Finger.

Bei einem Treffen beider Elternpaare wiederholte sein Vater den Wunsch seines Sohnes noch einmal. Er hatte ihm sein Leid geklagt. Alle wussten, dass die Geschenke nicht nur symbolische, sondern auch hohe rechtliche Bedeutung hatten. Sie konnten als Beweismittel bei einem Rechtsstreit herangezogen werden. Nun wurde mit dem zukünftigen Schwiegervater endlich ein Termin für die Verlobung vereinbart. Im Haus seiner Eltern schlug der Brautvater als erstes den Sattlermeister Jochim Leetz, wie Dreyer selbst ein geborener Kieler, als Zeugen vor. Er war angenehm überrascht; schließlich war Jochim Leetz sein Onkel. Hatte die Untätigkeit seines Schwiegervaters vorher also doch nichts zu bedeuten? Schnell wurde Leetz geholt. Seine Eltern verlangten nun Zeugen der anderen Seite und dazu die Anwesenheit eines Pastors. Er hatte gehofft, sein Schwiegervater in spe würde vielleicht einen seiner Brüder vorschlagen, besonders den Ratsherrn und Handelsmann Johann Dreyer, der allgemein nicht zuletzt als guter Schütze bekannt war. Damit wäre die Verlobung gewissermaßen stadtöffentlich gewesen. Doch der Brautvater weigerte sich strikt, sie als Zeugen zu benennen. Er sagte, er wolle mit seinen großmächtigen Verwandten nichts zu tun haben. Jürgen Otto Köhler musste sich auf die Lippen beißen; gern hätte er nach dem Grund dafür gefragt. Als aber Arend Dreyer auch keinen Pastor wollte und darauf bestand, dass die öffentliche Verlobung in Anwesenheit eines Geistlichen erst nach seiner Rückkehr stattfinden solle, fiel es ihm mehr als schwer, auch noch diese Kröte zu schlucken. Tiefe Enttäuschung machte sich in ihm breit; in das wieder aufgeflammte Misstrauen gegen seinen Schwiegervater mischte sich nun auch noch Ärger. Wenn alles so im Privaten bliebe, wenn nichts öffentlich gemacht werden würde, käme er nur einen halben Schritt voran. So hatte er sich den Verlauf der Verlobung wahrlich nicht vorgestellt. Er machte ein langes Gesicht, bis seine Eltern ihm etwas zutuschelten.

Nachdem sein Schwiegervater in spe das dritte Glas Wein getrunken hatte, fing er an, große Reden zu schwingen. Er beteuerte hoch und heilig, dass er als Christ mit ganzem Herzen hinter dieser Verbindung stehe. Er wusste nicht, ob er sich über diese Worte freuen oder ihnen misstrauen sollte. Ohne Pastor waren sie doch nur reine Beschwichtigung. Er setzte ein freundliches Lächeln auf; es sollte doch weitergehen. Der Verlauf des Abends hatte schon genug Unstimmigkeiten mit sich gebracht.

Dann überreichte er stolz seine Verlobungsgeschenke. Seine Mutter hatte ihm gesagt, was eine junge Frau erfreuen könnte. Seine Eltern waren sehr großzügig gewesen, worauf er auch gedrungen hatte. Er wollte zeigen, was seine Braut ihm wert war und was seine Familie sich leisten konnte. Maria Elisabeth schien beeindruckt. Sie übergab ihm keine Geschenke, versprach aber, sie sofort zu übergeben, wenn sie fertig seien. Er schluckte, obwohl es öfters vorkam, dass die Braut ihr Geschenk später überreichte. Hoffentlich würde es tatsächlich kommen, sonst hätte er in der Zukunft gar nichts in der Hand. Schließlich mussten sie sich die Hände reichen, das gehörte zum Ritual, und sich küssen. Ihr Kuss war flüchtig und sehr verschämt, aber so gehörte es sich für eine tugendhafte, fromme junge Frau auch, wie er fand.

Er begleitete seine Braut und deren Eltern nach Hause. Doch kaum hatten sie sich verabschiedet, als er schon dem Rat seiner Eltern folgte, den sie ihm zwischendurch gegeben hatten. Er meldete die Verlobung dem Assessor des zuständigen Kirchengerichts, dem Herrn Seelhorst, der sich der besonderen Gunst des Fürsten erfreute. Er vergaß nicht hinzuzufügen, dass er und seine Eltern einen Pastor gewünscht hätten, der Brautvater jedoch nicht. Sie hielten sich schließlich an das, was die Gesetze vorschrieben. Erleichtert machte er sich danach auf den Heimweg.

Wann immer es seine Arbeit erlaubte, machte er abends Besuche bei seiner Braut. Er konnte den Moment kaum abwarten. Sie empfing ihn zwar freundlich, zeigte aber anfangs alle weibliche Tugend und Schamhaftigkeit. Oft blieb er lange, redete viel und sie wenig. Er machte Scherze, aber nur der Schatten eines Lächelns huschte über ihr Gesicht. Er wusste, wie sehr das ehrbare Handwerk die Sittlichkeit seiner Frauen schätzte, und verstand ihr Verhalten. Aber kleine Spielräume waren doch vorhanden. Im Laufe der Zeit begann sie ihn mit freudigem Gesicht zu empfangen, und er wurde mutiger.

Er merkte, wie seine Liebesworte langsam Wirkung zu zeigen begannen: Sie fing an, sich ihm gegenüber zu öffnen, ihre weibliche Zurückhaltung schrittweise abzulegen. Wenn er nun seinen Arm um sie legte, ließ sie ihn gewähren, und seine Umarmung und seinen Kuss beim Abschied erwiderte sie.

Er initiierte Ausflüge aufs Land. Er wollte sie beeindrucken, ihr die Welt zeigen, mehr Zeit mit ihr allein haben. Er wählte das Tal der Schwentine und die Fahrt durch den Wald nach Wulfshagen; er war sicher, eine gute Wahl getroffen zu haben. Manchmal warf sie ihm unterwegs strahlende Blicke zu. Sie waren ein Paar. Es war eine herrliche Zeit.

Doch dann wieder war sie plötzlich schweigsam. Er dachte: Frauen sind Launen unterworfen, sie sind wankelmütig. Damit musste er sich abfinden. Aber ganz sicher war er sich nicht, und auf seine Frage: „Was hast du?“ bekam er keine Antwort.

Beim Teetrinken merkte er allerdings, wie vertraut er ihr geworden war. Sie tadelte ihn, wenn er versehentlich wieder „Sie“ sagte, obwohl sie ihm das Du des Vertrauens und der Liebe angeboten hatte. Es tat ihm leid, es war nur die Macht der Gewohnheit gewesen.

Ihm schien ein enges Band geknüpft zu sein, alles ging in die richtige Richtung, abgesehen von gewissen Schwierigkeiten durch Verwandte. Als er seine Reise antreten musste, stieg Unsicherheit in ihm hoch. Er würde lange Zeit weg sein. Und nun hatte sich auch noch ihre Tante eingemischt und behauptet, die Verwandten seien gegen seine Verbindung mit ihr. Aber sein Schwiegervater hatte die beiden Dreyer-Brüder gefragt und zur Antwort bekommen, sie hätten nichts dagegen. Auch hatten ihn ihre Eltern sofort über das Eingreifen der Tante informiert, und er hatte den Pastor Franck von der Nicolaikirche von der unerlaubten Störung des Eheversprechens in Kenntnis gesetzt. Der hatte sie ermahnt. Aber der Tante war nicht zu trauen. War sie nur selbst gegen die Ehe, oder standen Verwandte von ihrer Seite dahinter? Was war, wenn sie nach seiner Abreise wieder anfangen würde, gegen die Ehe zu reden? Und dann sein Schwiegervater. Auch wenn er die Tante aus dem Haus gewiesen hatte, wusste er nie recht, woran er bei ihm war. Sein Verhalten war nicht durchsichtig. Einerseits schien er für die Verbindung zu sein, andererseits aber die Dinge in der Schwebe halten zu wollen. Aber dem war nun ein Riegel vorgeschoben. Er sprach mit seinen Eltern darüber, die ihm versicherten: „Wir werden auf deine Braut achtgeben. Aber du solltest auch mit dem Pastor sprechen.“

Es war in der Tat besser, für alle Fälle gewappnet zu sein. Er bat daher den zuständigen Geistlichen, während seiner Abwesenheit keine Verlobung und erst recht kein Aufgebot zu einer Heirat mit einer anderen Person zu gestatten.

Bei seiner Abreise nach Amsterdam waren sie beide traurig; sie gab ihm einen vergoldeten Species-Reichstaler zum Andenken an sie. Auch war sein Schwiegervater wieder auffallend nett zu ihm – sollte er etwa davon gehört haben, dass er den Pastor gebeten hatte, keine Verlobung vorzunehmen, solange er noch im Ausland sein würde? Dreyer begleitete ihn auf seinem Ritt nach Tönning, von wo die Reise per Schiff nach Amsterdam weitergehen sollte, bis nach Gettorf, den nächsten größeren Ort – eine weite Strecke, wo Verwandte sonst oft nur ein wenig über das Stadttor hinaus begleitet wurden – eine große Ehre, ein Zeichen inniger Verbundenheit. Und doch – war das nicht wieder eine von dessen Aktionen, die Vertrauen schufen, das möglicherweise trügerisch war? In Tönning angekommen, lag er wegen ungünstiger Winde eine Zeitlang fest. Da kam sein Vater ihn noch einmal besuchen und brachte liebe Grüße von seiner Braut. Das Pferd hatte ihm sein Schwiegervater gestellt. Es schien alles gut zu sein.

Nachdem er in Amsterdam angekommen war, nahmen ihn für kurze Zeit seine neue Arbeit und die große fremde Stadt völlig in Beschlag. Er staunte über die vielen Leute aus aller Herren Länder, unter denen sich auch Menschen aus den Herzogtümern Schleswig und Holstein befanden, über die prächtigen Gebäude und die vielen fremden Schiffe im Hafen. Er hörte aber auch von Bordellen, sogar von gräulichen Sodomiten, die es mit Männern trieben und die man vor einem Jahrzehnt heftig verfolgt hatte. Doch schon bald wanderten seine Gedanken immer wieder nach Kiel, das zwar Residenzstadt war, aber ihn nun trotzdem winzig anmutete im Vergleich zu Amsterdam. Er schrieb Briefe und wartete sehnsüchtig auf Antwort von seiner Braut. Die bekam er auch. Anfangs übermittelten sie ihm noch ein Gefühl der Gemeinsamkeit; sie beteuerte, wie sehr sie ihn vermisse, aber nach einiger Zeit wurden ihre Zeilen recht steif und formal: Sie drückte die Hoffnung aus, dass es ihm gut gehe; ihr gehe es auch gut, sandte Grüße von ihren Eltern und berichtete einiges über Stadtereignisse, und schloss mit Abschiedsformeln wie bei Liebenden. Unsicherheit bemächtigte sich seiner. War alles in Ordnung? Erst im Sommer 1742, nach einem guten halben Jahr, kam ein Brief von ihr, der ihn glücklich machte. Sie schrieb ihm in den verliebtesten Ausdrücken. Kaum hatte er seine innere Ruhe wiedergefunden, als eine Nachricht seiner Eltern ihn in tiefe Enttäuschung stürzte. Niedergeschlagen las er immer wieder, sie habe auf einem Fest getanzt und wolle sie nicht mehr besuchen. Seine Eltern glaubten, sie habe sich einem anderen zugewandt. Überdies kam noch ein Brief von fremder Hand, der ihm nahelegte, von der Verlobung zurückzutreten. Er zerknüllte ihn wütend.

Am nächsten Morgen kündigte er seinem Meister und organisierte seine Überfahrt. In Kiel angekommen, ging er zuerst zur Gesellenherberge, um die Unterstützung abzuholen, die einem wandernden Sattlergesellen zustand, dann zu seinen Eltern und dann zu ihr. Er stand unter Spannung, als er eingelassen wurde.

Ihre Mutter teilte ihm kurz und bündig mit, dass die Verbindung beendet sei. Er war trotz allem, was er wusste, konsterniert, die Endgültigkeit ihrer Worte traf ihn hart, hatte sie doch bislang immer auf seiner Seite gestanden. Doch damit wollte er sich nicht abspeisen lassen. Er wollte die Ursache wissen. Es sei doch alles gut gewesen, als er abgefahren war. Sie sei eben anderen Sinnes geworden. Diese Antwort verstärkte den Verdacht, den er hegte: Dahinter konnte nur ein anderer Mann stecken.

Dann erschien sie selbst. Das war nicht die junge Frau, die er zurückgelassen hatte; sie trat ihm selbstbewusst entgegen, hart und standfest.

„Warum willst du mich nicht mehr? Warum, warum? Sag die Wahrheit. Warum? Du kannst dein Eheversprechen nicht brechen!"

„Doch! Ich bin gezwungen worden. Ich musste mich so verhalten."

„Gezwungen? Gezwungen? So ein Unsinn, du hast mehrmals ja gesagt." Er konnte es nicht fassen. Sie hatte sich doch wie eine Braut verhalten! Er ging später noch einmal zu ihren Eltern.

„Nein, nein", versicherten die hoch und heilig, „wir haben sie nicht gezwungen." Also doch ein anderer Mann.

Bei einem erneuten Treffen hielt er ihr entgegen: „Du bist nicht gezwungen worden, du hast keinen Grund, dein Eheversprechen zu brechen. Du musst mich heiraten. Ja gesagt, ist ja gesagt."

Sie wiederholte nur, was sie vorher schon behauptet hatte. Die beiden Dreyerschen, die Mutter und die Großmutter, versuchten ihn zu beschwatzen, die Geschenke zurückzunehmen und die Sache zu beenden. Es habe doch keinen Zweck, sie würde ihn nicht heiraten. Als sie ihm dann auch noch Groll und Feindseligkeit vorwarfen, kochte Wut in ihm hoch. „Das ist doch genau anders herum!“, schrie er. In der Erregung des Augenblicks dachte er: „Das lasse ich mir nicht bieten, ich lasse mich nicht an der Nase herumführen. Ich bin ein ehrlicher Handwerksgeselle, ich lasse mich nicht von einer Frau vorführen. Das soll sie mir büßen, mich so bloßzustellen, Schimpf und Schande über meine Mannesehre zu bringen!“ Er drohte mit einem Prozess.

Monate vergingen. Er hoffte noch lange, zögerte die Entscheidung hinaus. Vielleicht würde sich doch noch was ändern. Dann würde auch keine ewige Feindschaft zwischen den beiden Familien entstehen. Die Geschenke waren immer noch bei den beiden Überbringern; er würde sie nicht zurücknehmen. Recht und Ehre standen doch auf seiner Seite, sagte er sich immer wieder. Ihm dämmerte aber, dass der Beginn einer Gerichtsverhandlung letztlich eine Entscheidung gegen sein eigentliches Ziel sein konnte. Doch die Kränkung saß tief. Ende Juni 1743 entschloss er sich zu klagen.

III. REDEN ÜBERS RECHT

Kurz vor der Verhandlung des Stadtkonsistoriums am 19. Juli desselben Jahres standen ihr Verteidiger, Johann Andreas Witthöft, ihr Vater und Maria Elisabeth Dreyer zusammen. Der Ankläger hatte seine Argumente vorgetragen.

„Das war starker Tobak“, sagte Arend Dreyer, nachdem er den Bericht gehört hatte.

„Keine Bange, es gibt genügend Gegenargumente“, erwiderte der Verteidiger. „Außerdem werde ich das Verhalten der Mademoiselle vereinheitlichen. Sie war doch immer gegen die Ehe mit ihm und immer völlig kaltsinnig ihm gegenüber, nicht wahr?“ Ein ironisches

Lächeln huschte über sein Gesicht. „Und dann werde ich versuchen, die Geistlichen zu überzeugen, indem ich mit der christlichen Religion gegen ihr Verständnis des Christentums argumentieren werde."

Arend Dreyer verstand ihn nicht.

Witthöft erklärte: „Ich werde z. B. sagen: Die hochheilige Dreieinigkeit, in deren Namen die Verlobung geschehen sei, kann unmöglich wollen, dass eine gegen das göttliche wie das weltliche Recht erzwungene Ehe bestehen bleibt."

„Aha."

Außerdem werde er auf die moralische Überlegenheit der christlichen Religion verweisen. Man könne hier nicht orientalisch mit seinen Kindern verfahren. Man sei hier auch nicht in der Tartarei, wo man seine Kinder verschenken oder verkaufen könne. Hier müsse man den freien Willen der Töchter beachten. Das Christentum sei doch gerade durch diesen Punkt den anderen Religionen hoch überlegen.

Dreyer hatte seine Zweifel: „Wenn das man helfen wird. Die Prediger wissen doch alles besser. Sie sind doch im Besitz des wahren Christentums."

„Aber es sagt doch schon die gesunde Vernunft", fügte Witthöft hinzu, „dass die Grundlage einer guten Ehe die Harmonie ist: Die ist aber nicht gegeben, wenn ein Teil zu der Ehe gezwungen worden ist. Jeder weiß doch: Das gibt nur Uneinigkeit, Streit und Gewalttätigkeit."

„Aber hier geht es nicht um Vernunft, hier geht es um Recht und Religion", meinte Dreyer skeptisch.

Ein ganzer Monat war vergangen, als sie im August nach einer Sitzung des Stadtkonsistoriums den Verteidiger aufsuchten, Maria Elisabeth Dreyer und ihr Vater.

„Werde ich ihn los? Wie sind die Aussichten? ", fragte sie.

Johann Andreas Witthöft antwortete: „Ich darf noch einmal dagegenhalten. Und das werde ich mit aller Macht tun. Das letzte Mal, dann ist Schluss." Und dann gab er zu: „Dass die Gegenseite Luther mit seinem Büchlein von den Ehesachen angeführt hat, ist schlecht für uns." Er erklärte es genauer.

Maria Elisabeth Dreyer empörte sich: „Ich als junge Frau soll mich bei Zwang sofort an die hohe Obrigkeit wenden? Das Reden mit der Obrigkeit ist doch Sache der Männer. Ich habe noch nie mit einem Bürgermeister gesprochen. Und vor dem Pastor Franck habe ich Angst, er ist nicht verheiratet; vielleicht versteht er gar nichts von solchen Sachen."

„Aber so steht es nun einmal bei dem großen Mann", erwiderte Witthöft:

„Soll ich in der Hitze des Gefechts wirklich zu den hohen Herren laufen, mich öffentlich gegen meine Eltern stellen? Und wenn ich mich dann einmal vergesse? Und wenn die mich nicht mehr ins Haus lassen oder mich schlagen, wenn ich zurückkomme? Wenn sie mich enterben?" Ihr Vater schüttelte nur verwundert den Kopf. „Hat denn dieser Luther sich überhaupt nicht in die Lage junger Frauen versetzen können?"

„Es kommt noch schlimmer", sagte ihr Anwalt. „Wenn man tatsächlich gezwungen worden ist wie sie und nichts sagt, dann kann man später keinen Zwang mehr vorschützen. Schweigen zum Konsens der Eltern gilt als Ja. So der Begründer unserer Religion."

„Ich schütze keinen Zwang vor, es war Zwang und es bleibt Zwang! Ich kann es nicht glauben, ich kann es einfach nicht glauben!" Sie wiederholte diesen Satz immer wieder.

Witthöfts Lippen kräuselten sich zu einem leicht spöttischen Lächeln.

„Und was sagen Sie dagegen?", fragte ihr Vater.

Witthöft kratzte sich am Kopf. „Na ja, das ist kein Hauptargument der Gegenseite. Ich werde sagen: Das ist ein Büchlein von Luther und steht in keinem Gesetzbuch. Die andern leugnen den Zwang. Sie wiederholen ein übers andere Mal, dass sowohl sie" – er blickte auf Maria Elisabeth Dreyer – „wie auch Ihr mehrmals „ja" gesagt habt. Das ist das Problem."

„Die geistlichen Richter“, sagte der Vater, „sind keinen Argumenten zugänglich. Für die ist die Ehe nicht nur ein Vertrag wie jeder andere. Bei den weltlichen Richtern, dem Rat, habe ich zwar schon letztes Jahr gute Stimmung zu machen versucht, als ich mich für das Verbot von fremdem Essig hier eingesetzt habe. Der Verkauf war der Stadt sehr abträglich. Eigentlich müssten mich die Stadtoberen schätzen; vor Jahren habe ich eine Wohnung von der Stadt gekauft und auch Stadtland gepachtet. Auch habe ich mein Holz immer von der Stadt erworben. Aber das ist bestimmt schon alles vergessen. Aber sie wissen, dass ich seit vier Jahren Mitglied der 32er bin und mich für das Wohl der Stadt einsetze. Jetzt gerade spreche ich mit anderen über die schlechte Beaufsichtigung des Prüner Schlages und die Selbstbedienung der Bevollmächtigten. Auch das käme der Stadt zugute. Aber das kann noch dauern, bis es vor den Rat kommt.“

„Ja, ja,“, sinnierte der Advokat, „und den fremden Branntwein haben sie beim Essigerlass gleich mit verboten. Zu meinen Ungunsten. Ein Gläschen in Ehren … Der Einsatz für die Stadt ist schön und gut, aber das wird alles nichts helfen. “

Am 23. August 1743 sprach das Stadtkonsistorium, bestehend aus den Ratsmitgliedern und den Pastoren der beiden Kirchen, das Urteil. Zwei der Ratsherren fehlten, einer davon war Johann Dreyer.

Es wurde für Recht erkannt: Da das Jawort aus freiem Willen gegeben worden sei und die Zustimmung der Eltern vorgelegen habe, ist das Eheversprechen unverbrüchlich zu halten. Die Handtreue des Klägers ist von der Angeklagten zurückzunehmen und die öffentliche Verlobung innerhalb von sechs Wochen nach der Rückkehr von Jürgen Otto Köhler – er hatte inzwischen die Stadt zwecks Fortsetzung seiner Ausbildung wieder verlassen – zu vollziehen. Die Kosten des Prozesses sind von der Angeklagten zu zahlen. Für den Nichtbefolgungsfall wurde eine Geldstrafe angedroht; die Vollziehung habe dann innerhalb von drei Wochen zu erfolgen.

Witthöft beantragte sofort eine Appellation. Die Argumente dafür und dagegen wurden in zwei Runden ausgetauscht. Dann wurde entschieden, dass man dem höheren Gericht – dem Oberkonsistorium – nicht vorgreifen wolle.

Maria Elisabeth Dreyer fing an zu weinen, als sie das Urteil erfuhr. Ihr Vater nahm sie in den Arm. „Wir müssen durchhalten", sagte er, „es wird schon werden."

Es dauerte lange, bis das Oberkonsistorium zu einer Entscheidung kam. Es war bereits Februar 1744, als es das Urteil des niederen Gerichts bestätigte. Die Ehe sei zu vollziehen. Auch in allen anderen Punkten folgte es dem Konsistorialgericht.

Im März 1744 wurden beide Verlobten vom Konsistorium persönlich vorgeladen, um zu prüfen, ob sie nun freundschaftlich zueinander stünden. Maria Elisabeth Dreyer sah ihren Bräutigam böse an. Für sie war er jetzt die Ursache ihres ganzen Leids geworden; von ihm war alles ausgegangen, er hatte an allem Schuld, er hatte sie in eine Falle gelockt. Er wollte sie nur haben, ihre Haltung zu ihm interessierte ihn nicht. Hätte er sie zuerst gefragt, wäre das alles nicht geschehen. Als er dem Gericht versicherte, dass seine Liebe zu ihr fortdauere, verzog sie nur höhnisch die Mundwinkel. Selbst nach ihrer Haltung zu ihm gefragt, bekräftigte sie ihren unüberwindlichen Widerwillen. Daraufhin fiel das ganze Gericht über sie her. Zuerst wurde immer wieder auf die Heilige Schrift verwiesen, der sie folgen müsse. Dann ritt man auf den Umständen herum: So wie die Sache stehe, gebe es für sie keinen Ausweg. Sie müsse den göttlichen und weltlichen Gesetzen folgen und ihrem eigenen, mehrfach gegebenen Jawort treu bleiben. Die Ehe sei heilig, von Gott gesetzt; ob sie ihn beleidigen wolle? Was denn die Ursache ihres Widerwillens sei, wurde sie immer wieder gefragt. Sie schwieg. Sie wollte sie nicht nennen, sie konnte die Ursachen auch gar nicht recht fassen; es war Verschiedenes, und über einiges konnte sie vor Gericht auf keinen Fall sprechen.

Ihr wurde eine 14tägige Frist gewährt, ihre Haltung aufzugeben. Sie wurde aber nicht anderen Sinnes. Eine Milderung des Urteils wurde abgelehnt, stattdessen billigte man ihr noch einmal sechs Wochen Bedenkzeit zu. Dann sollte die Sache ihren rechtlichen Lauf nehmen. Das musste sie, weil Maria Elisabeth Dreyer ihre Einstellung nicht änderte. Im Juli 1744 wurde sie deshalb dazu verurteilt, Köhler 150 Reichstaler zu zahlen und die Prozesskosten, die, bereits moderiert, noch einmal 74 Reichstaler betrugen. Der Vollzug der Ehe wurde ihr erlassen.

Ihr Vater stöhnte: „So viel Geld haben wir nicht." Aber das war ihr egal. Sie war ihn endlich los. Außerdem glaubte sie, dass ihr Vater übertrieb.

Jürgen Otto Köhler hatte bereits, als er das Urteil des Stadtkonsistoriums hörte, eine tiefe innere Befriedigung verspürt. Er hatte erreicht, was er wollte. Das Geld, das nun hinzugekommen war, war willkommen, aber nebensächlich.

***

Im September 1744 heiratete Maria Elisabeth Dreyer den 30-jährigen Gastwirt Detlev Diedrichsen, den Bruder Diedrich Diedrichsens. Es war eine Haustrauung, vorgenommen durch den Hauptpastor der Nikolaikirche. Vier Jahre nach Beendigung des Prozesses wurde Jürgen Otto Köhler in Kiel Meister; im Jahr darauf kaufte sein Vater für ihn das Haus der insolventen Professorenwitwe Hannemann.

Hett mien Dochter noch keen Mann,
kricht se enen Timmermann,
de sien Kinner prügeln kann.
Bittgesang der Kinder zu Fastnacht

EHRENMORD

Er hatte eine kurze Zeit gehorcht; das Geräusch war ungewöhnlich gewesen, kein Knacken im Gebälk, kein Zerren des Windes am Strohdach, erst recht nicht das leise nächtliche Pusten der Rinder an ihren Ketten. Von außen konnte es nicht gekommen sein, es musste etwas im Haus gewesen sein. Beunruhigt stand er auf, um nach dem Rechten zu sehen. In seinem Nachtrock ging er wie im Schlaf in die Küche, ein paar Schritte, die er tausendmal gemacht hatte – tagsüber. Er hielt einen Kienspan in das Glutbecken, entzündete die Tranlampe und begann die Suche. Sein Blick tastete sich in das Halbdunkel, hierhin, dorthin, doch er bemerkte nichts Auffälliges. Als er an den Gesindekammern vorbei war, öffnete er die Tür zur Diele. Der warme Viehgeruch strömte ihm entgegen. Er leuchtete in den großen, langen Raum hinein. An dessen Seiten befanden sich die Verschläge für die Kühe und Pferde; ganz hinten der für die wenigen Schweine, die er besaß. Die Kühe lagen schlafend da, sie pusteten nur ab und zu. Wenn er stehenblieb, konnte er sie in der Stille wiederkäuen hören. Auch der Bulle war ruhig.

Zurück in der Schlafkammer, fragte ihn seine Frau: „Was war?“

„Nichts.“

Im Bett lag der Bauervogt noch einige Zeit da, ohne sich zu bewegen, und horchte aufmerksam in die Stille hinein, bis seine Gedanken langsam von den Veränderungen in der nahen Zukunft in Beschlag genommen wurden.

Der Bauervogt Pries stand dem kleinen Dorf Sipsdorf in Ostholstein vor. Es gehörte zum Kirchspiel Oldenburg, das seinen Namen von dem Ackerbürgerstädtchen eine Viertelmeile weiter nördlich hatte, in das er im Herbst oft mit Pferd und Wagen fuhr, um dort Getreide zu verkaufen. Nach Lübeck, im Süden gelegen, war der Weg zu weit und schlecht. Die alte Hansestadt, deren Blüte längst vorbei war, war immer noch eine andere Welt für die Sipsdorfer. Viel öfter kam er in das Kirchdorf Lensahn, zwar auch im Süden gelegen, aber viel näher. Er erinnerte sich noch gut daran, dass es im Jahr zuvor dort gebrannt hatte; vierzehn Häuser waren ein Raub der Flammen geworden.

Der Bauervogt kannte die Bewohner seines Dorfes alle mehr oder weniger gut. Es waren insgesamt ungefähr 250. In so kleinen Welten war ein Gesicht dem anderen vertraut, und jeder wusste etwas über den anderen; er selbst über viele mehr als andere. Die meisten im Dorf waren kleine Leute – er aber gehörte zu den sieben Großen, den Bauern oder Hufnern und war derjenige mit dem meisten Acker- und Wiesenbesitz. Das gab ihm ein gewisses Ansehen, was ihm als unterste Vertretung der Obrigkeit zugutekam. Er verkündete deren Entscheidungen auf Dorfebene und er musste die Dienste für den Pächter des Gutes Lübbersdorf organisieren, zu dem sein Dorf als einziges gehörte. Für den Ärger, den er damit hatte, genoss er einige Vorrechte. Er hatte aber auch einige besondere Pflichten; dazu gehörte die Haltung eines Bullen und eines Ebers für die Tiere der ärmeren Dorfbewohner.

Der Bauervogt hatte davon gehört, dass die Dinge auf den Gütern sich bald gewaltig ändern sollten. Der Pächter hatte es ihm gesagt. Hofdienste solle es bald nicht mehr geben, hatte er geklagt. In Kiel berieten sie sogar über die Abschaffung der Leibeigenschaft, man sprach von ihrem Ende in acht Jahren, also 1804. Sipsdorf hatte damit nichts zu tun; das Gut gehörte einem Herzog und keinem Rittergutsbesitzer. Der Herzog nahm zwar nicht an der Versammlung teil. Aber auch er wollte die Verhältnisse ändern. Zuerst in Lensahn; Standesgenossen von Pries hatten das angestoßen. Eines Tages würden die Reformen auch das Gut Lübbersdorf erfassen. Da war sich der Bauervogt sicher. Würde er dann Pächter werden? fragte er sich. Wie lange würde die Pachtzeit dauern? Und vor allem: Wie hoch würde die Pacht sein? Warf der Hof genug ab, um sie zu zahlen? Der Landesherr war zwar einer von den menschenfreundlichen Aufklärern, aber rechnen konnte der auch, das wusste der Bauervogt. Bevor er diese Gedanken zu Ende denken konnte, verlor er den Faden und versank im Schlaf.

Einige Zeit später polterte es erneut, er schreckte wieder hoch. Inzwischen neigte sich der Tag des Sterbens Christi am Kreuz, der Karfreitag, dem Ende zu. Nun aber war er sich sicher: Er hatte sich vorher nicht getäuscht, etwas war nicht in Ordnung. Er ging nochmals durch das Haus, diesmal leise, hellwach und entschlossen, die Ursache herauszufinden. In der Küche fiel der Schein der Lampe zuerst auf die Pfannkuchenpfanne, die seine Frau so schätzte. Gleich bei der Feuerstelle, in deren Nähe auch der eichene Esstisch mit den zwei Bänken stand, fiel ihm dieses Mal etwas auf: Die Reste der Abendmahlzeit, die seine Frau auf dem Tisch stehen gelassen hatte, waren verschwunden. Sie hatte die dicke Grütze am nächsten Tag in Stücke schneiden und in gekochte süße Milch schütten wollen. Einen Reim darauf konnte er sich nicht machen. Eine Katze? Nein, die hätte nicht so einen Lärm gemacht. Sicher, die kamen manchmal ins Haus, aber meist waren sie beim Vieh, auf dem Boden oder im Freien. Sorgfältig suchten seine Augen alles ab. Eine leichte Unruhe der Rinder trieb ihn diesmal doch dazu, die *Grotdeel* hinunterzugehen. Fast wäre er im Halbdunkel gegen den Wagen gelaufen, den der Knecht schon hereingeschoben hatte. Denn am nächsten Morgen wollten sie das gute Wetter nutzen und Mist auf die Gerstenfelder fahren. Als er in die Nähe des gefährlichen

Zuchtbullen kam, meinte er, vor der Krippe etwas zu sehen. Bald gab der Schein der Lampe den Blick auf eine menschliche Gestalt frei, die dort zusammengekauert saß. Er leuchtete ihr ins Gesicht und erkannte sie sofort.

Einige Stunden später, die Nacht ging schon gegen Morgen, wurde im selben Dorf der Hufner Junge aus dem Schlaf gerissen: Die *Achterdör*, der Hauseingang vom Garten her, war geöffnet worden, so meinte er. Junge lebte mit seiner Frau Ida Elisabeth und ihren sechs Kindern auf einem Hof, der etwas abseits vom eigentlichen Dorf lag. Wie Pries war er ein Bauer mit größerem Landbesitz: Der Boden der Gegend, zu vier Fünfteln als Ackerland genutzt, hatte eine gute Bonität. Die Landpreise waren zu dieser Zeit hoch, und die Getreidepreise stiegen seit langem: Die Menschen wurden immer mehr, und viele wollten ein Stückchen Land zum Überleben. Der Krieg in der Ferne, am Oberrhein und in Italien zwischen Österreich und der gottlosen französischen Republik, von welcher der Pastor gesprochen hatte, hatte die Preise für das lebenswichtige Brotkorn in einigen Jahren in nie gehörte Höhen schnellen lassen. Die Obrigkeiten hatten alle Hände voll zu tun, die Auswirkungen der Teuerung abzumildern. Im Krug hatte einer vor nicht allzu langer Zeit von Aufständen in Städten wegen der Brotpreise erzählt. Die Gutsbesitzer begannen, kräftig mit ihren Gütern zu spekulieren. Auch wenn er nicht schreiben konnte, so wusste Junge doch genau, Lübbersdorf würde nicht in andere Hände kommen; die Herzogsfamilie hatte sich auferlegt, es nicht zu verkaufen, zu teilen oder zu belasten, genau wie bei einer ganzen Reihe von anderen Gütern, die ihr gehörten: Sie sollten der Familie sicheren Unterhalt gewährleisten.

Junge ging vergeblich durch das Haus. Seine beiden älteren Söhne, der eine 19 und der andere 17, schliefen fest. Er wusste sowieso, dass sie es nicht gewesen sein konnten, sie waren gehorsame Bauernsöhne; sie ritten nicht nachts auf fremden Pferden vor die Fenster junger Frauen, um mit ihnen zu scherzen und zu lachen. Er konnte niemanden finden. Es war ihm rätselhaft, kannte er doch das

Geräusch seiner Haustür nur zu gut. Am nächsten Tag bemerkte seine Frau, dass aus einem Topf Gänseschmalz fehlte, etwa ein Pfund, und ein Brot von der Trage genommen worden war. Gerade am Tag zuvor hatte die Magd die frischgebackenen Brote aus dem Backhaus geholt, das zum Hof gehörte. Also musste sich doch irgendjemand ins Haus geschlichen haben. Junge hatte sich nicht geirrt.

Um die Mittagszeit des Ostersonnabends – Junge hatte gerade auf seine Taschenuhr geguckt, um die ihn sein Knecht so beneidete – hörte er wieder ein eigenartiges Geräusch, ein dumpfes „Plumpp". Sofort ging er hinaus auf die Diele. Sein staunender Blick fiel auf eine Gänsebrust, die auf dem Lehmboden lag. Wie konnte sie vom Wiemen auf den Boden fallen? Sie hatte am Trockengerüst für die geräucherten Fleischwaren gehangen, zusammen mit Schinken, Speckseiten und Würsten. Dann blieb sein Mund sekundenlang offen stehen: An die Brottrage geklammert sah er ein Mädchen hängen. Von dort hatte es wohl versucht, an die Gänsebrust zu gelangen, doch der Spieß war zu schwer für es gewesen. Ein Brot lag angenagt in der Trage, ein anderes war verschwunden.

Es war ein Mädchen aus dem Dorf; es war die Gestalt, die auch der Bauervogt entdeckt und aus der er kein einziges Wörtchen herausgebracht hatte: Dorothea Carstens, die 14-jährige Tochter des Zimmermanns Johann Hinrich Carstens. Junge hielt sie fest und ließ sie nicht gehen. Stattdessen schickte er jemand in die Kate des Zimmermanns, um den Vater zu holen, wie es vorher schon der Bauervogt gemacht hatte. Schließlich wollte er die Brote und das Gänseschmalz bezahlt haben.

Fast vier Wochen später in Scharbeutz, vier lange Meilen südlich von Sipsdorf an der Ostsee: Unweit des Dorfes, zu dem auch ein Wald gehörte, führte ein viel benutzter Steg über einen kleinen Fluss. In seinem Wasser fanden Leute an einem Morgen – es war der 19. April – eine Leiche. Das Dorf Scharbeutz war gerade mal halb so groß wie Sipsdorf und hatte enge Verbindungen zu Lübeck. Die Höfe und Katen gehörten nämlich dem alten Stift zum Heiligen Geist in der Stadt. Für die Versorgung der Alten und Kranken besaß das Hospital eine ganze Reihe von Ländereien, die ihm geschenkt worden waren. Scharbeutz gehörte seit Jahrhunderten dazu. Das Hospital lag zwar in Lübeck, bildete aber samt seinen Besitzungen einen eigenen Rechtsbezirk.

Aus der nahen Hansestadt wurde Johann Peter Kippe geholt. Er war dort seit fünf Jahren Ratschirurg, ein Handwerker der Medizin, zuständig für das Äußere, für Verletzungen, Knochenbrüche und Wunden, also auch für die Besichtigung von Leichen. Am 20. April inspizierte er den Fund, wie es seine Aufgabe war, und stellte erst einmal fest, dass es sich um ein Mädchen handelte. Dann schrieb er in seinem Bericht, dass die Leiche schon in die größte Fäulnis übergegangen sei, „daher sey zu muthmaßen, dass der Körper schon da möge einige Wochen gelegen haben. Äußerlich sey nicht die mindeste Verletzung noch erlittene Gewaltthätigkeit warzunehmen."

Keine Spur von Hieb- oder Stichwunden, keine Brüche, keine Zeichen von äußerer Gewalteinwirkung, also kein Verbrechen. Das war das eindeutige Ergebnis des Experten. Es musste sich um einen Unfall handeln. Das Mädchen war wohl in den Fluss gefallen und ertrunken. Vielleicht hatte es nachts, weil es sich nicht auskannte, einen Fehltritt getan. Es war also nichts zu tun, als für ein christliches Begräbnis zu sorgen. Ein Armenbegräbnis. Dazu ließ der Vogt des Stifts die notwendigen Vorbereitungen treffen und informierte den zuständigen Geistlichen.

Anfangs war niemand in Sipsdorf beunruhigt gewesen, als Dorothea Carstens nicht mehr gesehen wurde. Man redete noch über ihre Diebereien bei Pries und Junge. Sie war schon öfter einige Tage lang verschwunden gewesen; einmal war sie im Nachbardorf Damlos aufgegriffen worden. Aber sie hatte sich letztlich immer wieder eingefunden.

Auf dem Weg zum Dorfbackhaus traf Catharina, die 44-jährige Frau des Bauknechts Jacob Ralf, auf die alte Anna. Catharinas Mann war der Erste der Knechte auf dem Gut Lübbersdorf. Anna war die Frau des Schafhirten Hagedorn. Sie und ihr Mann besaßen kein eigenes Dach über dem Kopf, als Häuerlinge wohnten sie zur Miete. Anna hatte wie Catharina einen jüngeren Mann geheiratet. Eigentlich war sie nun mit ihren 62 Jahren nicht besonders alt, aber es gab nur wenige im Dorf, die ähnlich viele Jahre auf dem Buckel hatten. Sie war tagsüber allein in den zwei Zimmern, die sie hatten. Die alte Anna konnte nicht mehr viel arbeiten, nur spinnen, aber ihr Mundwerk ging noch gut.

„Na, gibt es heute wieder eine Überraschung am Backhaus?", fragte sie.

„Es liegt nicht jeden Tag ein Bettler daneben."

„Ja. Aber wir haben dafür weniger Leute im Dorf."

„Dorothe wird schon wiederkommen."

„Hast du nicht die Wäsche an der Leine der Carstenschen gesehen?"

„Nein, ich war beim Grünen Hirsch, einkaufen."

„So, so", sagte die alte Anna und dachte: „Sie wird wohl wieder in paar Gläschen zu sich genommen haben." Catharina fand es praktisch, dass der Grüne Hirsch Landhökerei und Krug in einem war.

„Das waren doch Kleider von Dorothe!", fuhr Anna fort.

„Du hast schon immer gesehen, was du sehen wolltest."

„Quatsch, die kenn' ich ganz genau. Die hat das Mädchen doch immer an. Das ganze letzte halbe Jahr hat sie immer dieselben Sachen getragen."

„Dann hat sie endlich mal neue bekommen." Anna schüttelte energisch den Kopf:

„Von dem Geizhals? Und mit denen ist sie dann gleich weggelaufen! Das Mädchen ist weg, ihre Kleider hängen an der Leine – kannst du nicht eins und eins zusammenzählen? Meinst du etwa, dass sie irgendwo nackt rumläuft? Du weißt doch, wie der immer redet.

„Du willst doch nur von den hohen Schulden ablenken, die auf euch lasten."

Eine weitere Frau kam hinzu und unterbrach die Unterhaltung. Anna wandte sich sofort ihr zu. Sie sollte noch mit vielen Frauen im

Dorf darüber sprechen, dass die Kleider von Dorothe, wie sie meist genannt wurde, im Winde geflattert hätten und sie selbst verschwunden war. Auch wenn andere wussten, wie unreinlich die Carstenschen Kinder herumliefen, auch wenn einige meinten, das seien gar nicht Dorothes Kleider gewesen, wurde der Verdacht gegen die Eltern doch immer reger und ihre Kate immer misstrauischer beäugt.

Am 11. April hatten die Vormünder Dorotheas Anzeige erstattet beim zuständigen Beamten für diesen Teil der herzoglich-oldenburgischen Güter, dem Oberinspektor Rüder auf Kuhof. Vormünder sollten bei Zweitehen dafür sorgen, dass das mütterliche Erbe der Kinder aus erster Ehe nicht heimlich, still und leise verschwand. Schon vor Jahren hatten sie von der Obrigkeit genau protokollieren lassen, was ihren Mündeln zustand. Aber sie hatten auch danach ein Auge auf die Erziehung und Pflege von Dorothe und deren jüngerer Schwester Margaretha geworfen.

Der Oberinspektor lud den Vater vor. Christian Heinrich Rüder war noch frisch im Amt – er hatte seine Stelle erst im Jahr zuvor angetreten. Er war vorher Sekretär der Rentekammer in Eutin gewesen. Nun trug er selbst Verantwortung und verdiente 300 Reichstaler im Jahr. Er war ein kluger, effizienter und fortschrittlich denkender Mann aus einer angesehenen Eutiner Familie. Kurz nach seinem Dienstantritt hatten er und sein Kollege den Auftrag bekommen, Gutachten über die Abschaffung der Hofdienste in Lensahn zu erstellen. Dazu hatte er sich in die Akten des Gutes vertieft. Reichlich Lesestoff hatte er, denn von Kuhof aus war das ehemalige Amt Oldenburg verwaltet worden. Ihm war klar, dass für Lensahn die Dinge anders lagen als für Lübbersdorf. Lensahn gehörte zum alten Besitz der Fürstenfamilie, Lübbersdorf war erst Anfang des Jahrhunderts in Leibeigenschaft geraten und noch nicht einmal eine Generation im Besitz der jüngeren Linie des Hauses Holstein-Gottorf, der er diente. Er las in den alten Akten vom Marsch von 300 Bewohnern Lübbersdorfs nach Kiel. Sie hatten sich gegen die Leibeigenschaft gewehrt, frei bleiben wollen, hatten nicht Personal und Pferde nur für den Gutsherrn halten wollen. Da konnte man sehen: Der Wunsch, die Freiheit zu bewahren, machte stark. Wie sehr würde es erst ihr wiedererlangter Genuss tun! Rüder sprach sich in seinem Gutachten für die komplette Abschaffung der Leibeigenschaft und nicht nur für die der Hofdienste aus. Sein Bruder stand für seine Ideale sogar auf französischer Seite ein. Er war während der Besetzung Hamburgs durch Napoleons Truppen kurz Bürgermeister der Hansestadt.

Johann Hinrich Carstens war für den Inspektor kein Unbekannter: Ihm hatte er einmal eine gelindere, menschlichere Behandlung seiner Kinder anbefohlen. Als Gebildeter stand Rüder wie alle aufgeklärt Denkenden extremer Strenge und vor allem der Prügelstrafe skeptisch gegenüber, er teilte die aufklärerische Abneigung gegen sie. Auch sonst musste er auf Kinder ein Auge haben. Seine exakte Dienstinstruktion mit ihren 39 Punkten hatte es ihm es zur Pflicht gemacht, dafür zu sorgen, dass die Eltern ihre Kinder fleißig zur Schule schickten.

Wo denn seine Tochter Dorothe sei, fragte er Carstens. Das wisse er nicht. Am 26. abends sei sie zu Bett gegangen, und seitdem habe er sie nicht mehr gesehen. Sie sei schon mehrmals für Wochen weg gewesen. Was er denn getan habe, um sie zu finden? Er habe rumgefragt, selbst auf dem Weg zur Arbeit und zurück. Sie werde schon wiederkommen. Der Oberinspektor trug ihm mit Nachdruck auf, seine Tochter zu suchen und Nachricht zu geben, sobald er sie gefunden habe.

Wieder zu Hause, hörte Carstens die Unterhaltung seiner Frau mit seiner zehnjährigen Tochter Margaretha mit an, als er sich nach dem Fußmarsch im Alkoven kurz ausruhte. Schließlich war es nach Kuhof so weit wie nach Oldenburg, an dessen Rand das Gut lag,

„Mudder, wann kommt Dorthe wieder?“

Prüfend sah Anna Margaretha Carstens ihre Stieftochter an: „Irgendwann, halt deinen Mund.“

Margarethe, nach einer Weile: „Diesmal hat niemand Vadder Bescheid gesagt, diesmal hat sie auch niemand gebracht, diesmal kommt sie allein zurück." Dann, nach langem Schweigen, sagte sie leise, mehr zu sich selbst: „Manchmal hat sie mir was mitgebracht, wenn sie allein nach Hause gekommen ist."

„Was? Du hast Gestohlenes gegessen? Wievielmal habe ich dir schon gesagt, dass man anderen nichts wegnehmen darf? Das ist gegen Gottes Gebot. Ein Glück, dass du nicht mein Kind bist!"

„Kann ich noch ein bisschen Grütze kriegen?", bat Margaretha ängstlich.

„Nein!" Ihre Stiefmutter nahm die Kumme mit der dicken Grütze und stellte sie weg.

Noch bevor das unbekannte Mädchen bestattet werden konnte, erreichte das Gerücht von dem Leichenfund in Scharbeutz die Güterverwaltung auf Kuhof. Rüder schickte die beiden Vormünder los, um herauszufinden, ob es sich vielleicht um Dorothe handele. Am 21. kamen sie zurück und bestätigten seinen Verdacht.

Sofort ließ er den für diesen Güterkomplex beeidigten Wundarzt rufen und dazu noch den studierten Arzt Dr. Struve aus Oldenburg. Von ihm hieß es, seine Tätigkeit lasse zwar zu wünschen übrig, aber dafür wüchsen seine Rechnungen wie die Zahl seiner Kinder von Jahr zu Jahr.

In Scharbeutz angekommen, waren die Männer erst einmal zur Untätigkeit verurteilt, denn es handelte sich ja um einen anderen Gerichtsbezirk, dazu noch um einen, mit dem ihr eigener Gutsbezirk schon des Öfteren Streit gehabt hatte. Jeder wachte eifersüchtig über seine Rechte. Den Angekommenen wurde jedenfalls die Untersuchung so lange nicht gestattet, wie der zuständige Gerichtsherr aus Lübeck nicht vor Ort war.

Dann diskutierte man zuerst den Fundort. Nein, die Leiche konnte nicht lange dagelegen haben, um in Verwesung übergegangen zu sein. Zu viele Menschen benutzten täglich den Steg, sagte der Hospitalsgerichtsherr, die Leiche wäre sofort entdeckt worden. Sie konnte auch nicht über Nacht angetrieben worden sein, dazu war das

Wasser zu seicht. Das Mädchen konnte aus demselben Grund auch nicht an dieser Stelle ertrunken sein. Eine Schlussfolgerung bot sich an: Der Fundort war nicht der Ort, an dem das Mädchen zu Tode gekommen war. Die Experten, mit einer vagen Vorstellung im Kopf, was geschehen sein könnte, begannen den ahnungslosen Lübecker Wundarzt zu widerlegen, der nur routinemäßig gehandelt hatte.

Über den Tatort nachzudenken, war nicht Sache der Ärzte; ihre Aufgabe war es, die Todesursache zu ermitteln. Nachdem sie den Körper von der Kleidung befreit hatten, stellten sie zuerst einmal fest, dass Dorothes Leiche Zeichen der „Mannbarkeit" aufwies; sie war also im Begriff gewesen, eine junge Frau zu werden. Dann untersuchten sie weiter, von oben nach unten fortschreitend. Am Kopf entdeckten sie schwarze und braunrote Stellen, auch war ein Auge eingedrückt, woraus sie aber keine weiteren Schlüsse zogen. Die Inspektion des Halses ergab, dass das Mädchen nicht erwürgt worden war. Aber es fiel ihnen auf, dass der Kopf sehr beweglich war. Daraufhin richtete sich ihre Aufmerksamkeit auf die Halswirbelsäule. Als sie eine Verrenkung des ersten Halswirbels feststellten, war die Todesursache geklärt: Genickbruch. Dorothe war eines gewaltsamen Todes gestorben.

Als der Tag der gründlichen gerichtsmedizinischen Untersuchung sich dem Ende zuneigte, traf auch Dorothes Vater in Scharbeutz ein. Doch die Leiche seiner Tochter mochte er nicht ansehen.

Johann Heinrich Carstens war in seinem Dorf als ein fleißiger, strebsamer Mann bekannt. Für einen Zimmergesellen wie ihn gab es in dem kleinen Sipsdorf nicht genügend Arbeit. Er musste mobil sein. Gewöhnlich steckte er am Anfang der Woche seine Werkzeuge, von der Axt bis zum Rötel, in die Kiepe, in der er sie zu tragen pflegte. Er verließ die Kate immer zur selben Zeit und kehrte erst am Ende der Woche wieder zurück. Jeden Wochenanfang musste er zu Fuß in die Stadt gehen, wenn ihn nicht ein Bauer oder Fuhrmann mitnahm. Er hatte einen langen Arbeitstag, im Sommer von morgens um fünf bis abends um sechs, nur unterbrochen durch die Mahlzeiten: das Frühstück zwischen acht und neun Uhr, Mittag von zwölf bis ein Uhr und dann noch eine Viertelstunde Pause nachmittags.

Mit neunzehn hatte er versucht, dem Knechtsdasein zu entrinnen. Viel später als andere, die direkt nach der Konfirmation damit begonnen hatten, hatte er eine Lehre aufgenommen und nach zwei Jahren seine Gesellenprüfung bestanden. Ein halbes Jahr war er noch bei seinem Meister geblieben und hatte sich etwas Geld verdient. Damit hatte er sich die fünf Werkzeuge gekauft, die ein wandernder Zimmermann mit sich führen musste, wollte er nicht den Meister für die Nutzung von dessen Instrumenten bezahlen: drei verschiedene Äxte, ein Beil und ein Winkeleisen. Lieber etwas länger arbeiten und die Werkzeuge kaufen als den Meister für den Gebrauch bezahlen, das würde auf die Dauer teurer werden, so sein Kalkül. Darauf ging er zwei Jahre auf Wanderschaft, setzte den Knotenstab der Zimmerleute in den Staub der Landstraßen.

Mit der Zeit verschlechterten sich die Verhältnisse für Zimmerleute etwas. Immer mehr Menschen ließen sich Steinhäuser bauen, bei denen die Zimmerer nur noch das Dach aufsetzten und beim Einziehen der Zimmerwände beteiligt waren. Bei den traditionellen Fachwerkhäusern begann ihre Arbeit bereits auf dem steinernen Grund, während die Mauerleute gar nichts zu tun hatten, wenn die Fachwerke mit Lehm gefüllt wurden. Wenn das Gerüst aufgerichtet und hochgezogen werden sollte, mussten sich die Zimmerleute helfen lassen, allein konnten sie diese Arbeit nicht bewältigen. Von alters her wurde dann gemeinsam das Richtfest als Abschluss dieser Arbeit mit Essen und Bier gefeiert; Carstens pflegte dabei kräftig zuzulangen. Bei der Arbeit machte er alles peinlich genau, ob es das Zurechtschlagen der Balken war oder deren Abmessung: Ihn ärgerten Zimmerläuse ganz fürchterlich, die kleinen Holzstücke, welche Zimmerleute einsetzen mussten, wenn sie die Länge zu knapp berechnet hatten.

Zweieinhalb Jahre war er gewandert, dann im Plönischen geblieben, für 16 Jahre; die meiste Zeit hatte er für ein und denselben Meister gearbeitet. Er war einer von gut dreißig Zimmergesellen in diesem Amt, die sich gern einmal nach Feierabend in der Gesellenherberge trafen. Carstens aber hatte anderes zu tun, er hatte nämlich im ersten Jahr seines Aufenthalts dort geheiratet. Er wurde nicht sehr vermisst; er hatte sich bei seinen Mitgesellen unbeliebt gemacht, als er gemeint hatte, man müsse den Gesetzen unbedingt gehorchen und am blauen Montag arbeiten. Durch seine Heirat konnte er nicht mehr Meister werden, aber er hatte sich dazu sowieso nicht in der Lage gefühlt, einen Aufriss zu zeichnen. Der aber war zentraler Teil der Meisterprüfung. Carstens hatte allerdings klug geheiratet. Auch bei ihm hatten, wie üblich, materielle Erwägungen eine Rolle gespielt. Das war nicht nur bei den besitzenden Schichten so, sondern auch bei denen weiter unten. Was konnte die Partnerin in die Ehe einbringen? Hatte sie vielleicht ein Haus geerbt, oder lediglich ein Bett zu bieten oder gar nur ein paar Utensilien für den Haushalt? Wie viel Bargeld konnten die Eltern ihr mitgeben? Carstens erheiratete sich mit seiner Frau eine Kate, eines der geduckten kleinen Häuser mit hohem Reetdach, das kurz über den vielfach unterteilten Fenstern endete. Genau richtig und standesgemäß für einen Handwerker auf dem Lande. Die Kate stand in Niederkleveez, ein wenig östlich vor den Toren Plöns. Manchmal blickte er hoch zum Schloss, das über dem kleinen Städtchen thronte. „Da steckt eine Menge feiner Zimmermannskunst drin“, dachte er dann. „Schade, dass dort nun kein regierender Herzog mehr residiert“ – das Geschlecht war erloschen. Niederkleveez’ Lage zwischen drei Seen erinnerte ihn an Ratzeburg, die Inselstadt. Dort, im kurhannoverschen Herzogtum Lauenburg, war er als Sohn eines Bürgers und Fuhrmanns geboren worden. Dort war er auch zur Schule gegangen, hatte lesen, schreiben und den Kleinen Katechismus gelernt sowie viele Kirchenlieder – das meiste aber nach fast vierzig Jahren wieder vergessen. Als Irokese hätte er sich niemals bezeichnet, doch so charakterisierte ein Pastor aus der Gegend die Dorfjugend, wenn er an ihre Religionskenntnisse und ihre Lese- und Schreibfähigkeiten dachte. Carstens dagegen hielt sich für genügend gottesfürchtig. Schließlich war Ratzeburg eine Stadt, und dort gab es ein ordentliches Schulwesen. Niederkleveez dagegen war nicht einmal ein richtiges Dorf; dort standen ganze sieben Häuser, darunter vier Katen. In einer davon wohnte er nun mit seiner Frau.

Nach mehr als einem Jahrzehnt war eine neue Kate sein nächstes Ziel; sechs Kinder hatte seine Frau inzwischen geboren. Das neue Haus lag weiter östlich, in Sipsdorf. Carstens wohnte nun zwar im Gutsgebiet, blieb aber weiterhin ein freier Mann. Von den 200 Reichstalern, die das Haus in Sipsdorf kostete, konnte er hundert sofort bar bezahlen. Das war ein hoher Betrag, der sich aus dem zusammensetzte, was er für den Verkauf der alten Behausung bekommen hatte und den Ersparnissen des Paares. Nun war er ein Kleinbödner, wie die Hausbesitzer dort genannt wurden, die eine Kate ohne Land ihr Eigen nannten.

Dann traf ihn ein erster Schicksalsschlag. Seine Frau starb im Alter von nur 43 Jahren, an Schwindsucht, wie die beiden Nachbarinnen meinten, die sie die letzten zwei Wochen ihres Lebens gepflegt hatten. Nun saß er mit fünf Kindern alleine da; eines hatte das Haus bereits verlassen. Wie die meisten Witwer heiratete er in dieser Situation schnell wieder, nach nur fünf Monaten, was Witwen in der gleichen Situation weit seltener gelang, da sie keinen Beruf ausübten. Er machte wieder eine gute Partie, als er in Oldenburg Anna Margaretha Maßmann ehelichte. Sie dagegen tat diesen Schritt nicht gerne, auch wenn Frauen in ihrem Alter – sie war dreißig – meistens schon verheiratet waren; auch wenn sie bereits viele Jahre als Dienstmagd in ihrer Heimatstadt Heiligenhafen gearbeitet hatte und es keine schöne Aussicht war, immer dem Befehl der Dienstherrschaften zu folgen, statt selbst einem Haushalt vorzustehen. Ein ungutes Gefühl hatte sie bei der Heirat gehabt, die ihre Eltern, der größeren Bequemlichkeit halber, in Oldenburg hatten vollziehen und feiern lassen. Carstens aber hatte nun wieder eine Frau, die sich um die Kinder kümmerte und die auch noch 250 Mark Lüb. in die Ehe einbrachte. Bald wurde sie Mutter. Die Freuden der Mutterschaft währten jedoch nicht lange, und die Taufpaten und -patinnen waren ihren Pflichten rasch enthoben. Ihre Kinder starben früh: das eine nach neun, das andere nach zehn Tagen. Die Taufpaten, die den Weg nach Oldenburg auf sich genommen hatten, unter ihnen ein Müller, ein Kutscher und eine Köchin, kamen nicht aus Sipsdorf oder den Nachbardörfern, sondern aus Seegalendorf, nordöstlich von Oldenburg gelegen. So musste sich Anna Margaretha Carstens um die Kinder ihres Mannes aus der ersten Ehe kümmern, von denen drei schon bald konfirmiert und das Haus verlassen würden. Erst ihre 1794 geborene Tochter blieb am Leben. Die Ehe wurde nicht gut, doch lief der eheliche Alltag ohne Gewalttätigkeiten ab.

Bald musste Carstens einen weiteren Schicksalsschlag verkraften. Die Kate brannte ab. Das erschütterte ihn bis ins Mark. Später sollte er jedes Mal die Nerven verlieren, wenn seine Tochter Dorothe allzu sorglos mit dem Feuer umging; ihre Aufgabe war es, frühmorgens Feuer zu machen. Als Eigenkätner war er natürlich nicht Mitglied in der bäuerlichen Brandgilde, und als Mann von sehr bescheidenen Mitteln hatte er erst recht keinen Vertrag bei der Feuerversicherung Phönix, welche die abgebrannten Häuser aus der Asche wiedererstehen ließ (oder es zumindest versprach). Seitdem steckte er tief in Schulden, teilte sich eine Kate mit einer Frau, die sich in den umliegenden Dörfern ihr tägliches Brot erbettelte. Immerhin war die dazugehörige Landfläche größer als die seiner Standesgenossen. Hart zu arbeiten und fleißig zu sparen war der einzige Weg, der ihm blieb, um sich von dieser niederdrückenden Last zu befreien – irgendwann. Der Tagesverdienst eines Zimmermanns betrug 14 bis 18 Schillinge, je nach Jahreszeit. Mit seinem Verdienst und dem, was seine Frau in Haus und Hof produzierte, mussten sie leben und die Schulden abbezahlen. Und da sie für Lebensmittel das meiste Geld hätten ausgeben müssen, kam es auf ihren Beitrag ganz wesentlich an. Inzwischen waren zwei Kinder bereits länger im Dienst, und auch für seinen Sohn Peter, der unmittelbar vor der Konfirmation stand, brauchte Carstens nicht mehr zu sorgen. Er hatte für ihn schon eine Stelle als Junge gefunden, wie die neuen Knechte hießen, die noch alles lernen mussten. Doch galt es noch drei Kinder zu ernähren, Dorothe, Margaretha und das gemeinsame Kind der beiden; für Feuerung und Licht musste gesorgt werden und auch für Kleidung. Carstens musste hart arbeiten und sparen und tat es; es galt durchzuhalten. Der Mangel stand ständig vor der Tür.

Auf dem Rückweg von Scharbeutz, nicht weit von seiner Kate, wurde Carstens am 23. April verhaftet. Drei Tage später nahm man auch seine Frau in Gewahrsam. „Siehste", sagte die alte Anna, „habe ich doch gleich gesagt." Dorothes toter Körper trug zwar die alten Kleider, aber Anna hatte trotzdem Recht.

Der Oberinspektor stand vor einer Bewährungsprobe: Er hatte in seiner kurzen Dienstzeit noch keine Untersuchung eines Kapitalverbrechens geleitet; solche Kriminalprozesse waren auf den Gütern schließlich nicht alle Tage zu führen. Er warf sich mit aller Kraft auf die Arbeit und ließ sich dabei auch durch seine Heiratspläne nicht stören. Rüder vernahm erst die Verdächtigen. Das lag nahe, auch wenn man meistens mit den Zeugen begann, sofern es welche gab. Beide stritten jegliche Schuld am Tod ihrer Tochter ab. Niemals hätte er seiner leiblichen Tochter etwas antun können, sagte ihr Vater; ja, geprügelt habe er sie schon, das täten alle, und Strafe für das Stehlen müsse sein. Dorothe sei vielleicht einem Mörder zum Opfer gefallen, der dort sein Unwesen treibe; in der Gegend sei doch schon einmal eine Leiche gefunden worden. Sie habe mit dem Tod ihrer Stieftochter nichts zu tun, sagte auch seine Frau. Das sei auch gar nicht möglich, denn sie sei ja weit weg von Sipsdorf gefunden worden. Das spreche eindeutig für ihre Unschuld und auch die ihres Mannes. Vielleicht sei sie von dem Steg gefallen und habe sich dabei den Hals gebrochen.

Anschließend lud Rüder alle Zeugen vor, deren Aussage ein Licht auf die Sache werfen konnte. Er versuchte selbst solche zu ermitteln, die nur zufällig damit zu tun hatten und deren Aussage, wie abzusehen war, nur von ganz geringer Bedeutung sein würde. Aber die bestohlenen Dorfbewohner verhörte er selbstverständlich zuerst. Die anderen wussten nicht viel über Carstens zu sagen, außer dass er geizig sei. Sie trauten ihm aber Übles zu. Lediglich Pries und Junge wussten mehr. Das Obergericht in Glückstadt sollte Rüders Untersuchung später loben. Der Apfel war nicht weit vom Stamm gefallen, war sein Vater doch Justizassessor gewesen.

Nach einem Monat kam die Untersuchung plötzlich zum Stillstand: Carstens' Frau hatte den Verstand verloren. Schon früh hatte ihr Gewissen sie zu plagen begonnen. „Gnädiger Gott, vergib mir, wenn ich an dem Mädchen Sünde getan und es nicht ordentlich gehalten habe", hatte sie gebetet. Sie hatte doch nur mit ihrem geizigen Eheherrn gut zusammenleben wollen, als sie ihren Stieftöchtern gerade das gab, was sie zum Überleben brauchten, ihre Kleider nicht wusch und ihnen auch keine neuen nähte. Ihr Mann sah das nicht, aber bei seiner Rückkunft freute es ihn immer, wenn so wenig Geld ausgegeben und kaum Vorräte verbraucht worden waren. Aber sie wusste gleichzeitig, dass sie nicht richtig gehandelt hatte, war ihr doch der Spruch vertraut, den Ehefrauen bei der zweiten Heirat eines Mannes für die Kinder aus der ersten Ehe abzugeben pflegten: die Kinder zu Gott und seinem Wort zu halten und zu erziehen, wie sie es vor Gott und der Obrigkeit verantworten konnten. Sie hatte die vorwurfsvollen Blicke einiger Nachbarn gesehen. Eine behauptete später, die Carstenschen Kinder leckten die Milch aus, die ihre Katze nachgelassen habe. Die alte Anna, die das sagte, hatte einen guten Blick für so etwas, ernährte sie sich doch selbst vom Betteln. Anna Margaretha Carstens aber hatte den Blicken standgehalten. Ihre Stieftöchter wüchsen doch sowieso heran, dachte sie, während ihre eigenen Kinder der Reihe nach starben. Nun lebte von ihnen nur noch die kleine Sophie, die sie in der Haft so vermisste. Wer wusste, ob sie überleben würde, nun, wo sich andere um sie kümmerten. Dorothe wog bei ihrem Tod nicht mehr als vierzig Pfund, viel zu wenig, auch wenn sie sehr klein gewesen war. Doch das war nicht ihre Schuld, sagte sich Anna Margaretha Carstens. Gott hatte es so gewollt,

Gott ließ die meisten Menschen zu normaler Größe wachsen, einige wenige jedoch nicht. Bald aber kamen ihr Zweifel: Wenn sie ihr mehr zu essen gegeben hätte, wäre sie dann vielleicht größer geworden?

Gefangen in der Ehe mit einem Mann, zu dem sie nichts hingezogen hatte, hatte sie sich einrichten müssen, so gut es ging. Sie hatte ihrem Eheherrn immer treu zur Seite gestanden, ihre Aufgaben als Hausfrau verrichtet, gekocht, das Haus in Ordnung gehalten, den Kohlhof – den Garten – bestellt, mit den Stieftöchtern das Wasser geholt, sie zur Schule geschickt und abends gesponnen. Große Wäsche hatte sie wie alle Frauen nur selten gemacht. Ihr Mann war zwar zwei Jahrzehnte älter als sie, aber nicht klüger. Sie schuldete ihm Gehorsam, und er durfte sie in Maßen schlagen, so sah es das Recht vor, das wusste sie. Aber er tat es praktisch nicht, und bei Entscheidungen überließ er ihr gern das letzte Wort. Das hatte sie zu oft gesprochen. Nun machte sie allen Vorwürfe, ihren Eltern, ihrem Mann und vor allem sich selbst. Es war die Reue, die sie in den Wahnsinn trieb, meinten die bürgerlichen Beobachter.

Dann wurde auch Carstens krank. Im Krankenzimmer des Hospitals in Eutin, wie das Armen- und Altenhaus seit ewigen Zeiten hieß, lag er oft wach. Eine Zeitlang warf die Straßenbeleuchtung, auf welche die Einwohner der kleinen Residenzstadt so stolz waren, abends noch etwas Licht in den Raum. Wenn es aber ganz dunkel wurde, und er die Augen schloss, lief immer wieder dieselbe Szene in seinem Kopf ab: Es war Ostersonnabend, der Tag der Grabesruhe Christi. Es war der Tag, in dessen frühen Morgenstunden Dorothe zum ersten Mal und dann mittags noch einmal beim Stehlen ertappt worden war. Er hatte sie abends voller Ärger von Junge abgeholt. Gleich zweimal in kurzer Zeit hatte er den beschämenden Gang antreten müssen. Wut war in ihm hochgekocht, als Junge die Bezahlung des Gestohlenen forderte. Er sparte eisern, und seine Tochter zwang ihn zu unnötigen Ausgaben!

Es war Nacht geworden, das Wetter hatte sich verschlechtert; in Hamburg hatte es am Spätnachmittag gestürmt und geschneit; 10 Uhr abends war bei Schneefall ein schreckliches Gewitter über die Stadt hereingebrochen. In der Kate hatte seine Frau ihre Tochter Margaretha nach dem Essen längst ins Bett geschickt. Einige Zeit vor neun Uhr hatte sie ihren Abendsegen gelesen und sich selbst hingelegt. Dorothe saß noch in der halbdunklen Stube und wiegte das jüngste Kind, die kleine Sophia Katharina.

In die Ruhe hinein hatte er plötzlich gesagt: „Jetzt bist du dran."

Nur einen winzigen Moment war sich Dorothe über die Bedeutung der Worte im Unklaren gewesen. Seit ihr Vater sie von Junge abgeholt hatte, war er so übellaunig gewesen wie nie zuvor. Sollte sie wieder ausgepeitscht werden? Nein. Angst durchflutete sie. Er wollte sie umbringen. Sie wusste, dass ihr Vater ihr den Tod wünschte.

„Nein, nein, tu mir nichts! Bitte, bitte! Ich will mich auch immer schicken!", hatte sie zitternd gerufen.

„Das reicht nicht, du musst das verfluchte Stehlen nachlassen. Es hat schon Schande genug über uns gebracht! Versprich, dass du nie mehr stehlen wirst!"

„Ich kann es nicht. Ich kann nicht damit aufhören!"

Forderung und Antwort hatten sich wiederholt.

Da hatte er sie von der Wiege weggerissen; sie hatte „O Gott!", geschrien. Er hatte zugeschlagen, getan, was er hatte tun wollen: sie töten. Einen mächtigen Schlag mit der geballten Faust hatte er ihr versetzt, sie an der Schläfe getroffen. Sie war zu Boden gefallen, hatte nur noch geröchelt, als er ihr Schläge mit dem Knotenstab der Zimmerleute versetzte, um ihrem Leben endgültig ein Ende zu bereiten. Dann hatte er die Leiche in ein Laken gewickelt, seine Frau hatte noch gerufen, ob sie auch richtig tot sei. Den leblosen Körper hatte er in die Grube beim Haus geworfen, die er kurz vorher ausgehoben hatte. Dann hatte er seinen Abendsegen gelesen und war zu Bett gegangen, als der Tag der Auferstehung Christi und der Erlösung der Menschheit herannahte. Wenig später, um Mitternacht, wehte ganz leise der Klang der Glocken aus Oldenburg herüber.

„Es ist Unrecht gewesen", dachte er, „aber was sollte ich machen, es gab keine andere Lösung, es war nur konsequent. Ich weiß, man darf nicht töten, es wird bestraft: Wer Menschenblut vergießt, dessen Blut soll wieder vergossen werden. Das steht in der Heiligen Schrift. Aber man soll seine Eltern ehren, das steht auch darin. Und sogar: Widerspenstige und ungehorsame Söhne sollen sterben. Ungehorsam kann nicht geduldet werden." Der Pastor hatte in der Predigt den großen Preußenkönig angeführt. Der hatte gesagt, dass es die erste und hauptsächlichste Pflicht der Kinder sei, ihren Eltern zu gehorchen. Und weiter, dass die Eltern das Recht hätten, über deren Schicksal zu bestimmen. Dorothe stellte mit ihrem unverbesserlichen Ungehorsam die hergebrachte Ordnung auf den Kopf. „Als Vater musste ich was tun. Meine Ehre hatte sie tief verletzt. Das ganze Dorf redete übel von mir. Erst kurz zuvor hatte ich zufällig mitangehört, wie eine Frau im Dorf sagte: ‚Kiek, da geht der Zimmermann, jammerschade, dass die eine Tochter so stiehlt.'" Dieb, das war die schlimmste Beschimpfung für einen Mann. Aber eine diebische Tochter war eine Schande ohnegleichen. Es war ihm, als ob ihn alle Welt mit Dreck bewürfe. Und gegen Ehrverletzung muss man sich wehren, die Verunglimpfung aus der Welt schaffen – das war ein ehernes Gesetz. Und wer war die Ursache allen Übels?

Hatte er nicht alles versucht, um seiner Tochter das Stehlen auszutreiben? Zuerst hatte er mit ihr geschimpft und sie geschlagen. Als sie wieder erwischt wurde, hatte er sie mit dem Stock gezüchtigt, wie es schließlich auch in der Schule üblich war. Als er dann die Peitsche gebraucht hatte, war das dem Oberinspektor zu Ohren gekommen. Der hohe Herr hatte ein Wort gebraucht: „exzessiv". Dessen Bedeutung war ihm nicht klar, aber er sollte nicht so viel schlagen, das begriff er schon. Doch was er stattdessen tun sollte, wenn keine Änderung eintrat, hatte er ihm nicht gesagt. Was machte denn die Obrigkeit mit Dieben, die es nicht bleiben ließen? Sie hängte sie. Und die

Nachbarn hatten auch keine guten Ratschläge parat. Als er die Junges gefragt hatte, was er tun solle, hatte Junges Frau gesagt, man solle der Dorothea die Finger verbrennen, wenn sie es noch einmal tue. Das war keine Lösung. Danach hätte seine Frau die verletzten Finger ihrer Stieftochter wochenlang pflegen müssen, und jedermann hätte danach gefragt.

Er hatte daran gedacht, Ruten von Haselnussbüschen zu schneiden, wie man sie beim Spießrutenlaufen benutzte. Auf diese Weise wollte er dann sehen, ob nicht doch noch etwas Gefühl in seiner Tochter war. Ihr Weinen und Wimmern nahm er nicht wahr. Warum und was sie stahl, interessierte ihn nicht, nur dass sie es tat. Aber er hatte praktisch keine Hoffnung mehr, er war sich sicher, dass auch dieses Mittel vergeblich sein würde. Ihm war klar geworden: Schläge halfen nicht. Irgendwann hatte er einmal gehört, man könne sein Kind auch ins Zuchthaus geben, um es dort zur Räson bringen zu lassen. Aber das hieß Schande auf Schande häufen. Abgesehen davon – woher sollte er das Geld nehmen, das für Unterhalt und Kleidung gefordert wurde? Er war sich auch nicht sicher, ob das wirklich ginge. Doch fragen wollte er niemand.

Er dachte: „Ich bin ein ehrbarer Handwerker, bemühe mich um ein redliches Leben, seit Jahren nun schon. Gehe ich nicht jede Woche noch vor Anbruch des Tages aus dem Haus und arbeite hart auf den Baustellen? Ist es nicht schlimm genug, dass große Schulden auf mir lasten? Jetzt trage ich schon seit Jahren ab, enthalte mich jedes Vergnügens. Das ist der Grund, warum ich mich selbst bei fröhlichen Anlässen absondere, mich gar nicht erst mit Nachbarn in ein Gespräch einlasse. Das führt doch nur zum Geldausgeben, zum Rauchen, zum Trinken. Ich bin nicht geizig, wie die Nachbarn sagen, ich habe Schulden. Aber das Mädchen hat alles kaputt gemacht, meine Ehre und meinen Geldbeutel, meine Autorität als Hausvater und als Mann. Ich muss bezahlen, was sie stiehlt. Ich stehe da als jemand, der keinen Gehorsam durchsetzen kann – gegen seine eigene Tochter, gegen ein Mädchen. Ich stehe da als ein Hampelmann, der sein Haus nicht regieren kann.

Sie tanzt mir auf der Nase herum, trotz aller Schläge. Im Dorf bin ich eine Zielscheibe des Spotts, und auch die andern Zimmerleute gucken mich schief an, auch meine Ehre als Handwerker ist beschädigt."

Immer wieder hatte er mit seiner Frau über Dorothes Diebstähle gesprochen. Seine Tochter war ihm immer fremder geworden, sie veränderte sich, er merkte es manchmal bei seiner Rückkehr; seine Frau hatte sie sowieso nie lieb gehabt. Warum sie nicht auf sie aufpasse, hatte er gefragt, sie geantwortet: Sie könne nichts dafür. Dorothe schlüpfe zur Schlafenszeit aus dem Haus. Seine Frau hatte ihrem Ärger darüber freien Lauf gelassen. Einmal, als sie beide vor dem Backofen standen, hatte er in einem Anfall von Unmut gesagt, er könne Dorothe doch hineinwerfen.

„Nein", hatte sie gesagt, „das ist keine gute Idee. Geh lieber in die Apotheke und kaufe etwas."

Aber es war ihm damals nicht wirklich ernst gewesen, sondern nur der Wunsch nach einer Lösung. Und der ließ ihn nicht mehr los.

Als Pries mit gedämpftem Entsetzen gemeint hatte: „Wie leicht hätte der Bulle sie zerstoßen können", hatte er vor sich hingemurmelt: „Ich wollte, er hätte es getan." Dann wäre das Problem gelöst gewesen, ohne sein Zutun. Und etwas später, als Junges Frau gemeint hatte, man solle der Dorothe die Finger verbrennen, hatte er erwidert, es wäre besser, sie lebendig zu begraben. Diese Idee hatte sich in seinem Kopf festgesetzt. Er konnte an nichts anderes mehr denken.

Abends hatte er mit seiner Frau beratschlagt, was zu tun sei.

Sie hatte gejammert: „Wie werden wir bloß im Sommer damit fertig werden, wenn sie jederzeit raus kann?"

Er hatte keine Antwort gewusst, aber so konnte es nicht weitergehen. Er wolle nun zur Tat schreiten, sie lebendig begraben.

Das sei gefährlich, hatte sie gesagt. „Was ist, wenn sie wieder auflebt? Dann wird alle Welt über uns reden. Schrecklich, werden sie sagen, auf diese Art zu töten."

„Wie wäre es, wenn ich sie totschlage?"

„Du hast meinen Willen darin", war ihre Antwort gewesen, „wenn es nur nicht rauskommt. Du kannst es tun. Ich gehe zu Bett."

Wie so oft, hatte er sein Handeln von ihrer Entscheidung abhängig gemacht und sich einen Stoß gegeben, sich entschlossen, selbst Hand anzulegen.

Später, als der Oberinspektor ihn vorgefordert hatte, hatte seine Frau ihm geraten, die Leiche auszugraben und wegzubringen. Es könne doch leicht sein, dass sie kommen und Haus und Garten durchsuchen würden. Aber er hatte es anders gemacht, als sie vorgeschlagen hatte. Sie hatte gemeint, er solle die Leiche tief in einem der Buchenwälder der Gutsherrschaft verscharren. Da würde sie nicht gefunden werden. Natürlich nicht nahe am Dorf, denn dort versorgten sich die Bewohner verbotenerweise des Öfteren selbst mit Holz. Er aber hatte gehört, dass man einmal bei Scharbeutz eine Leiche gefunden hatte, und sich mit einem durchkommenden Fuhrmann verabredet, ihn dort hinzubringen. Auf dessen Frage, was in dem Sack sei, hatte er eine belanglose Antwort gegeben. – Die Schmerzen wurden wieder schlimmer, mühsam drehte er sich auf die andere Seite, und in seinem Kopf fing die Szene von vorne an. Es war schlechtes Wetter, Nacht, seine Frau im Bett, horchend, er mit Dorothe allein in der Stube …

Inzwischen war die Untersuchung weitergegangen und hatte ein düsteres Licht auf Carstens geworfen. Man hatte herausgefunden, dass sein ältester Sohn August, inzwischen ungefähr 22, weggelaufen war, noch während seine erste Frau lebte. Noch schlimmer wurde es für ihn, als sein Sohn Peter vorgeladen wurde. Er behauptete, sein Vater habe seine erste Frau ermordet, indem er sie vom Boden gestoßen habe. Sein eigener Sohn wollte ihm noch einen Mord anhängen. Aber das Gericht misstraute glücklicherweise dessen Aussage, schließlich war er vor zehn Jahren noch ein Kind gewesen. Die Zeiten, in denen die Aussage eines Kindes die Mutter als Hexe oder den Vater als Hexenmeister auf den Scheiterhaufen bringen konnte, waren gottlob vorbei. Rüder befragte aber sicherheitshalber die beiden Frauen, welche seine erste Ehefrau vor ihrem Tode gepflegt hatten, die Schneidersfrau und die Westpahl. Ihnen war nichts aufgefallen. Er habe seinen Sohn Peter doch lediglich zu Disziplin und Ordnung angehalten und die Prügel verschärft, nachdem dieser mehrere Male weggelaufen war, bevor er seinen Dienst antrat. Was sollte er sonst machen, es gab doch kein anderes Mittel. Das war nun der Dank.

Den Befragungen durch den Oberinspektor und den Belastungen durch die anderen Dorfbewohner hielten die Eheleute auf Dauer nicht stand. Zuerst gestand Anna Margaretha Carstens. Noch bevor sie halbwegs wieder gesund wurde, hatte auch ihr Mann ein Geständnis abgelegt. Kaum hatte er es getan, als er auch schon einen Rückzieher machte: Er habe sie doch nur so schlagen wollen, dass sie eine Woche nicht aus dem Haus hätte laufen können. Doch keiner glaubte ihm mehr. Zu einer Konfrontation mit seiner Frau kam es nicht mehr; zu fragil war ihr Geisteszustand auch nach ärztlicher Behandlung. Der Verteidiger hatte nach dem Geständnis nur wenig Möglichkeiten. Die Formfehler bei der Untersuchung der Leiche, die er entdeckt hatte, dienten dem Gericht als Vorwand, die alte, barbarische Strafe des Rades zu vermeiden. Carstens' Knochen sollten also nicht der Reihe nach zerstoßen werden, so dass man ihn anschließend – tot oder lebendig – auf ein Rad flechten konnte. Der König bestätigte die Verurteilung zur Hinrichtung mit dem Beil, wie sie in den Herzogtümern üblich war.

Carstens wurde von Eutin zurück nach Kuhof gebracht. Dort saß er wieder in dem von außen zugänglichen Keller des alten Herrenhauses, der als Gefängnis genutzt wurde. Ein Entkommen war kaum möglich: Um das Herrenhaus zog sich ein Graben mit einer Zugbrücke und um die Ställe, die Scheune, das Instenhaus und das Herrenhaus zusammen auf drei Seiten ein weiterer; die grabenlose Seite versperrte ein morastiges Feld, es blieb nur eine leicht einsehbare Wiese. Doch ohnehin war niemand bereit, einem Mörder wie ihm zur Flucht zu verhelfen.

Er bekam des Öfteren Besuch: Sein Beichtvater hatte seine Betreuung übernehmen müssen. Lange, der Hauptpastor von Oldenburg, hatte die Aufgabe mit gemischten Gefühlen angetreten. Es gehörte zwar zu den Pflichten eines Geistlichen, Sünder zu Reue und Buße zu bewegen, aber Mörder gehörten selten dazu. Doch nach geschehener Reue und Buße, die es zu erreichen galt, und erfolgter Hinrichtung war auch deren Wiederaufnahme in die paradiesische Christenheit gesichert. Dennoch zuckte er wie eine Reihe seiner Kollegen jedes Mal zusammen, wenn er daran dachte, dass er Carstens zum Richtplatz zu begleiten hatte. Nicht nur, dass Christen nicht töten sollten. Wie viele Gelehrte aus verschiedenen Wissenschaften wusste er nur zu gut, wie umstritten die Todesstrafe war. Über die Begleitung zum Richtplatz diskutierten die Pastoren daher seit einiger Zeit intensiv.

Carstens begegnete ihm zurückhaltend. Der Mann in Schwarz kam aus einer anderen Welt, er war ein Studierter, eine Respektsperson, und man tat gut daran, solchen Leuten nicht zu viel Vertrauen entgegenzubringen, nicht zu viel zu sagen, auf jeden Fall nicht das, was man wirklich dachte. Das fiel ihm leicht, hatte er sich doch selten genug mit seinen Nachbarn auf ein wirkliches Gespräch eingelassen. Nach außen hin aber war es ratsam, dem Pastor zuzustimmen. Lange seinerseits bewahrte sich ein Maß an Skepsis gegenüber den frommen Bekenntnissen von Carstens. Er notierte später: „Er ging getrost und dem Anscheine nach ungerührt und frisch zum Tode. … Dem Anschein nach war er bekehret, er war wehmütig und zeigte äußerlich herzliche Reue seiner Bosheit und Mißhandlung, hoffete auf Gnade und Vergebung durch Christus im Glauben." Auch wenn er sich ganz offensichtlich fragte, wie tief man in eine Menschenseele sehen könne, und es für möglich hielt, dass Carstens Reue und Buße nur vorgetäuscht hatte, an der Güte seines Herrn hatte er nicht den geringsten Zweifel: „Gott wird seiner Seele gnädig sein."

Für Carstens hatte der Tod des Oldenburger Scharfrichters unmittelbar vor seinem Hinrichtungstermin keinen Aufschub gebracht. Man hatte zwar so schnell keinen neuen gefunden, aber aus dem Flecken Neumünster Ersatz geholt. Zur Hinrichtung hatte man auf einer Lübbersdorfer Koppel extra einen Hügel angehäuft. Der Ort der Exekution war von der Kopenhagener Zentrale ausdrücklich und mit Bedacht bestimmt worden. Wie üblich hatte sich eine große, gaffende Menge eingefunden, Männer, Frauen und Kinder, um einen weiteren Akt im Theater des Schreckens zu sehen – eine gute Zeit für Taschendiebe, die sich von dem Geschehen nicht beeindrucken ließen. Nach dem Hieb, der Kopf und Rumpf trennte, legten die Scharfrichterknechte Carstens' Körper in einen Sarg und begruben ihn in dem Hügel, auf dem er hingerichtet worden war. Eine weltliche Wiedereingliederung gab es auch nach dem Tod nicht – wer wollte schon neben einem hingerichteten Mörder seiner leiblichen Tochter bestattet werden?

Anna Margaretha Carstens, zu lebenslänglichem Zuchthaus verurteilt, erlebte den streng geregelten Zuchthausalltag: Um fünf Uhr morgens begannen die Wärter mit dem Aufschließen und ließen sie wie die anderen Häftlinge aus den Kojen. Von sieben bis acht war Betstunde, gefolgt vom Morgenbrot, dann wurde gesponnen. Um elf durfte sie frische Luft schnappen. Um zwölf gab es Mittagessen, dann musste sie wieder Wolle spinnen bis zur Abendbrotzeit um sieben Uhr. Um acht Uhr fingen die Wärter mit dem Verriegeln der Türen an. Manchmal dachte sie an ihre Heirat und ihren Mann. Ihm hätte das gefallen, hier lief alles nach den Prinzipien der totalen Disziplin ab. Ein Abweichen davon gab es nicht. Aber was das für sie bedeutete, hätte er nicht nachempfinden können, da war sie sich sicher.

ABBILDUNGSNACHWEISE

Abb. 1: Wolfgang Schild, Alte Gerichtsbarkeit, München 1980; Abb. 2: Caspar Danckwerth, Newe Landesbschreibung Der Zwey Herzogthümer Schleswich Vnd Holstein, Husum 1652; Abb. 3: Landesarchiv Schleswig-Holstein, Abt. 7, Nr. 293, Konvolut VIII; Abb. 4: Gottorf im Glanz des Barock, Bd. 1, Red. Uta Kuhl, Schleswig 1997; Abb. 5: LASH, Abt. 65,1, Nr. 84; Abb. 6: LASH Abt. 65.1, Nr. 1916; Abb. 7: Sabine Drüke-Carstensen, Geschichte der Gemeinde Windbergen, Windbergen 2004. Abb. 8: Erich Kuhlmann, Der Maler von Lunden: Hans Jacobs und die Darstellung der menschlichen Lebensaltersstufen, in: Dithmarschen 1996/2, 21–33; Abb. 9: H. Eckardt, Alt-Kiel in Wort und Bild, Kiel 1899

QUELLEN UND LITERATUR

Satanswerk

Landeskirchenarchiv Dessau, Kirchenbuch Hoym 1676–1739.

Stadtarchiv Flensburg, St.T. 185, XXII-XXXIII Stammtafeln.

Stadtarchiv Kiel, XIX 10 Protocollum civitatis Chiloniensis de anno 1694–1700, hier 1699.

Kreisarchiv Nordfriesland, Husum,
Landschaftsarchiv Eiderstedt, A 2, Kirchspiel Oldenswort, Nr. 21, Rat- und Lehnsmänner 1697–1832.

Landesarchiv Schleswig-Holstein,
Abt. 7, Nr. 205 Kanzleiordnungen; Nr. 1858 (Vormünder Hans Harmens Kinder vs. Sallern u. Frau); Nr. 2077 II Studentenhändel;
Abt. 8.1, Nr. 1162 v. Saldern;
Abt. 47, Nr. 787 Prozess gegen von Sallern;
Abt. 127.21, Gutsarchiv Breitenburg, Molleriana 14 S-Z, Saldern V.

Gründliche Nachricht von entsetzlichen und erbärmlichen Mord-Thaten, schändlichen Kirchen-Raub und vielen gefährlichen Dieb-Stählen, o. O. 1715.

Georg Henning Behrens, Hercynia, Nürnberg und Altdorf 1720.

Chronicon Kiliense tragicum-curiosum, 1432–1717. Die Chronik des Asmus Bremer, hrsg. von Moritz Stern, Kiel 1916.

State, The Present _ of Europe: or; the Historical and Political Monthly Mercury, For the Month of January, 1707, vol. 18, London.

Art. Hoym, in: Deutsches Städtebuch, Bd. 2, Mitteldeutschland, Stuttgart-Berlin 1941, 552 f.

De Boor, Beiträge zur Geschichte der Holsteinischen Familie von Saldern, in: Zeitschrift der Gesellschaft für schleswig-holsteinische Geschichte 30 (1900), 209–250.

Adolf Ehlers, Hoym. Eine geschichtliche Betrachtung, Cöthen (Anhalt) 1903.

Franz Gundlach, Das Album der Universität Kiel, 1665–1865, Kiel 1915.

Adolph Hofmeister, Die Matrikel der Universität Rostock, Bd. 4, Rostock 1904.

Wolfram Kaiser und Arina Völker, Die Entwicklung von Medizinalorganisation und Apothekenwesen am territorialen Beispiel von Anhalt, Halle (Saale) 1987.

Lexikon, Geographisches, Statistisch-Topographisches _ von Obersachsen ..., Bd. 4, Ulm 1803

Lindner, Geschichte und Beschreibung des Landes Anhalt, Dessau 1833.

Carl von Rantzau, Das Haus Rantzau, Celle 1866.

Erbschleicherei

Landesarchiv Schleswig-Holstein,

Abt. 7, Nr. 281 I Fiskalischer Prozess gegen den Geheimen Rat und Amtmann Johann Ludwig von Pincier, Baron von Königstein … 1710–1713; Nr. 289 Fiskalischer Prozess gegen den Geheimen Ratspräsidenten Magnus von Wedderkopp, Konv. IV; Nr. 293 Konv. VIII (Beiakte I) Margaretha Bauwens zu Oldenswort gg ihre Kuratoren; Nr. 342 Kopialbuch der Herzogin Hedwig Sophie 1703–1705; Nr. 2049 Testament (die private Kopie); Nr. 3597 Kriegshospital-Höfe im Kirchspiel Oldenswort und Hospital zu Tönning; Nr. 3599 Verschiedene Personalien, Konv. II; Nr. 5543 Vermächtnis des Arrien [irrtümlich] Bauwens an die Landesherrschaft;

Abt. 400.5, Nr. 571 Varia betr. die Landschaft Eiderstedt, 1623–1663 (1663 irrtümlich).

Kreisarchiv Nordfriesland,

Abt. A 2, Landschaftsarchiv Eiderstedt,

Ksp. Oldenswort, Nr. 21 Rat- und Lehnsmänner; Nr. 23 Dematregister; Nr. 53 Erbschaftssachen; Nr. 56 Nordischer Krieg;

Landschaft, Akten, Nr. 534 Kirchengemeinde Oldenswort, Trauregister, 1653–1828, Nr. 535, Kirchengemeinde Oldenswort, Totenregister 1638–1800;

J26 Nachlass Hinrichs, Nr. 12 Alt Eiderstedter Familien.

Koch P. J., pastoris Eigenhändige Nachrichten vom Flecken Oldenswort in Eiderstedt, oder P. J. Koch, Nachrichten vom Flecken Oldenswort, wie sie mir nach und nach eingefallen 1753 = http://dibiki.ub.uni-kiel.de/viewer/resolver?urn=urn:nbn:de:gbv:8:2-69538 (Zugriff 6.1.2019).

Petrejus, Petrus, Historische Nachricht von den Stallern in Eyderstedt, Everschop und Utholm, hrsg. von Ehrhart Körting und Albert Panten, Bräist/Bredstedt 1997.

Sax, Peter, Stam Bäume Etlicher Friesischen Eiderstettischen Geschlechte (Werke zur Geschichte Nordfrieslands und Dithmarschens, Bd. 6) St. Peter-Ording 1983.

Aage Dahl, Eidersted Husum Provstis Praestehistorie til 1864, Odense 1969.

Die Chronik von Oldenswort, hrsg. von der Gemeinde Oldenswort, Oldenswort 2011.

Robert Dollinger, Geschichte der Mennoniten in Schleswig-Holstein, Hamburg und Lübeck, Neumünster 1930.

Hans Hinrichs, Die Geschichte des Staatshofes in Tetenbüll, in: Festgabe zum Eiderstedter Heimatfest 1927, hrsg. von August Geerkens, Garding 1927, 37–44.

Wolfgang Jans, Ein Bericht zur Einnahme der Schwabstedter Schanze und über die Landschaft Eiderstedt 1709, in: Nordfriesisches Jahrbuch 51 (2016), 75–78.

Johann-Albrecht G. H. Janzen, Eiderstedts Kirchengeschichte im Spiegel seiner Pastorenschaft, Garding 2016.

Rolf Kuschert, Landesherrschaft und Selbstverwaltung in der Landschaft Eiderstedt unter den Gottorfern (1544–1713), in: Zeitschrift der Gesellschaft für Schleswig-Holsteinische Geschichte 78 (1954), 50–121.

Ders., Nordfriesland in der frühen Neuzeit, neu bearb. von Martin Rheinheimer, Fiete Pingel und Thomas Steensen, Bräist/Bredstedt 2007.

Gottfried Ernst Hoffmann, Klauspeter Reumann, Hermann Kellenbenz, Geschichte Schleswig-Holsteins, Bd. 5, Die Herzogtümer von der Landesteilung 1544 bis zur Wiedervereinigung Schleswigs 1721, Neumünster 1986.

Ruth Sieverts, Das Stallergeschlecht Sieverts in Eiderstedt, Bredstedt 1975.
Friedrich Carl Volkmar, Versuch einer Beschreibung von Eiderstädt. In Briefen an einen Freund im Hollsteinischen, Garding 1795.
Erik Wedderkopp, Die Familie der Widderkopf, Wedderkopf, Wedderkop, Wedderkopp, Sydals (2007).

Missbrauch

Kirchenarchiv Altholstein, Kiel, St. Nikolai, Taufen 1652 bis 1710, 1681, Nr. 58.
Stadtarchiv Lübeck, HS 257 II, Altes Senatsarchiv; Externa 3660.12; Interna, 33954.
Landesarchiv Schleswig-Holstein,
Abt. 7, Nr. 216 Generalverpachtung der Ämter pp. an den Obersten und Gouverneur Th. A. von Bergholtz 1702; Nr. 240 Staat von der Landt und Bedienten Salarien undt Deputaten de Anno 1705; Nr. 250, Lit. C; Nr. 265, Lit. P und Nr. 267 Lit. S Beamte der Zentralverwaltung, Räte, Agenten pp.; Nr. 281, vol. II Fiskalischer Prozess gegen den Geheimen Rat und Amtmann Johann Ludwig Pincier; Nr. 283 Ursula geb. Clausen gegen ihren Mann, den Kammerrat Konrad Hermann Pincier, wegen Ehescheidung, sowie fiskalischer Prozess gegen denselben wegen Notzucht, 1710–1712; Nr. 342 Kopialbuch der Herzogin Hedwig Sophie 1703–1705; Nr. 353 Briefe an den Kammer-Präsidenten Graf H. v. Reventlow; Nr. 355 Briefe des Etatsrats Callisen an den Freiherrn v. Goertz, 1709–1713; Nr. 2231 Notaten zur Kammerrechnung von 1704.
Abt. 8.1, Nr. 278 Eheprozess zwischen Kammerrat Conrad Hermann Pincier und Ursula geb. v. Clausenheim 1719.
Stadtarchiv Schleswig,
Abt. 2, Nr. 15 Commissional-Schluß 1711; Abt. 3, Nr. 38 Catastrum 1712.
Universitätsbibliothek Kiel,
Hdschr. Abt., SH 74 Peter Friedrich Arpe, Das verwirrte Cimbrien.

Peter Friedrich Arpe, Geschichte des Herzoglich Schleswig-Holstein-Gottorfischen Hofes und dessen vornehmsten Staats-Bedienten, Frankfurth und Leipzig 1774.

Zacharias Ernst Groht, Nachricht von der Fr. Conferenz-Räthin von Roepstorff Renunciation über mütterlichen Verlassenschaft (Glückstadt 1750).

Georg Wilhelm Dittmer, Genealogische und biographische Nachrichten über lübeckische Familien aus älterer Zeit, Lübeck 1859.

Karl Härter, Policey und Strafjustiz in Kurmainz: Gesetzgebung, Normdurchsetzung und Sozialkontrolle im frühneuzeitlichen Territorialstaat, Bd. 1, Frankfurt am Main 2005.

Gottfried Ernst Hoffmann, Klauspeter Reumann, Hermann Kellenbenz, Geschichte Schleswig-Holsteins, Bd. 5, Die Herzogtümer von der Landesteilung 1544 bis zur Wiedervereinigung Schleswigs 1721, Neumünster 1986.

Hermann Kellenbenz, Schleswig in der Gottorfer Zeit, 1544–1711, Schleswig 1985.

Ders., Sephardim an der unteren Elbe, Wiesbaden 1958.

Peter von Kobbe, Schleswig-Holsteinische Geschichte vom Tode Herzogs Christian Albrechts bis zum Tode Königs Christian VII. (1694 bis 1808), Altona 1834.

Francisca Loetz, Sexualisierte Gewalt 1500–1850, Frankfurt am Main 2012.

Dieter Lohmeier, Kleiner Staat ganz groß. Schleswig-Holstein-Gottorf, Heide 1996.

Hildegard v. Marchtaler, Tilemann Andreas von Bergholtz, in: Nordelbingen 9 (1933), 150–156.

Hubertus Neuschäffer, Henning Friedrich Graf von Bassewitz 1680–1749, Schwerin 1999.

Max Rasch, Das Gottorfer Obergericht in den ersten zwei Jahrzehnten seines Bestehens (1713- 1730), in: Zeitschrift der Gesellschaft für Schleswig-Hosteinische Geschichte 53 (1923), 55–102.

Sach, Zur Geschichte der dänischen Occupation des gottorfischen Antheils im Jahre 1717, in: Zeitschrift der Gesellschaft für die Geschichte der Herzogthümer Schleswig-Holstein und Lauenburg 1(1870), 348–354.

Liebe

Kirchenarchiv Altholstein, Kiel, St. Nikolai,
Taufen 1652 bis 1710, 24. Feb 1708 (268/585), 24. April 1709 (273/546), 11. Mai 1711 (278/555).

Stadtarchiv Kiel, Nr. 2502 Verpachtung des Ratsweinkellers.

Landesarchiv Schleswig-Holstein,

Abt. 7, Nr. 169 Kellermeister Hans Daniel Freins und Friedrich Adolf Freins, sowie Philipp Fischer; Nr. 2086 Die Ballmeister und das Ballhaus; Nr. 2232 Cammerjournal; Nr. 5799 Privileg für ein Billiard;

Abt. 8.1, Nr. 963 Das Ballhaus zu Kiel, meist dessen Verheurung an Komödianten (1665-) 1721–1767;

Abt. 13, Nr. 13 Die Enterbung des Sohnes des Obersachwalters Petrejus zu Schleswig nebst Testament 1718/19;

Abt. 65.1, Nr. 84 Berichte und Relationen des Obergerichts zu Gottorf 1720 [darin Prozessakten]; Nr. 1109 Verschiedenes (Kaufmann Hans Hansen; Stadtvögtin Jordt);

Abt. 186, Nr. 14, Nr. 15 Schleswiger Stadtrechnungen.

Denmark Baptisms, 1618–1923*.database, Family Search (familysearch.org/ark:61903/1:1; XYHB-BB6 (Zugriff 22.10.2015).

Johan von Beverwik, Schatz der Gesundheit, Amsterdam 1671.

Matrikel der Martin-Luther-Universität Halle-Wittenberg, Bd. 1 (1690–1730), bearb. von Fritz Juntke, Halle 1960.

Ulrich Petersen, Chronik der Stadt Schleswig, bearb. von Hans Braunschweig und Hans-Wilhelm Schwarz, Schleswig 2012.

Dirk Brietzke, Arbeitsdisziplin und Armut in der Frühen Neuzeit: die Zucht- und Arbeitshäuser in den Hansestädten Bremen, Hamburg und Lübeck und die Durchsetzung bürgerlicher Arbeitsmoral, Hamburg 2000.

Hans Peter Detlefsen, Musikgeschichte der Stadt Flensburg bis zum Jahre 1850, Kassel u.a. 1961.

Richard van Dülmen, Kultur und Alltag in der Frühen Neuzeit, Bd. 1, München 1990.

Georg Hille, Ein altes Schleswiger Haus und die Familien Mecklenburg und Freins. in: Zeitschrift der Gesellschaft für schleswig-holsteinische Geschichte (1908), 291–326.

Edwin Pomsel, Die Kantoren der Kieler Stadtschule von 1550 bis 1870, in: Mitteilungen der Gesellschaft für Kieler Stadtgeschichte 53–56 (1961), 149–170.

Korruption

Landesarchiv Schleswig-Holstein,
Abt. 7, Nr. 247, Lit. B, Beamte der Zentralverwaltung, Räte, Agenten pp. Personalia; Nr. 257 H Höpfner von Kronstett; Nr. 6217 Bothkamp; Nr. 6274 Kohövede und Bienebek;
Abt. 11, Nr. 1136 Gut Bothkamp: Prozess zwischen Mitgliedern der Familie Brockdorf um die Nachfolge im Gut, Bd. 9 (1690–1701); Nr. 1137 Gut Bothkamp: Prozess zwischen Mitgliedern der Familie Brockdorf um die Nachfolge im Gut, Bd. 10 (1702); Nr. 2546 Disziplinaruntersuchung gegen den Justiz-, Kanzlei- und Regierungsrat Jacob Breyer;
Abt. 15, Nr. 598 Konkurs Temming. Extractus Protocolli Profess. über das Adel. Guth Kohövet de Anno 1721;
Abt. 65.1, Nr. 47 Bestallungen und andere Personalien der Mitglieder der Glückstädter Regierungskanzlei; Nr. 421 Priörin Anna Clarelia von Ahlefeldt und die durch sie erregten Streitigkeiten 1685–1714; Nr. 1916 Acta inquisitionis wider den Justizrat Jacob Breyer zu Glückstadt wegen Bestechung;
Abt. 123, Nr. 470 Streitigkeiten der Priörin Anna Carelia von Ahlefeldt mit dem Konvent und dem Verbitter Friedrich Reventlow;
Abt. 400.5 Nr, 210 Reskripte der gottorfischen vormundschaftlichen Regierung an den Präsidenten Wedderkop und den Justizrat Jügert, 1707.

Reinkingk, Dieterich, Biblische Policey, Frankfurt am Main 1653.
Der Historischen Remarques Über die Neuesten Sachen In Europa Vierdter Theil auf das Jahr M.D. CCII. Jahr, Hamburg o.J.
Kurtze Nachricht von dem Seiter An. 1682 beym Kayserl. Höchstpreißl. Cammer-Gericht rechtshängig gewesenen Processu, das in Hollstein belegene Adeliche Lehen-Gut Bothkamp betreffend, Kiel 1726.
Systematische Sammlung der für die Herzogthümer Schleswig und Holstein erlassenen, annoch gültigen, Königlichen, Fürstlichen, Großfürstlichen und Gemeinschaftlichen Verordnungen und Verfügungen, Bd. 1, Kiel 1827.

Joachim Brüser, Die Untersuchungen wegen Ehebruch, Vergewaltigung, Inzest und anderem gegen den Amtmann Joachim Sebald in Weiltingen 1718 und

1719: ein Beispiel von Beamtenkriminalität im Württemberg der Frühen Neuzeit, in: Jahrbuch für fränkische Landesforschung 71 (2011), 131–148.

Paul Burg, Die schöne Gräfin Königsmarck: ein bewegtes Frauenleben um die Wende des 17. Jahrhunderts, aus den Briefen, Akten, Urkunden und glaubwürdigen Überlieferungen, Braunschweig 1919.

D. Detlefsen, Geschichte des holsteinischen Elbmarschen, Bd. 2, Glückstadt 1892.

Jens Ivo Engels, Die Geschichte der Korruption, Frankfurt am Main 2014.

Gerhard Fritz, Der Herzogs ungetreue Diener, in: Zeitschrift für Württembergische Landesgeschichte 61 (2004), 119–167.

Manfred Jakubowski-Tiessen, Der frühe Pietismus in Schleswig-Holstein, Göttingen 1983.

Erich Kielmannsegg, Familien-Chronik der Herren, Freiherren und Grafen von Kielmannsegg, 2. erg. und verb. Aufl. Wien 1910.

Peter von Kobbe, Schleswig-Holsteinische Geschichte (1694 bis 1808), Altona 1834.

Georg Pasche, Chronik des Kirchspiels Bornhövede, Schleswig 1839.

Hermann Schmidt, Die Glückstädter Regierungs- und Justizkanzlei des königlichen Anteils in den Herzogtümern Schleswig und Holstein 1648–1774, in: Zeitschrift der Gesellschaft für schleswig-holsteinische Geschichte 48 (1918), 297–381.

H. Schröder, Versuch einer Geschichte des Münsterdorfischen Consistoriums. Dritte Lieferung, in: Archiv für Staats- und Kirchengeschichte der Herzogthümer Schleswig, Holstein, Lauenburg und der angrenzenden Länder und Städte 4 (1840), 61–265.

Johannes von Schröder, Topographie des Herzogtums Holstein, Oldenburg in Holstein 1841.

Altersreichtum

Landesarchiv Schleswig-Holstein,

Abt. 47.5, Nr. 29 (Kieler Juristenfakultät); Abt. 102, Nr. 594 (Prozessakte); Abt. 102 AR, 1676; 1690–91; 92–95 (Amtsrechnungen); Abt. 102.1, Gerichtsprotokolle Süderdithmarschen, 104–108 (109 nicht vorhanden), 110–115, 118–119 (1682- 1696);

Abt. 400.1, Handschriften. Süderdithmarscher Propsteiprotokoll, begonnen 1678 vom Propsten Cajus Arend.

Stadtarchiv Meldorf

III. Nr. 42 (Beliebung betr. u.a. die Wasserableitung); XI. Nr. 1042 Verzeichnis der Häuser und Wohnungen 1694.

Anton Vieth, Beschreibung und Geschichte des Landes Dithmarschen, oder Geographische, Politische und Historische Nachricht vom bemeldten Lande, Hamburg 1733.

Hans Beeck, Die Chronik von Windbergen, Rendsburg 1956.

Ders., Ein windiger Windmüller in Windbergen, in: Dithmarschen 1970/3, 55–64.

Wilhelm Busch, Schein und Sein, München 1909.

Sabine Drüke-Carstensen, Geschichte der Gemeinde Windbergen, Windbergen 2004.

Gerhard Fouquet, Kredit in der ländlichen Gesellschaft und Wirtschaft während des späten Mittelalters, in: Kurt Andermann und Gerhard Fouquet (Hrsg.), Zins und Gült, Epfendorf 2016, 17–39.

Erwin Freytag, Neubürger in Meldorf, in: Schleswig-Holsteinische Gesellschaft für Familienforschung und Wappenkunde, Sonderheft 3, Kiel 1983.

Ilka Göbel, Die Mühle in der Stadt. Müllerhandwerk in Göttingen, Hameln und Hildesheim vom Mittelalter bis ins 18. Jahrhundert, Bielefeld 1993.

Karl Hansen, Die Kirchspielvögte von Süderhastedt und Burg (Dithm.), in: Dithmarschen 1971/1, 10–16.

J. Hanssen/H. Wolf, Chronik des Landes Dithmarschen, Hamburg 1833.

Dieter Launert, Das Meldorfer Gildebuch von 1683–1742, Meldorf 2004.

ders., Das Meldorfer Gildebuch 1683–1741, in: Dithmarschen 2007/3, 72–85.

Carola Lipp, Aspekte der mikrohistorischen und kulturanthropologischen Kreditforschung, in: Soziale Praxis des Kredits, 16.–20. Jahrhundert, hrsg. von Jürgen Schlumbohm, Hannover 2007, 15–36.

Ulrike Looft-Gaude, Von Ziehbrunnen zum Wasserbeschaffungsverband. Wasserversorgung und Abwasser in Meldorf vom 16. Jahrhundert bis heute, in: Dithmarschen 1988/1, 3–23.

Johannes Mager, Günter Meißner, Wolfgang Orf, Die Kulturgeschichte der Mühlen, Tübingen 1989

Hans-Peter Petersen, Die Mühlen in Meldorf, in: Dithmarschen 1988/2, 25–39.
ders./Sandra Scherreiks, Mühlengeschichte Dithmarschens, Heide 2006.
Peter Schuster, Soziale und kulturelle Aspekte des Schuldenmachens im ausgehenden Mittelalter, in: Gabriela Signori (Hg.), Prekäre Ökonomien, Konstanz 2014, 17–34.
Kai-Detlev Sievers, Schuldenmachen kleiner Leute. Beispiele aus Schleswig-Holstein für die Zeit vom 17. bis 20. Jahrhundert, in: Zeitschrift der Gesellschaft für schleswig-holsteinische Geschichte 122 (1997), 27–51.
Dietrich Stein, Das Windberger Heilige Kreuz, in: Dithmarschen 1995/3, 68–71.
Wilhelm Thiessen, Die Kirchspielvögte in Süderdithmarschen 1559–1867, in: Dithmarschen 1963/2, 32–34.

Zwangsheirat

Kirchenarchiv Altholstein, Kiel, St. Nikolai,
Taufen 1652 bis 1710, 1697, Nr. 109; Taufen 1711–1746; 1714, Nr. 70; 1725, Nr. 79; Trauungen, Aufgebote, 1728–1789; 1744, Nr. 25.
Stadtarchiv Kiel, Protocollum publicum I.2 (1732–1740), I.3 (1740–1757);
P IV (1727–1740), Protokolle der 32 Männer;
Nr. 27 Versteigerung des in der Kattenstr. gelegenen Hauses, Verkauf des Hauses an den Sattler Johann Georg Köhler (insbesondere die Supplik Jürgen Otto Köhlers 1749);
Nr. 1357 Schoßbuch de Anno 1726 nebst der Außgabe;
Nr. 1368 Cämmerey Journal 1732 bis 1734;
Nr. 4671 betr. Das Weißgerber und Handschuhmacheramt in Kiel 1726–1857;
Nr. 12371 Protokoll, Meister-, Aus- und Einschreib- und Kassabuch des Kieler Sattleramts 1694–1764;
XXII, Nr. 6 (1722–1732) und 7 (1740–1746) Niedergerichtsprotokolle.

Chronicon Kiliense tragicum-curiosum, 1432–1717. Die Chronik des Asmus Bremer, hrsg. von Moritz Stern, Kiel 1916.
Des seligen Nicolaus Hermann Schwarze gesammlete Nachrichten von der Stadt Kiel, hrsg. von Johann Heinrich Fehse, Flensburg 1775.

Armin Clasen, Ein gebrochenes Eheversprechen, in: Hamburgische Geschichts- und Heimatblätter 18 (1960/61), 254–259.

Johann Heinrich Eckardt, Alt-Kiel in Wort und Bild, neu hrsg. von eingeleitet v. Jürgen Jensen, Neudr. der Aufl. Kiel 1899, Neumünster 1975.

Fritz Hähnsen, Geschichte der Kieler Handwerksämter, Kiel 1920.

Schwen Hans Jensen, Bericht über die Entwerfung eines verbesserten Catasters für die Stadt Kiel. Als Manuskript gedruckt, Kiel 1839.

Kieler Bürgerbuch: Verzeichnis der Neubürger von Anfang des 17. Jahrhunderts bei 1869, unter Mitwirkung von Hermann Petersen..., zusammengestellt von Johann Grönhoff, Kiel 1958.

Friedrich Volbehr, Kieler Prediger-Geschichte seit der Reformation, Kiel 1884.

Ehrenmord

Herzoglich Oldenburgisches Güterarchiv, Eutin, VII Bestallungswesen, B.3; XX Höfe, N 3; XXI Hufen Q Nr 1, Nr. 5; F Hausinsten, Nr. 4.

Kirchenkreisarchiv Neustadt/Holstein, Taufregister Heiligenhafen, Taufen 1761; Oldenburg: Taufregister 1792–1794: Copulationsregister 1791; Totenregister 1791–1793, 1799; Konfirmationsregister 1796.

Landesarchiv Schleswig-Holstein, Abt. 65.2, Nr. 274 III (Relatio ex actis des Obergerichts); Nr. 275 III (Gnadengesuche für A.M Carstens); Nr. 6401 (Zuchthaus Neumünster); Abt. 108, Nr. 121 (die Plöner Zimmerleute); Abt. 128, Nr. 1 (Schuld- und Pfandbuch der Fideikomissgüter); Abt. 260, Nr. 7188 (medizinische Behandlung der Eheleute Carstens, Kosten); Abt. 412, Nr. 437 (Bevölkerungszählung 1803).

Staatsarchiv Oldenburg 30–5–37, Nr. 3 = LASH, Abt. 260, Nr. 7188.

Die Bibel. Luther-Übersetzung, Stuttgart 1999.

Ferdinand Beneke (1774–1848), Die Tagebücher, 1 /2, 1796 bis 1798, Göttingen 2002.

Kurt Abraham, Vom Oldenburger Kuhof, in: Jahrbuch für Heimatkunde 18 (1974), 179 f.

H. Beyer, Ostholsteins Bauerntum um 1800, in: Jahrbuch für Heimatkunde 1 (1957), 42–49.

Johann Friedrich Börm, Historisch-statistische Nachrichten von den Herzogl. Schleswig-Holsteinischen Fideicommißgütern, in: Staatsbürgerliches Magazin mit besonderer Berücksichtigung auf die Herzogthümer Schleswig, Holstein und Lauenburg 5 (1826), 384–440.

Alix Johanna Cord, Die Umgestaltung des gottorfischen Amtes Oldenburg unter dem Minister v. Goertz in den Jahren 1705 bis 1709, Neumünster 1994.

Irmtraut und Herbert Engling, Altes Handwerk im Kreis Plön. Von der ersten schriftlichen Überlieferung bis zum Jahr 1867, hrsg. von Kreishandwerkerschaft Ostholstein, Neumünster 1990.

K. Hollensteiner, Aus vergangenen Tagen. Chronikbilder aus der Vergangenheit Oldenburgs in Holstein, (Oldenburg) 1882.

Erich Koglin, Der ehemalige Kuhof bei Oldenburg, in: Jahrbuch für Heimatkunde 39 (1995), 40–78.

Karl-S. Kramer, Volksleben in Holstein (1550–1800), 2. verb. Aufl. Kiel 1990.

Hermann Michaelsen, Die Aufhebung der Leibeigenschaft in den großherzoglichen Gütern – unter besonderer Berücksichtigung des Gutes Mönch-Neversdorf, in: Jahrbuch für Heimatkunde im Kreis Oldenburg/Ostholstein 8 (1962), 84–100.

Ders., Zur Geschichte des Medizinalwesens in den früheren großherzogl.-oldenburgischen Gütern, in: Jahrbuch für Heimatkunde im Kreis Oldenburg/Ostholstein 15 (1971), 36–96.

Jürgen Plöger, Feuer in Lensahn 1795 und 1858, in: Jahrbuch für Heimatkunde 53 (2009/10), 55–69.

Friedrich August Rüder, Blicke in das Ständewesen und in die Entwicklung der Landes- und Gutshoheit in Holstein, Kiel 1817.

Aus der Zeit der Scharfrichter, mitgeteilt von Werner Lemke, in: Jahrbuch für Heimatkunde 18 (1974), 66 f.

Johannes von Schröder, Topographie des Herzogthums Holstein, Oldenburg in Holstein 1841.

Uwe Stock, Sipsdorf: ein kleines Dorf im Wandel der Geschichte, Lensahn (2015).

Ders., Sipsdorf. Von den Anfängen bis zum Ende des Ersten Weltkriegs, in: Jahrbuch für Heimatkunde Oldenburg/Holstein 60 (2017), 161–201.

Georg Heinr. Alb. Ukert, Annalen der Residenz Eutin nebst einer Topographie des Fürstenthums Lübeck, Eutin 1809.

Karlheinz Volkart, Haus- und Grundbesitzer im alten Oldenburg, in: Jahrbuch für Heimatkunde Oldenburg/ Ostholstein 27 (1983), 81–93.

Hamburgisches Wörterbuch, Bd. 5, Neumünster 2006.